"新标准"学前教育专业系列教材

幼儿科学教育与活动指导

（第二版）

编著　施燕

华东师范大学出版社

·上海·

图书在版编目(CIP)数据

幼儿科学教育与活动指导/施燕编著. —2 版. —上海:
华东师范大学出版社,2020
ISBN 978 - 7 - 5760 - 0222 - 5

Ⅰ.①幼…　Ⅱ.①施…　Ⅲ.①学前教育—科学知识—
幼儿师范学校—教材　Ⅳ.①G613.3

中国版本图书馆 CIP 数据核字(2020)第 183057 号

幼儿科学教育与活动指导(第二版)

"新标准"学前教育专业系列教材

编　著　施　燕
责任编辑　李　琴
责任校对　樊　慧　时东明
版式设计　俞　越
封面设计　庄玉侠
封 面 图　率　菲
插　图　吴　诺

出版发行　华东师范大学出版社
社　　址　上海市中山北路 3663 号　邮编 200062
网　　址　www.ecnupress.com.cn
电　　话　021 - 60821666　行政传真 021 - 62572105
客服电话　021 - 62865537　门市(邮购)电话 021 - 62869887
地　　址　上海市中山北路 3663 号华东师范大学校内先锋路口
网　　店　http://hdsdcbs.tmall.com

印 刷 者　上海景条印刷有限公司
开　　本　787毫米×1092毫米　1/16
印　　张　13.25
字　　数　264 千字
版　　次　2020 年 11 月第 2 版
印　　次　2024 年 7 月第 7 次
书　　号　ISBN 978 - 7 - 5760 - 0222 - 5
定　　价　36.00 元

出 版 人　王　焰

(如发现本版图书有印订质量问题,请寄回本社客服中心调换或电话 021 - 62865537 联系)

出版说明
（第二版）

SHUBAN
SHUOMING

本书是根据学前专业新标准和新理念编写的一本教材，为学前教育专业学生量身定做。

本书全面具体地向大家介绍了幼儿科学教育的知识以及操作方法，引导学习者结合当前幼儿园科学教育改革的现状，思考和分析问题，培养学习者独立思考、分析问题和解决问题的方法和能力。 本书主要栏目设置如下：

困惑与问题：以实际遇到的问题导入学习内容。

小练习：针对学习内容设置的课堂练习。

案例：提供科学教育实施的范本，可操作性强。

资源链接：对本单元所学内容进行拓展，为有需要者提供补充资源。

本书相关资源请至 have.ecnupress.com.cn 中的"资源下载"栏目，搜索关键字"幼儿科学"进行下载。

另，本书部分图片取自网络和其他书籍，来源明确的已做标注，如有不妥之处，请联系我们。

华东师范大学出版社

2020 年 10 月

前 言
（第二版）

QIANYAN

　　《幼儿科学教育与活动指导（第二版）》是为培养幼儿园教师撰写的、力图在幼儿科学教育教学理论与实践之间架设桥梁的教科书。 本书致力于通过教材的学习，以及一系列依托教材的实践活动，使学习者获得从事幼儿科学教育专业知识，提升相关能力，以达到有效提高幼儿科学教育质量的目的。

　　本教材是基于以下的理念与思考而撰写：无论是现代学前教育理念，还是《幼儿园教育指导纲要（试行）》和《3—6 岁儿童学习与发展指南》中的具体要求，无论是幼儿的年龄特点，还是科技发展的趋势，我们都可以从中强烈地感受到这样的一种观点，即科学教育的价值取向，不再是注重向幼儿传递静态的科学知识，而是注重发展幼儿的情感态度和探究、解决问题的能力，以及如何与他人、与环境积极交流、和谐相处。 这是一种与传统的注入式教育完全不同的教育观和教育实践。 然而，幼儿的心智还没有发育成熟，他们只有在成人的支持帮助下，才能顺利地达到上述理想的发展目标。

　　本教材比较全面地探讨了幼儿科学教育与活动指导的基本理论及实践，体现了当今幼儿科学教育改革的成果，并且与当前幼儿园科学教育改革的实践密切结合。 教材中全面具体地向大家介绍了幼儿科学教育的知识以及操作方法，引导学习者结合当前幼儿园科学教育改革的现状，思考和分析问题，培养学习者独立思考、分析问题和解决问题的方法和能力。

　　本教材有以下几方面的特点：

　　1. 以党的二十大精神为指引。 二十大报告提出"推动绿色发展，促进人与自然和谐共生"，强调"大自然是人类赖以生存发展的基本条件。 尊重自然、顺应自然、保护自然，是全面建设社会主义现代化国家的内在要求。 必须牢固树立和践行绿水青山就是金山银山的理念，站在人与自然和谐共生的高度谋划发展"。本教材从幼儿的年龄特点出发，对幼儿认识自然、尊重自然、珍惜自然等问题进行了探讨和阐述。

2. 全面介绍了在幼儿园进行科学教育活动与指导的内容。本教材从幼儿科学教育的体系出发，分别介绍了科学教育目标、内容、方法、途径，以及评价等问题。学习者可以通过对全书的学习，全面地了解在幼儿园进行科学教育活动与指导的内容。

3. 密切结合幼儿园科学教育的实际情况。本教材在撰写过程中，大量参考了幼儿园进行科学教育的实际案例，对一些重点、要点的内容都提供教学实例，以帮助学习者学习。教学者也可借助这些实例来说明一些重要的理论问题。

4. 可读性强、方便理解。在撰写过程中，作者为方便学习者学习，尽量将一些较为深奥的理论转化为可读性强的文字，并配以一些图表照片等具体形象的材料，以帮助学习者理解和运用。

5. 在各模块结构表达上，分别有"困惑与问题"、"基础理论"、"小练习"、"实践与应用"、"课后作业"、"资源链接"等几部分构成。使学习者能在学习前了解单元的主要内容，在学习中有练习和实践的机会，并在课后进行复习和反思，还可以借助相关资源进行或深入或拓展的学习。

本次改版在保留原有教材内容与特色的基础上，更新了部分案例，同时还为教材配置了直接扫二维码即可观看的视频，以更直观的方式帮助理解教材内容。

本教材在撰写过程中，得到了一些幼儿园及其教师的大力支持，他们是：华东师大附属幼儿园的吴丹园长和应慧隽、乐益融老师；上海市常熟幼儿园的陆英因老师；上海市蒲公英幼儿园的沈冠华园长和程丽老师等。在这里一并表示感谢。

编　者

2023.8

目 录
MU LU

目录
MU LU

第一单元
幼儿科学教育概述

本单元主要围绕"幼儿科学教育"这一基本概念展开说明和解释,从而使学习者对科学的内涵及其功能、幼儿科学教育的内涵,以及幼儿科学教育对幼儿个体发展的意义,建立整体的把握。本单元首先对科学这个概念进行了阐述,并在此基础上,对幼儿科学教育的内涵进行了解释。幼儿科学教育是学前教育体系中的一个部分,对幼儿进行科学教育,不仅是有利的、必需的,同时也是可行的,但又有其特殊性。幼儿科学教育并不是要求年幼儿童掌握很多的知识,其实质是进行科学素养的早期培养。通过科学教育不仅有利于幼儿科学素养的形成,同时能在此基础上促进幼儿的全面发展。

 困惑与问题 ●●

● 思思的妈妈听说在幼儿园要进行科学教育，觉得大惑不解。在大多数人的心目中，幼儿园的活动应该就是讲讲故事、画画图画、唱唱歌、跳跳舞。现在就要对幼儿进行科学教育，思思妈妈不禁奇怪：这么小的孩子能懂科学吗？科学不是很高深的知识吗，怎么在幼儿园还要进行科学教育呢？

● 王老师认为，对年幼的孩子进行科学教育是很有必要的，特别是在现在这个科技飞速发展的时期，让幼儿从小接触科学有重大意义。可是面对这么多的科学知识，王老师陷入了迷茫之中……

基础理论 ●●

一、科学

> **小练习1-1**
>
> 教师预先准备若干纸条，其中三张分别写上"知识"、"过程"、"知识和过程"等字样，备用。教师请学生合上教科书，每人在小纸条上写下自己对"科学"这个词汇的理解。学生完成后，教师将三张预先写好的纸条贴在黑板上，然后将学生写的纸条，根据其解释，分别贴在三张纸条的下面。
>
> 这个练习可以了解学生在学习本课程之前对"科学"内涵的理解。

（一）科学的涵义

幼儿科学教育的开展，与人们如何看待科学是密切相关的。科学是一个难以界定的名词，人们更多的是从一个侧面对其本质特征加以揭示和描述。以英国著名科学家 J·D. 贝尔纳为代表的科学家们认为，科学在不同的时期、不同的场合有不同的意义。科学的每一种解释都反映出科学某一方面的本质特征。时代发展至今，科学的范畴已极为广泛。我们综合各家论述把"科学"定义为：**科学是关于自然、社会和思维的知识体系，是社会实践经验的总结，并在社会实践中得到检验和发展。**

1. 科学是人们对客观世界的认识，是反映客观事实和规律的知识体系

人们是靠生产实践、生活实践和科学实验认识客观世界、得到知识的。科学是一种知识，但并不意味着任何一种知识都是科学，只有反映客观事实和规律的知识才是科学。掌握科学这个涵义的实质，主要是要加深对"事实"和"规律"的认识。首先，科学就

是发现人们未知的事实。例如,化学家发现的新元素,物理学家发现的物质运动和变化的规律等都是事实。如居里夫人发现镭、钋等天然放射性元素,尽管它们在世界上早已存在,但过去没有人发现过,而居里夫人发现了,大家都承认她发现的是事实,并承认她是科学家。其次,人们在生产生活实践中还发现事物之间有千丝万缕的联系,这种联系就是规律。例如"月晕而风,础润而雨",就是人们发现的"月晕"与"风"的关系、"础润"与"雨"的关系。遵从这些关系,人们就会得利。这种反映客观事实之间联系的准确判断就是规律,这种规律就是知识,也就是科学。以上所说的联系或规律也称法则,**即事物发展过程中事物之间内在的、本质的、必然的联系**。它们是客观的,我们只能发现它,但是不能创造它。

▲ 图 1-1 月晕而风

至今,人们已经认识到,科学已经不再是事实和规律的知识单元,而是由这些知识单元组成学科,学科又组成学科群,形成了一个多层次组成的体系。从整体看,科学包括自然科学、社会科学和思维科学等。自然科学是关于自然界不同对象的运动、变化和发展规律的知识体系,是人类改造自然的实践经验的总结;社会科学是人类关于社会不同领域的运动、变化和发展规律的知识体系,是人们改造社会的实践经验的总结;思维科学则是关于人的思维产生、变化和发展规律的学科,它包括哲学、逻辑学、心理学以及人工智能、控制论、信息论、系统论等一系列古老的和新兴的学科。因此,大部分辞书给科学下的定义都强调"科学是知识体系",认为"科学是关于自然、社会和思维的知识体系",是反映客观事实和规律的知识体系。

2. 科学是探究世界、获取知识的过程

如同之前所说的,科学是反映自然、社会和思维的知识体系,但是这都只是从静态的角度去分析的,如果我们从动态的角度去分析,科学又是一种动态的活动,是人的一种特殊的活动,是真理性知识的一个生产过程。它是以事实为依据,以发现规律为目的的社会活动。这种活动是通过各种手段去感知客观事物,在大量感性经验的基础上,再运用理论思维去把握事物本质。所以科学知识的获得离不开科学的过程,任何科学知识都是科学认识过程的产物。任何科学知识的获得,都要经历人们的科学探索过程。科学研究是从问题开始的,经过一系列的研究而做出结论,新的结论又引出新的问题,由此循环往复,步步深入,以至无穷。

人们对客观事物的科学认识并不是一成不变的,而是不断发展、变化的。过去认为是正确的、科学的知识,完全可能被新的事实所推翻、所否定,科学正是在不断否定自我和修正自我的过程中得到发展的。例如,1895 年,德国人伦琴发现了 X 射线;1896 年,法国人贝克勒耳发现了原子的放射性;1897 年,英国人汤姆生发现了电子;法国的居里夫人不但发现了钋、

镭等新的放射性元素，而且发现了元素之间的转化；1899 年，英国人卢瑟福又发现了 α、β 射线。这几个发现不但证明了原子并不是最小的物质单位，而且还证明了原子也不是稳定不变的物质。

由此可见，科学没有最终的结论，更没有永远正确的结论。即使是科学知识本身，也是一个不断发展的过程。因此，科学是科学探索过程与成果的统一。

▲ 图 1-2　居里夫人以放射性物质研究为题

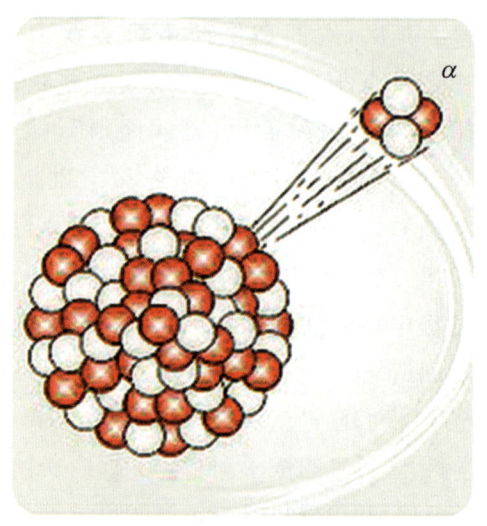

▲ 图 1-3　卢瑟福首先发现天然放射性是几种不同的射线

3. 科学是一种看待世界的方法和态度

对科学的认识，除了以上两个方面以外，还有一种更广义的理解，那就是将科学看作是一种对世界（包括对科学活动和科学知识本身）的基本看法和态度，与迷信、盲从相对立，即科学精神与科学态度。科学精神是通过科学思想、方法、思维和理智所体现出来的，包含严肃认真、客观公正、敢于创新、独立思考、尊重事实、坚持真理、修正错误等精神、气质。科学精神具有推动与促进社会进步及全人类相互理解的价值。而科学态度则是个体对某一对象所持的评价和行为倾向，它是由认知、情感和意向三方面因素构成的。稳定、持久的个体内在结构，是调节外界刺激与个体反应的中介因素。科学态度包括实事求是、不主观臆断、不弄虚作假；严谨踏实、勤奋努力、一丝不苟、精益求精；谦虚谨慎、乐于并善于合作；热情自信、乐于参与科学的学习与实践活动，并从中得到乐趣和满足，有高度的责任感；有坚强的意志品质，表现出高度的独立性、果断性、坚持性等方面。科学态度和科学精神都是属于科学的精神本性。

科学活动起源于人类的生产实践和生活实践，而从根本上说，科学活动源于人类对周围世界的好奇心和生活实践。保加利亚学者优尔科夫说过，"科学的本质，不在于已经认识的真理，而在于探索真理"。科学家的最大动机就是好奇心，也就是求知求解的欲望。科学当然离不开物质实践活动，也能转化为巨大的物质力量。可是，科学家从事科学实验，是为了在相对纯粹的条件下更好地揭示自然规律，在特定的设计中"拷问"自然界，让自然界敞开自己的奥秘，回答人们提出的问题。在这样的过程中贯穿着极为艰苦的创造性精神劳动，其产品为知识。只有在知识成果的基础上，科学才能进入生产过程，成为现实的生产力。没有这个基础，科学的物质力量便无从发挥。可见，科学的精神本性是科学的本质属性，而不是可有可无的属性。

（二）科学的功能

科学具有精神的和物质的多方面的功能。具体说来，科学的功能有以下几方面。

1. 科学的认识功能

科学作为一种知识体系，它既是人们认识客观世界的结果，又是继续认识客观世界的前提。科学是人们认识世界、改造世界的精神力量。首先，科学知识使人们的思想日益科学化。物质世界的规律是客观存在着的，人们一旦掌握了科学知识，就可以认识到人类自身及其周围的各方面的关系，利用客观规律为人类谋利。科学的发展，使人类对自然规律的认识愈益深入，人类的精神文明也不断得到发展。其次，科学理论对科学实践具有指导作用，科学实践离不开理论的指导。科学理论还具有预见作用，它可以预见客观事物的运动、变化和发展，预见人类尚未认识的新事物和新发现存在的可能性，从而成为人类探索未知世界的行动指南。其三，科学的发展改变着人们的精神和道德面貌。随着科学理论的发展，许多旧思想、旧观念不断被破除，科学知识帮助人们养成尊重实践、从实际出发、实事求是、破除迷信、追求真理、勇于创新等的好风尚，伦理道德观念也必然发生变化。科学要求从事科学事业的人具有不畏艰险、勇于实践、敢于献身的宝贵品德，这不仅鼓舞着从事科学事业的人勇往直前，而且促进着整个人类社会的思想变化。

2. 科学的生产力功能

科学知识是人类征服自然和改造自然的强大力量。人们要把科学转变为改造自然的物质力量，必须在生产过程中运用科学，使潜在的生产力变为现实的生产力。生产力是人类改造自然的能力，科学渗透到生产力诸要素中去，必然引起生产力诸要素的变化。随着科学的不断发展，人类改造自然的能力就不断加强。首先，用科学知识武装的劳动者，可以提高他们的生产劳动能力。劳动者是在社会生产力中起主导作用的最积极、最活跃的因素。人类劳动的基本特点是体力劳动与智力劳动紧密结合，衡量一个人劳动能力的大小，不仅是看体力的支出，更重要的是看智力的支出。随着现代化生产的发展，对劳动者科学知识水平的要求越来越高，劳动者掌握一定的专门的科学知识，就可以提高他们的生产劳动能力。其次，通过掌握科学知识，进行技术发明，创造出新的生产工具，从而提高生产力水平。生产工具的改革和发展，对生产力的发展起着决定性的作用，是社会生产力水平的主要标志。科学越发展，对自然界的属性和规律认识越深入，科学理论转化为技术的程度越高，生产工具就越能得到改进和创新，从而生产力水平就得到迅速提高。其三，科学的力量还表现在扩大劳动对象，使原来尚未开发的自然资源得到广泛的利用。劳动对象是人们为生产产品所加工的一切对象，它包括自然物（如土、水、气、矿等）和人的劳动加工过的原材料（如农产品、矿石、铁、钢等）。科学的发展，不断揭示自然物质可供利用的性质，使人们扩大了开发和利用资源的范围，人们对材料本质的认识从宏观性能深入到微观结构，就有可能按照实际的需要，设计、制造指定性能和结构的新材料，使材料工业发生革命性的变革。最后，现代科学的发展，使现代化管理成为生产力的一种新要素。在社会生产中，科学作为知识形态的生产力要转化为直接生产力，必须经历一个把科学转化为技术发明、产品研制，乃至物质生产的复杂过程。如何使生产中的各部门和各环节达到有机的动态结合，取得最优效果，这就必须依靠科学管理。而现代科学为现代化管理提供了理论、方法和手段。

综上所述，科学在社会总体活动中的地位和功能的表现有两个方面：**一是在精神文明方面，即认识世界，这是科学的认识功能；二是在物质方面，即改造世界，这是科学的生产力功能。**

二、 幼儿科学教育

小练习 1-2

请分析以下内容，就"科学家的探究"和"幼儿的探究"之间的相同与不同之处，提出自己的看法。

科学家的探究和幼儿的探究

科学家探究的基本过程	幼儿科学探究的基本过程
■ 提出重要的可以进行实证研究的问题；	■ 提出问题（有探究意义、探究价值）；
■ 将研究与相关的理论相联系；	■ 建立探究内容与相关概念、理论的联系；
■ 使用能直接研究所提出的问题的方法；	■ 选择适宜的方法；
■ 提供合理、明确的推理过程；	■ 合理的推理与假设；
■ 进行各种验证性研究与推广性研究；	■ 实证研究；
■ 发表研究结果以鼓励同行的检验与批评	■ 分享交流

（一）幼儿科学教育的涵义

为了说明什么是幼儿科学教育，先简要说明什么是科学教育。科学教育是培养科学技术人才和提高民族科学素质的教育。**具体地说，科学教育是系统传授数学、自然科学知识，实现人的科学化的教育活动。** 科学教育是教育的一个组成部分，是以数学和自然科学教学为主的一种社会活动。它涵盖了幼儿园的科学领域教育；小学的数学、自然科学教育；中学的数学、物理、化学、生物、地理和计算机等教育；大学各个系科进行的自然科学专业教育。

　　孩子从一出生起,就与科学结下了不解之缘。到了幼儿阶段,无数个"是什么"、"为什么"、"怎么样"就在脑中回旋,科学就在幼儿身边。他们时时、处处在学科学,以不同于成年人的特有的方式在接触科学、探究世界。幼儿科学教育就是指幼儿在教师的指导下,通过自身的活动,对周围的自然界(包括人造自然环境)进行感知、观察、操作、发现,以及提出问题、寻找答案的探索过程。例如,教师把孩子带到郊外,启发他们采集各种小石块,然后带回幼儿

▲ 图 1-4　好奇是探究科学的最初动力

园,让孩子向同伴介绍自己采集的石头,互相交流,并进行各种分类、制作活动。在这种活动过程中,孩子不仅认识了各种各样的石头,学习了分类方法,发展了他们的观察能力、思维能力、审美能力,同时还培养了探索大自然的兴趣和热爱大自然的情感。幼儿科学教育的实质是对幼儿进行科学素养的早期培养。

　　幼儿科学教育是整个科学教育体系的起始阶段、基础环节。幼儿处于人生的最初阶段,身心发展远未成熟、完善,因而,幼儿科学教育是一种科学启蒙教育。通过科学教育,萌发幼儿学科学的兴趣、好奇心,积累科学经验,掌握一些初步的技能,为以后的科学学习打下良好的基础。另外,幼儿科学教育与幼儿园其他教育活动也有着密切的关系,并为幼儿园各项教育活动提供了知识基础。同时,幼儿科学教育又有其自身的特点。

　　第一,幼儿的生活经验为他们学习科学提供了有利基础。幼儿从出生到进入幼儿园,虽然只短短几年,但他们经常从周围环境中接触到有关科学的物体和现象,在成年人的影响和指导下,认识了不少事物,积累了一些知识经验,形成了一定数量的比较简单的概念,这就为幼儿学习科学提供了有利的基础。

　　第二,幼儿科学教育所涉及的内容,都是客观存在的,很多都可以直接观察到。教师在进行教育时,可以利用各种实物供幼儿直接观察。有的事物因受条件限制不能直接观察时,可以利用标本、模型、挂图、幻灯等教具,使幼儿能间接观察,这样就能充分发挥幼儿各种感官的作用,获得具体生动的感性经验,这是符合幼儿年龄特征和认识规律的。

　　第三,周围环境中的各种自然现象都按一定的规律在不断地变化和发展,幼儿难以直接观察和发现这些变化和发展。在科学教育过程中,可以利用教具模拟或再现自然现象的变化和发展,使幼儿通过观察,了解这些变化过程。例如,通过小实验模拟水的三态变化等。

(二) 幼儿科学教育的价值

　　向幼儿进行科学教育是人类社会进步的必然要求,是幼儿发展的需要,也是学前教育必

不可少的组成部分。幼儿科学教育把幼儿探究自身和周围世界的自发需要纳入有目的、有计划的教育程序中，保证了幼儿认知、情感、态度、有关技能的协调发展，是全面发展教育中不可缺少的一个部分。可以从以下几方面去分析。

1. 科学教育可以促进幼儿科学素养的早期养成

通过科学教育可以发展幼儿的积极情感。自然界的日月星辰、花草树木、高山流水，都给孩子带来欢乐，引起他们喜爱的情绪体验，启迪幼儿对科学的兴趣和爱好，都会产生积极的影响。为培养幼儿的积极情感、热爱周围自然环境提供了有利因素。幼儿阶段还谈不上真正意义上的求知欲和兴趣，但他们对周围事物有很大的好奇心，产生了各种问题：是什么？为什么？怎么样……这种好奇心，还促使他们去探索、观察、发现、尝试，表现出对科学的求知欲的萌芽。但是这种好奇心在一般情况下会被忽视。通过科学教育，能满足这种好奇心，使幼儿对学习科学产生积极的态度，还能对幼儿成长后正确对待周围事物、对待生活产生良好的影响。幼儿对科学的强烈兴趣，正是在好奇心的驱使下保持的。虽然幼儿对科学方面，有着与音乐、舞蹈、绘画一样的兴趣，甚至更为强烈，但幼儿的这种兴趣是不稳定的、表面的。通过科学教育，可以支持、鼓励幼儿的兴趣，从而使幼儿对周围事物产生稳定的情感，产生对科学的爱好。

通过科学教育可以使幼儿获取丰富的有关自然环境的感性经验。自然环境是由各种各样的物质组成的，是人们可以感知到的客观存在，其丰富性、多样性就在幼儿身边。自然环境是幼儿接受外界信息的源泉，是开发幼儿智力的天然因素，自然环境还能引发幼儿兴趣，吸引幼儿去观察、探究、发现，从而获取丰富的感性经验。幼儿从出生起就不断与周围自然环境接触，到 3 岁左右，他们已感知了不少事物与现象。但由于幼儿认识能力的局限及生活经历的短暂，他们所获得的经验毕竟是贫乏的、未经加工的，且往往是片面、孤立、朦胧甚至是错误的。例如，3 岁的幼儿虽然知道鸡，也看到过鸡，但不能说出鸡的较完整的形象。科学教育可以为幼儿创设丰富的自然环境，扩大、丰富幼儿的科学知识，并使这些知识趋于系统化、条理化，在探究活动中逐步发现事物之间的规律和关系。

通过科学教育，还可以促进幼儿认知能力的发展。纷繁的周围自然环境复杂多变，表面看上去似乎五花八门，令人眼花缭乱，但整个自然界是由不同的领域和不同层次中的物质组成的互相联系、互相制约的统一体，并按照本身的客观规律不断地在运动、变化和发展着。这些特性就有利于教师引导幼儿。根据这些特性进行简单抽象，也容易使幼儿进行分析综合和分类，对幼儿初级的抽象逻辑思维的发展，有很大的促进作用。同时，幼儿的语言也处于迅速发展期，但他们语言的发展有赖于对客观世界的认识，科学教育能以客观事物为媒介，促进幼儿语言的发展。例如，通过嗅各种不同气味的物体，让幼儿进行辨别，发展他们的嗅觉。又如，在观察蚕爬行的基础上，教给幼儿"蠕动"这一词汇，发展他们的观察力及掌握词汇的能力。

▲ 图1-5　通过辨别气味发展幼儿嗅觉　　　　▲ 图1-6　观察蚕的动作可以丰富幼儿的词汇

2. 科学教育可以促进幼儿的全面发展

通过科学教育，不仅使幼儿能"亲近自然，喜欢探究"，"发展幼儿的探究能力"，以及"在探究中认识自然事物与现象[①]"，而且在这基础上，可以促进幼儿身心全面的发展。周围自然环境是促进幼儿健康成长的源泉。自然界的日光、空气和水，是促进幼儿身体健康的天然因素；山坡、小道、水沟等自然环境，是锻炼幼儿机体、发展幼儿动作的良好条件。在科学探究的活动中，通过与同伴及教师的共同学习，对培养幼儿的人际关系，学习与人交往，也有着不可忽视的作用。

幼儿的个性品质处于发展期，科学教育可以促进幼儿个性的良好发展。幼儿对自然环境的认识和情绪体验是形成道德观念的情感基础，幼儿道德观念的形成，不是仅靠解释道德概念，或靠单纯的说教形成的，而是要结合幼儿切身的情绪体验，辅以简明的说理，才能使其明白。在科学教育中，利用自然环境对幼儿进行爱自然、爱劳动、爱祖国、爱动物、爱植物等的教育，有利于在道德认识和道德情感的基础上，促进幼儿道德观念的形成。例如，可以通过让幼儿饲养小动物，培养幼儿爱小动物的情感。幼儿的道德行为易受眼前动机因素制约，易受情绪支配，因而常发生道德认识与道德行为脱节，甚至好心办错事的现象。观察和照料动、植物的科学活动，有利于幼儿道德认识与道德行为的一致性。另外，科学教育还有利于幼儿自信心、独立性、创造性等品质的发展。

幼儿园教育的任务，是通过幼儿园的游戏、劳动、日常生活和学习活动来完成的。幼儿科学教育，可为幼儿园各项活动，特别是教育活动提供具体而丰富的内容，即科学教育活动是进行其他各项教育活动的基础。例如，游戏活动是幼儿的主导活动，是幼儿通过模仿和想象对现实生活创造性的反映。如果幼儿缺乏对周围自然环境的认识，游戏内容就要枯竭，游戏就不能成为幼儿发展的重要途径。又如音乐和美术，是人们用艺术手段表现对客观现实的认识，一幅画面、一支歌曲，都反映着一定的内容，如果没有对客观现实的认识和体验，也就失去了富有感情的艺术表现，也就不能培养幼儿的美感。

---

① 中华人民共和国教育部.3—6岁儿童学习与发展指南.2012,10.

🔍 实践与应用

小蜗牛的秘密

▲ 图1-7　蜗牛爬窗

5月连续多日下雨。一天中午，大雨停歇后，孩子们跟往常一样在活动室门外自由活动。不一会儿，几个孩子兴奋地跑到我身边，你一言他一句地对我说："有一只蜗牛爬到我们活动室的窗台上了。"没过多久，知道这件事情的孩子越来越多。大家都围在一起看蜗牛。有的孩子用小手摸了摸蜗牛，有的孩子把蜗牛抓了起来，还有的孩子用玩具去碰碰它。

我小心翼翼地把小蜗牛放在透明盒子中，放到"自然角"中。这样既能满足孩子的好奇心又能保障蜗牛的安全。

孩子们边仔细观察着边自发地讨论着各种话题："它走得很慢是因为没有脚吗？""身上那个是它的房子吗，它住在里面吗？"……也不时地提出千奇百怪的问题："头上两个是触角吗？""蜗牛吃什么？""它为什么雨天跑出来？""它的眼睛在哪里？能看见我们吗？""它最害怕什么？""蚂蚁爬得快还是蜗牛爬得快？"……

我没有回答，而是给他们留了两个"任务"。任务一：把自己想要问的关于蜗牛的问题用图画、文字等方式记录下来。任务二：通过儿童百科全书、动物书或者网上查阅各种蜗牛的资料，寻找答案。

接下来的几天里，每天都有孩子带来自己的书、网上资料和大家一起分享。每当生活活动、自由活动时，孩子们都会抽一些时间来看看小蜗牛。诺诺、声声还根据自己搜集到的资料，给小蜗牛喂了一些菜叶、胡萝卜、瓜果皮等食物。妞妞知道蜗牛喜欢阴暗潮湿的环境，还在自己小区中挖了一些湿泥土给蜗牛当家园。

顺着孩子们对蜗牛的兴趣，我设计了科学活动"有趣的蜗牛"和美术活动"美丽的蜗牛"两节集体教学活动。科学活动中，我和孩子们一起系统梳理、提升了蜗牛的相关知识。美术活动中，孩子们用稚趣的笔触描绘了蜗牛的生活。

几天后，我们一起把蜗牛送回"家"，让蜗牛回归到大自然的生存环境中去。

分　析

　　"小蜗牛"的系列活动来源于孩子们身边偶然发现的一只蜗牛。孩子们对它产生了强烈的好奇心和浓厚的兴趣。经过教师的推动和鼓励,生成了一系列的活动,整合到幼儿园一日生活的多个环节中。

　　在观察、饲养、探索蜗牛的过程中,孩子们把注意力从观察蜗牛的外形特征,逐步转向了关心蜗牛的生理结构、生存环境、生活习性等方面,由表及里地多方位探索蜗牛的特点,形成持久的探究兴趣及初步探究的能力。

　　从把蜗牛放入透明盒中、饲养蜗牛到放生蜗牛,教师始终关注人与自然的和谐关系,培养孩子尊重和珍惜生命的情感,并把保护生态环境的理念贯穿始终。在这个过程中,孩子们的心理需要得到充分满足,积极性、主动性、独立性等得到充分发挥,这些都能促使孩子形成良好个性品质,身心得到全面发展。

视频：小蜗牛的秘密

扫一扫，看视频

　　说明：本视频能很好地说明科学活动如何整合和渗透到一日活动中。"小蜗牛"的系列活动来源于孩子身边偶然发现的一只蜗牛。起初,孩子们只是对它有强烈的好奇心和浓厚的兴趣。经过教师的推动和鼓励,生成了一系列的探究活动,并整合到幼儿园一日生活的多个环节中：生活活动、集体活动、个别化活动等。

课后作业

　　到幼儿园实地观察幼儿的一到两个科学活动(如条件限制也可用相关的视频代替),分析：

　　(1)幼儿通过这样的科学活动,在哪些方面得到了发展? 科学教育对幼儿发展的意义有哪些?

　　(2)找出在这(几)个科学活动中的一些环节或内容,解释科学的内涵不仅是"关于自然科学的知识体系",更是"探究世界、获取知识的过程"和"一种看待世界的方法和态度"。

💻 **资源链接** ··

1. 二十大报告节选内容。

推动绿色发展，促进人与自然和谐共生

大自然是人类赖以生存发展的基本条件。尊重自然、顺应自然、保护自然，是全面建设社会主义现代化国家的内在要求。必须牢固树立和践行绿水青山就是金山银山的理念，站在人与自然和谐共生的高度谋划发展。

我们要推进美丽中国建设，坚持山水林田湖草沙一体化保护和系统治理，统筹产业结构调整、污染治理、生态保护、应对气候变化，协同推进降碳、减污、扩绿、增长，推进生态优先、节约集约、绿色低碳发展。

（一）加快发展方式绿色转型。推动经济社会发展绿色化、低碳化是实现高质量发展的关键环节。加快推动产业结构、能源结构、交通运输结构等调整优化。实施全面节约战略，推进各类资源节约集约利用，加快构建废弃物循环利用体系。完善支持绿色发展的财税、金融、投资、价格政策和标准体系，发展绿色低碳产业，健全资源环境要素市场化配置体系，加快节能降碳先进技术研发和推广应用，倡导绿色消费，推动形成绿色低碳的生产方式和生活方式。

（二）深入推进环境污染防治。坚持精准治污、科学治污、依法治污，持续深入打好蓝天、碧水、净土保卫战。加强污染物协同控制，基本消除重污染天气。统筹水资源、水环境、水生态治理，推动重要江河湖库生态保护治理，基本消除城市黑臭水体。加强土壤污染源头防控，开展新污染物治理。提升环境基础设施建设水平，推进城乡人居环境整治。全面实行排污许可制，健全现代环境治理体系。严密防控环境风险。深入推进中央生态环境保护督察。

（三）提升生态系统多样性、稳定性、持续性。以国家重点生态功能区、生态保护红线、自然保护地等为重点，加快实施重要生态系统保护和修复重大工程。推进以国家公园为主体的自然保护地体系建设。实施生物多样性保护重大工程。科学开展大规模国土绿化行动。深化集体林权制度改革。推行草原森林河流湖泊湿地休养生息，实施好长江十年禁渔，健全耕地休耕轮作制度。建立生态产品价值实现机制，完善生态保护补偿制度。加强生物安全管理，防治外来物种侵害。

（四）积极稳妥推进碳达峰碳中和。实现碳达峰碳中和是一场广泛而深刻的经济社会系统性变革。立足我国能源资源禀赋，坚持先立后破，有计划分步骤实施碳达峰行动。完善能源消耗总量和强度调控，重点控制化石能源消费，逐步转向碳排放总量和强度"双控"制度。推动能源清洁低碳高效利用，推进工业、建筑、交通等领域清洁低碳转型。深入推进能源革命，加强煤炭清洁高效利用，加大油气资源勘探开发和增储上产力度，加快规划建设新型能源体系，统筹水电开发和生态保护，积极安全有序发展核电，加强能源产供储销体系建设，确

保能源安全。完善碳排放统计核算制度,健全碳排放权市场交易制度。提升生态系统碳汇能力。积极参与应对气候变化全球治理。

2.《3—6岁儿童学习与发展指南》①部分节选内容。

《3—6岁儿童学习与发展指南》(节选)

(一)科学探究

目标1:亲近自然,喜欢探究。

3—4岁	4—5岁	5—6岁
1. 喜欢接触大自然,对周围的很多事物和现象感兴趣。 2. 经常问各种问题,或好奇地摆弄物品	1. 喜欢接触新事物,经常问一些与新事物有关的问题。 2. 常常动手动脑探索物体和材料,并乐在其中	1. 对自己感兴趣的问题总是刨根问底。 2. 能经常动手动脑寻找问题的答案。 3. 探索中有所发现时感到兴奋和满足

目标2:具有初步的探究能力。

3—4岁	4—5岁	5—6岁
1. 对感兴趣的事物能仔细观察,发现其明显特征。 2. 能用多种感官或动作去探索物体,关注动作所产生的结果	1. 能对事物或现象进行观察比较,发现其相同与不同。 2. 能根据观察结果提出问题,并大胆猜测答案。 3. 能通过简单的调查收集信息。 4. 能用图画或其他符号进行记录	1. 能通过观察、比较与分析,发现并描述不同种类物体的特征或某个事物前后的变化。 2. 能用一定的方法验证自己的猜测。 3. 在成人的帮助下能制定简单的调查计划并执行。 4. 能用数字、图画、图表或其他符号记录。 5. 探究中能与他人合作与交流

目标3:在探究中认识周围事物和现象。

3—4岁	4—5岁	5—6岁
1. 认识常见的动植物,能注意并发现周围的动植物是多种多样的。 2. 能感知和发现物体和材料的	1. 能感知和发现动植物的生长变化及其基本条件。 2. 能感知和发现常见材料的溶解、传热等性质或用途。	1. 能察觉到动植物的外形特征、习性与生存环境的适应关系。 2. 能发现常见物体的结构与功能之间的关系。

---

① 摘自《3—6岁儿童学习与发展指南》.

3—4岁	4—5岁	5—6岁
软硬、光滑和粗糙等特性。 3. 能感知和体验天气对自己生活和活动的影响。 4. 初步了解和体会动植物和人们生活的关系	3. 能感知和发现简单物理现象，如物体形态或位置变化等。 4. 能感知和发现不同季节的特点，体验季节对动植物和人的影响。 5. 初步感知常用科技产品与自己生活的关系，知道科技产品有利也有弊	3. 能探索并发现常见的物理现象产生的条件或影响因素，如影子、沉浮等。 4. 感知并了解季节变化的周期性，知道变化的顺序。 5. 初步了解人们的生活与自然环境的密切关系，知道尊重和珍惜生命，保护环境

3. 史惠晴,科学教育活动有效提升幼儿科学探究能力的策略探讨,好家长,2019 年 21 期。

4. 罗倩玲,科学教育活动培养幼儿主动探索精神,教育家,2018 年第 43 期。

2 第二单元
幼儿科学教育的目标及内容

　　本单元首先阐述了幼儿科学教育的目标。幼儿科学教育目标既是幼儿教育总目标的有机组成部分，又是幼儿阶段科学教育的特殊要求。幼儿科学教育的目标，是根据幼儿教育的总目标、结合科学教育的特点而确定的，是幼儿教育总目标在科学教育中的具体体现，分别从横向的分类结构和纵向的层次结构对目标的内容进行了分析。在此基础上，对幼儿科学教育目标不同层次的具体内容进行了分析。其次，阐述了幼儿科学教育的内容。幼儿科学教育的内容是实现科学教育目标的媒介，是科学教育活动设计与具体实施的主要依据，也是实现科学教育目标的实质部分。在对幼儿科学教育内容进行分析的基础上，对幼儿科学教育的内容选编原则进行了解释，并对选编幼儿科学教育内容的具体方法进行了介绍。

困惑与问题

● 大班的小金老师自信能教好自己班级的小朋友。当时正值春天，她想让小朋友认识小蝌蚪，可是该怎么"教"呢？是教会小朋友关于蝌蚪的知识吗？小金老师又觉得这个似乎太容易了，她陷入了沉思之中。

● 如果让你来选择幼儿学习科学的内容，你会怎样做？是某个或某些动植物，还是天气现象？或者是其他的一些关于自然的物体或现象？陈老师却认为，孩子学习科学不仅是学习知识，科学教育的内容更应该包括情感态度和方法能力方面。换言之，应该是"在探究中认识周围事物与现象"。你是怎么认为的呢？

基础理论

一、 幼儿科学教育的目标

> **小练习 2-1**
>
> 　　教师准备一段幼儿科学教育集体活动的视频，在学习前先观看视频。并提出以下问题：
>
> 　　我将给大家观看一段有关幼儿园科学教育活动的视频。请大家边观看边思考：在这个活动中，教师的教育目标应该是什么？又是怎样通过活动来达到这个目标的？
>
> 　　学生观看视频后，再进行交流。

　　幼儿科学教育目标是构成科学教育实践活动的第一要素和前提，它是教师进行科学教育的指导思想和制订计划的依据。幼儿科学教育目标既是幼儿教育总目标的有机组成部分，又是幼儿阶段科学教育的特殊要求。

　　幼儿科学教育是幼儿全面发展教育的一个重要组成部分。幼儿科学教育的目标，是根据幼儿教育的总目标、结合科学教育的特点而制定的，是幼儿教育总目标在科学教育中的具体体现。在制订幼儿科学教育的目标时，不仅要考虑社会发展的需求，还要考虑年幼儿童身心发展的规律和特点，同时还要体现自然科学的学科特点。

　　幼儿科学教育的目标体系，是按一定的有序结构组织起来的。从纵向角度看，幼儿科学教育目标具有一般的层次结构：总目标、年龄阶段目标、单元目标和具体活动目标。从横向角度看，幼儿科学教育目标具有不同的分类结构：科学情感和态度教育目标、科学方法教育目标和科学知识教育目标。本节仅就总目标中的分类目标进行分析。

　　在我国教育部 2001 年 7 月颁布的《幼儿园教育指导纲要（试行）》（以下简称《纲要》）中，

"科学"、"社会"、"语言"、"健康"、"艺术"被明确地列为幼儿园教育的五大领域。《纲要》规定的科学领域的目标是：①对周围的事物、现象感兴趣，有好奇心和求知欲；②能运用各种感官，动手动脑，探究问题；③能用适当的方式表达、交流探索的过程和结果；④能从生活和游戏中感受事物的数量的关系并体验到数学的重要和有趣；⑤爱护动植物，关心周围环境，亲近大自然，珍惜自然资源，有初步的环保意识。以上《纲要》中的五条目标中，除了第四条是有关数学具体的目标外，其他四条目标可以把它们归类为三个方面，即科学情感和态度方面的目标、科学能力方法方面的目标和科学知识方面的目标。

（一）科学情感态度方面的目标

1. 总目标

《纲要》中科学领域涉及科学情感和态度方面主要有两条，即第一条"对周围的事物、现象感兴趣，有好奇心和求知欲"和第五条"爱护动植物，关心周围环境，亲近大自然，珍惜自然资源，有初步的环保意识"。

（1）对周围的事物、现象感兴趣，有好奇心和求知欲

好奇心是指对周围环境中新异刺激的积极反应倾向。幼儿的好奇心常常表现为对周围一些事物或现象（特别是自然界的事物与现象）注意、提出问题、操作摆弄、探索发现等。好奇心是幼儿学习取得成功的先决条件，并在幼儿形成积极的学习态度方面起着重要作用。学习科学需要好奇心，科学也最能吸引儿童的好奇心，而幼儿天生就具有好奇心，他们喜欢探究事物，是天生的"科学家"。在幼儿园中充分利用科学教育中特有的有利因素，以五彩缤纷、生动活泼的自然界和丰富的有结构的物质材料，作为科学教育的主要内容，逐渐使幼儿这种自发的好奇心转化为具有特定方向的好奇——对科学的好奇，进而产生对科学的兴趣和探索。合乎幼儿的好奇心，将使幼儿永远保持探究和学习的热情，也是终身学习的一种动力机制。兴趣是和好奇心相联系的，它是一种积极的感情性唤醒状态，是学习科学的强大动力。幼儿最初的科学兴趣就是对新奇事物的好奇。培养幼儿的好奇心和兴趣的目标，就是使幼儿从对事物外在、表面的兴趣，发展为对科学活动过程的理智兴趣，为今后学好科学奠定良好的基础。

（2）爱护动植物，关心周围环境，亲近大自然，珍惜自然资源，有初步的环保意识

情感是人对客观事物的态度的体验，人的情感有积极、消极之分。态度是人们比较稳定的一套思想、兴趣或目的。情感、态度和人的认识活动有紧密的联系，积极的情感和态度促进幼儿的认识活动，有利于幼儿学习科学，也将为他们良好个性的形成和发展奠定基础。但是幼儿对周围事物的情感、态度不会从天而降，也不可能自然发展或突然产生，它需要在幼儿园科学教育的过程中，结合幼儿的具体情况，精心培养。通过与周围环境的直接接触和探索活动，引导幼儿发现自然界的美，学会欣赏自然，幼儿会逐渐发现和感受到自然界的奇妙和美好，感受和体验到人与环境及动植物、动植物之间及其与环境的依存关系。通过全身心投入与珍爱生命、关爱环境有关的活动，逐步产生珍惜自然资源的情感和初步的环保意识。

例如,培养幼儿对大自然的积极情感和态度,要从他们喜爱周围的小草小花、小鸟小虫开始,逐渐发展到具有爱护自然、保护生物的情感和态度。

▲ 图2-1 让孩子多亲近大自然

▲ 图2-2 孩子和动物天生有亲近感

2. 年龄阶段目标

3—4岁：

① 乐意参加科学活动。

② 喜欢接触大自然,喜爱动植物,对周围的很多事物和现象感兴趣。

③ 经常问各种问题,开始表现出探索自然现象和参与制作活动的兴趣。

4—5岁：

① 能主动参加科学活动。

② 喜欢接触新事物、探究周围的自然界。

③ 关心、爱护动植物和周围的自然环境。

④ 常常动手动脑探索物体和材料,愿意参加制作活动。

5—6岁：

① 喜欢并能较长时间参与科学活动。

② 能主动探索周围自然界并能发现问题、提出问题、寻求答案,探索中有所发现时感到兴奋和满足。

③ 能关心、爱护自然环境。

④ 能集中于自己的制作活动。

（二）科学方法能力方面的教育目标

1. 总目标

《纲要》中科学领域涉及科学能力方法方面的目标主要有两条,即第二条"能运用各种感官,动手动脑,探究问题"和第三条"能用适当的方式表达、交流探索的过程和结果"。

（1）能运用各种感官,动手动脑,探究问题

科学教育的目标强调幼儿"能运用各种感官,动手动脑,探究问题"。科学的一个重要的特征就是其方法和过程的科学性。虽然幼儿在运用科学方法进行探索的过程中,不可能像成年人那样以严密的观察和精确的实验来进行科学研究,解决科学问题,但是在科学教育中,对幼儿进行科学方法的初始教育,以及进行科学探究能力的培养却是十分重要和必要的。

观察 "能运用各种感官"指的就是运用感觉器官对周围的事物进行观察。感觉器官是幼儿吸收外界信息的通路,观察是一种有目的、有计划的感知活动,是幼儿认识周围世界的基础。在幼儿亲历科学发现的过程中,幼儿学习了使用感官,发展了观察能力,就能主动地去感知周围世界,积极地获取各方面的信息,极大地丰富了幼儿的科学经验,为幼儿的初级科学概念的形成、思维的发展做了准备。在科学教育过程中,要使幼儿学习运用多种感官感知自然现象和物体的主要外部特征,学习比较观察不同物体或同类物体的特征,学习观察自然现象的运动和变化。

分类和测量 分类是把一组物体按照特定的标准加以区分的过程,测量是测定物体数量特征的过程。在幼儿学科学的过程中,分类和测量既是一种幼儿学习科学的技能,也是一种学习科学的方法。分类能帮助幼儿把周围事物进行抽象与概括,有助于幼儿探索事物之间的关系。测量是人们生活中精确交换信息的一个重要方面。对于对事物还缺乏"比较"概念的幼儿来说,在学科学的过程中,运用简单的测量方法来观察、理解周围世界,并以数字来比较精确地表达所获得的信息,是很有益的。在科学教育中,幼儿学习在比较现象或物体特征的相同和相异的基础上,按物体的外部特征或用途分类(单一属性或多重属性);能指出分类的标准或属性;学习使用不同的简单工具进行测量的方法;学习比较或测量物体的长短、大小、多少、轻重等特征的简单方法;初步知道通过测量可以获取量化的信息。

思考 思考泛指儿童的思维过程。思维是认识的高级阶段,是智力的核心。思维反映的是事物的本质属性和内部规律性。通过思维,能更深刻、更正确、更完整地反映客观事物。所以,在科学教育过程中,除了使幼儿获得大量丰富的感性经验外,还应在此基础上,有意识地帮助幼儿学习思考、善于思考,发展思维能力。这也是幼儿学科学必备的能力之一。幼儿的思维以具体形象性思维为主,要引导他们在具体形象和表象的基础上,思考事物之间的关系,学习比较和概括,甚至学习推论和预测,即推测。推测是运用既有经验,根据当前情况,推测事件或现象的变化或结果。虽然要让幼儿能够做出不同于猜测的、又不是简单描述现象的推测并不容易,但是推测确实是幼儿探究过程中不可或缺的方法与技能。

操作 操作即动手操作。在科学教育活动中,幼儿或以操作或以其他方式验证其发现、推论或预测是否正确的过程或方法,或运用工具或材料,对客观对象或材料进行操作加工,或制作新产品的活动都是操作。在操作活动中所需要的技能,就是操作技能。幼儿的操作技能和科学技能虽然有关,但是也不同。幼儿的操作技能常常会影响其科学技能的发展,例如,操作技能和测量技能、实验技能密切相关。操作能力的强弱,会影响到科学方法的运用,但操作技能和科学技能又是有区别的。科学方法和技能是指在科学活动中,获取科学知识所必需的技能。而操作技能则不然,它是完成操作活动所必需的技能。在幼儿科学教育中,让幼儿学习使用简单的工具,依照目标进行操作,并对操作过程和结果进行思考、调整和修正。

（2）能用适当的方式表达、交流探索的过程和结果

《纲要》科学领域中的第三条是"能用适当的方式表达、交流探索的过程和结果"。在科学教育中，不仅要让幼儿学习科学，还要让幼儿学习将自己科学探索的过程和结果，进行表达和交流。表达是一种单向地向别人表述的方式，而交流则是一种多向的、全方位的方式，既有倾听，又有表达和表现。交流有两种作用，一种是作为传递信息或获取信息的途径，另一种则是思考的方式，这就使交流成为重要的技巧。在科学活动中的交流还往往建立在幼儿记录的基础之上，幼儿在科学探索活动中，记录了科学发现的内容、情感、运用的方法、实验的结果……通过探究操作，每个人都有了自己不同的感受、体验和发现，或者有一些处于半意识状态的东西，通过思考和适当的方式表达形成想法，通过交流梳理头脑中的信息，明晰所发现的事物特征和关系，以及自己的探究过程。幼儿通过表达和交换信息，使感知周围世界的第一印象在脑中形成的表象，又转换为语言或其他方式表达出来。这样既使幼儿对事物理解得更清晰，又有助于幼儿语言的发展；既促进了幼儿与同伴之间的交往和友谊，又有利于幼儿与教师间的沟通。这里"适当的方式"包括运用语言或非语言的方式进行信息的交换；包括学习用准确有效的语言及适当的表征方式（动作、表情、手势、体态、符号、图像等）进行表达、交流（做法、想法、发现、情绪）；学习用各种手段展示自己的科学活动结果等。

▲ 图2-3　语言是极其有效的表达方式

▲ 图2-4　用展示板展示观察活动结果

2. 年龄阶段目标

3—4岁：

① 了解各种感官在感知中的作用，学习运用各种感官感知的方法，对感兴趣的事物能仔细观察，发现明显特征。

② 能从一组物体中根据一个或两个特征，挑出物体，归入一类。

③ 能通过观察知道物体数量的差别。

④ 能以词语或简单的句子以及非语言的方式描述事物的特征或自己的发现，与成人或同伴进行交流。

4—5 岁：

① 能综合运用多种感官感知事物的特征，能对事物或现象进行观察比较，发现其相同与不同。

② 能根据观察结果提出问题，并大胆猜测答案。

③ 能按照指定的标准对物体进行简单分类。

④ 学习运用简单的工具进行测量的方法。

⑤ 能以自己的语言及符号、图像等方式记录与描述自己的发现，并与成人或同伴进行交流。

5—6 岁：

① 能主动运用多种感官观察事物，通过观察、比较与分析，发现并描述不同种类物体的特征或某个事物前后的变化。

② 能按一定的方法验证自己的猜测。

③ 能按照自己规定的不同标准对物体进行分类。

④ 学习使用准确量具进行测量并学习正确的测量方法。

⑤ 在成人的帮助下能制定简单的调查计划并执行。

⑥ 能以语言与符号、图像、数字等方式与成人或同伴进行记录并交流自己的发现、探索过程和方法，表达存在的问题和自己的愿望。

(三) 科学知识经验方面的教育目标

1. 总目标

虽然在《纲要》中并没有非常明确地提出知识经验方面的目标，但是作为科学教育的必然结果，知识经验的获得已经蕴含在科学领域的其他目标中了。例如，在《纲要》科学领域第三条中指出"能用适当的方式表达、交流探索的过程和结果"，这里所说的结果，即应该包括知识的结果。另外，在 2012 年 10 月教育部颁布的《3—6 岁儿童学习与发展指南》（以下简称《指南》）中，也提出儿童"科学探究"的目标之一是：在探究中认识周围事物和现象。所以关键不是给不给知识的问题，而是给幼儿什么样的知识和怎么给的问题。

(1) 获取广泛的科学经验

所谓的经验，是与具体的事物和现象联系在一起的，离开了具体的事物就不可能获得。科学经验是指幼儿在科学探索活动中，通过他们的亲自操作，以自身的感觉器官直接接触周围世界，所获取的具体事实和第一手的经验。这些经验因其是有关自然事物与现象的，因此就被命名为科学经验。幼儿的科学经验包括幼儿对事物属性特征的认识、对科学现象的理解等。幼儿通过不断地与周围环境接触，在他们的脑中就储存了丰富的信息，留下了生动的表象。这些有关周围物质世界的信息和表象，就是幼儿获取的初始科学经验。

幼儿的初始经验是幼儿学习科学的基础，也是他们今后学习抽象的科学概念、科学定义的最初入门。通过回忆、联系已有经验，可以加深对科学概念、科学定义的理解。因而，科学经验为今后幼儿学习抽象符号和系统的科学知识做好了准备。虽然科学经验是科学知识的最低层次,是和具体的事物、现象联系在一起的,但是对幼儿来说却很重要。幼儿获得知识的过程,就是在获得大量具体事实的基础上建立的,幼儿的科学经验是建构概念的基础。幼儿由于认识能力的局限及生活经历的短暂,他们的科学经验比成年人明显要有限得多,他们所获得的经验毕竟是贫乏的、未经加工的,且往往是片面、孤立、朦胧的,有时甚至是错误的。科学学习对幼儿的一个作用,就是要扩展他们的经验,以让他们的经验在检验和发展观念中加以利用。所以,应为幼儿创设条件,帮助幼儿获得丰富的科学经验。

（2）在感性经验的基础上形成初级科学概念

概念是对事物本质、抽象的认识,是对具体事物概括的结果。初级的科学概念是指幼儿在获得感性经验的基础上,对同类事物外在的、明显的共同特征的概括,是一种概括化的表象。它是由符号代表的,具有共同关键属性的一类物体、现象、情境或性质,而不是直接的经验或具体事实。它既区别于具体的经验,也区别于真正的抽象概念。幼儿对任何事物抽象的认识,都是建立在对具体事物概括的基础上的。幼儿形成初级的科学概念,能把他们已获得的具体、丰富的,但又是片断、孤立的科学经验归纳、概括,并以简化的方式,把具体的信息转化为概念性的认知结构,储存在脑中,因而容易保持和记忆。同时,形成初级的科学概念可以增加幼儿所学知识的适用性和迁移价值,并促进幼儿智力的发展,特别是有利于幼儿的具体形象性思维向抽象逻辑性思维的过渡。

许多研究证明,幼儿的思维具体形象,对抽象概念的学习尚感困难。他们在科学学习中所形成的概念,只是经验水平的概括,它既有科学经验的特征——具体形象性,又具有概念的特征——概括性,因此只能把它称为初级的科学概念(有关科技的概念)。如果在科学学习中超越了幼儿的认知水平,强求幼儿记忆科学概念,反而会出现似懂非懂的糊涂观念,甚至是违反科学的错误概念。在科学学习中,应让幼儿学习一些日常生活概念、具体事物概念、简单分类概念。这些有关科学的概念都是低水平的概念,是经验水平上的概括,不是那么精确,但却是今后科学概念形成的阶梯。在学习中,要区分日常生活概念与错误概念的界限。日常生活概念是正确的,但不精确,或失之过宽,或失之过窄,或不完全重合。而错误概念则完全背离了客观事物本身。我们不能借口幼儿概念的幼稚性、朦胧性,而允许错误概念的出现。

（3）科学经验与科学概念的关系

科学经验与科学概念是有区别的,但是它们又是紧密联系的。在科学学习过程中,幼儿初级科学概念的形成,依赖于科学经验的获得。脱离了科学经验的概念学习是不可行的,科学经验是幼儿形成初级的科学概念的基础,科学经验影响着初级科学概念的内涵,并有效地丰富和发展着幼儿的初级科学概念。相反,如果只是重视科学经验的获得,而忽视科学概念的形成,显然也是不合适的。在科学学习中,不能迁就幼儿思维的具体形象性,不能满足于感知表面现象,而要努力引导幼儿整理零散的知识经验,促进初级科学概念的形成,并逐渐提高概念水平,促进幼儿抽象逻辑思维的萌芽与发展。

2. 年龄阶段目标

3—4 岁:

① 能认识和了解几种常见的动植物,注意并发现周围的动植物是多种多样的。

② 初步了解和体会动植物和人们生活的关系。

③ 能感知和发现物体和材料的软硬、光滑和粗糙等特性。

④ 能感知和体验天气对自己生活和活动的影响。

⑤ 能了解日常生活中几种人造物品的特征及其用途。

4—5 岁:

① 能感知和发现动植物的生长变化及其基本条件。

② 能感知和发现常见材料的溶解、传热等性质或用途。

③ 能感知和发现简单物理现象,如物体形态或位置变化等。

④ 能感知和发现不同季节的特点,体验季节对动植物和人的影响。

⑤ 初步感知常用科技产品与自己生活的关系,知道科技产品有利也有弊。

5—6 岁:

① 能了解到动植物的外形特征、习性与生存环境的适应关系。

② 能发现常见物体的结构与功能之间的关系。

③ 能探索并发现常见的物理现象产生的条件或影响因素。

④ 感知并了解季节变化的周期性,知道变化的顺序。

⑤ 初步了解人们的生活与自然环境的密切关系,知道尊重和珍惜生命,保护环境。

以上是将目标逐条进行了分析和理解,但是必须明确的是,应全面把握幼儿科学教育目标之间的关系。首先,这三条目标是一个你中有我、我中有你的完整整体,而且相互依赖,不能截然分开,任何一方面都不可或缺。其次,从它们三者在科学学习中所扮演的角色看,科学经验、概念是学习科学的载体,离开了科学知识的学习,科学探究也就成为不可能;科学情感态度是学习科学的动力系统,它推动着幼儿积极的学习;而科学方法则是探究活动中的核心,也是幼儿终身学习的武器。

二、幼儿科学教育的内容

小练习 2-2

请同学们分成5—6人一组,然后根据自己的理解,在小组内讨论"幼儿科学教育的内容"应该包括哪些。每组至少写出五种。讨论完成后,再进行全班交流。

通过这个活动,可以从中了解大家对"内容"的理解。

幼儿科学教育的内容对于完成教育目标是至关重要的。幼儿科学教育的内容是实现科学教育目标的媒介，是科学教育活动设计与具体实施的主要依据，也是实现科学教育目标的实质部分。

（一）幼儿科学教育的内容范围

幼儿生活在一个丰富多彩、变化万千的世界里，他们与周围环境直接接触，通过感官认识自我和周围世界，又通过科技媒体，了解一些他们不能直接接触的事物。这样就使幼儿科学教育的内容范围得到了进一步的扩大。根据幼儿科学教育的目标，幼儿科学教育的内容应包括科学知识、科学技能方法和科学情感态度三个方面。在《纲要》的科学领域中，提出的内容和要求如下：

① 引导幼儿对身边常见事物和现象的特点、变化规律产生兴趣和探究的欲望。

② 为幼儿的探究活动创造宽松的环境，让每个幼儿都有机会参与尝试，支持、鼓励他们大胆提出问题，发表不同意见，学会尊重别人的观点和经验。

③ 提供丰富的可操作的材料，为每个幼儿都能运用多种感官、多种方式进行探究提供活动的条件。

④ 通过引导幼儿积极参加小组讨论、探索等方式，培养幼儿合作学习的意识和能力，学习用多种方式表现、交流、分享探索的过程和结果。

⑤ 引导幼儿对周围环境中的数、量、形、时间和空间等现象产生兴趣，建构初步的数概念，并学习用简单的数学方法解决生活和游戏中某些简单的问题。

⑥ 从生活或媒体中幼儿熟悉的科技成果入手，引导幼儿感受科学技术对生活的影响，培养他们对科学的兴趣和对科学家的崇敬。

⑦ 在幼儿生活经验的基础上，帮助幼儿了解自然、环境与人类生活的关系。从身边的小事入手，培养初步的环保意识和行为。

据此，我们可将幼儿科学教育的内容范围确定为以下几个方面[①]。

1. 科学情感与态度方面

情感与态度方面的内容包括对身边现代生活中科学技术的印象、科学技术对生活的影响、对身边的科学现象的关心、对周围生活中的自然现象的观察、被身边的科学现象所吸引、对身边的科学现象的观察和积累，愿意对一些科学现象进行尝试等。

（1）对身边现代生活中科学技术的印象

形成对衣、食、住、行以及娱乐中现代科技成分的初步印象。知道科学技术水平的提高，可以使日常生活用品不断升级换代，科学技术在现代社会和家庭中无处不在。

（2）科学技术对生活的影响

知道科学的生活会带来优美的环境。了解科学技术既能给人们带来幸福，科学技术使

---

① 摘自《2001—2005 年中国青少年科学技术普及活动指导纲要》A 段（3—5 岁），本文略有改编.

用不当也会给人们带来灾难。

（3）对身边的科学现象的关心

有感知身边现象的愿望，经常被生活中的科学现象所吸引。对身边的各种现象充满好奇，常问："是什么？""为什么？"

（4）对周围生活中的自然现象的观察

喜欢观察生活中的自然现象，对观察到的自然现象能大胆提问，希望解开头脑中的问题。

（5）被身边的科学现象所吸引

能经常发现周围生活中有趣的科学现象。知道常见的小动物、花草树木的名称、习性、养护方法。能大胆、自信地把知道的和正在探究的科学知识和现象告诉同伴。

（6）对身边的科学现象的观察和积累

乐意介绍幼儿园、家庭、社会生活中的玩具和现代生活用品。喜欢生活中的新用品，乐意感知和使用。

（7）愿意对一些科学现象进行尝试

积极感知各种科技活动，喜欢摆弄。在游戏或操作活动中喜欢寻找不同的方法。在反复尝试实践后再得出结论。

2. 科学方法、能力方面

科学方法和能力方面的内容包括观察、比较的方法和能力，尝试探索的方法和能力，以及信息收集的方法和能力等。

（1）观察的方法和能力

包括日常生活中的观察。观察要有目的、要专注、要全面、要仔细、要交流；借助工具观察。观察往往有局限性，为避免观察的局限性，可以借助某些工具进行观察，如放大镜等。

（2）比较的方法和能力

学会比较不同的事物，找出它们的相同点和不同点。学会比较同一类事物，找出它们的相同点和不同点。在进行比较的基础上学习分类。

（3）尝试探索的方法和能力

学会使用一些小实验的器材。会用不同的方法进行操作，并观察他们的效果。独立或合作完成一些手工练习、小制作。学习与同伴交流实验结果。

（4）信息收集的方法和能力

了解收集信息的几种渠道和方法，知道可以利用多种渠道收集信息。知道交流信息和展示信息的一些方法。

3. 科学知识经验方面

（1）人体

人体的结构及其功能 了解人体的基本结构：头、颈、躯干、四肢以及皮肤、骨骼、肌肉、血液等及其功能。了解人体的感觉器官：眼睛、耳朵、鼻子、舌头、皮肤等及其功能。了解人与人之间既有共同的地方，也有不同的地方。不同种族的人在皮肤、眼睛和毛发等方面有差异，不同年龄、不同性别的人在身体特征上有差异。

▲ 图 2-5　让幼儿认识不同种族的人的特征　　▲ 图 2-6　用适当的语言向孩子解释这个问题

人的生理活动和心理活动　了解人体的生理活动：消化、呼吸、血液循环、排泄等。初步了解脑可以思考问题，具有想象、记忆等功能。初步了解人有情绪、情感，学习应该怎样表达或控制自己的情绪。

个体的生长和衰老　认识到人是一个自然实体，每个人都经历着从出生、成长到衰老、死亡的生命过程。让幼儿知道自己是爸爸和妈妈"造"出来的，是从妈妈的肚子里生出来的。了解食物、空气和水是人生长发育的基本条件；合理的营养、适当的运动和休息等都是个体健康成长的必要条件。

保护身体及身体健康　知道在任何条件下，都应该注意安全，保护自己的身体不受侵害和损伤，以避免不必要的痛苦。使幼儿养成良好的卫生习惯，以预防疾病，健康成长。

（2）动植物

动物　知道动物有很多种，如家禽、鸟、鱼、昆虫等，且都有区别于其他种类动物的特征。

了解各种动物不同的外部特征和生活习性。

知道动物是有生命的，它们需要水、空气和食物维持生命，否则就会死去。

了解动物生活在不同的地方，有不同的行为方式，有不同的繁殖方式，有不同的食性。

初步了解动物对其生活环境的适应，如动物的身体结构与所处的环境的关系，行为方式与所处环境的关系，动物怎样改变自身以适应环境的变化等。

了解植物与动物、动物与动物之间的关系。了解动物与人类的密切关系，懂得动物是人类的好朋友，人类应该保护它们。

植物　知道植物是多种多样的，它们有区别于其他种类植物的特征。

认识一些常见的花卉、树木和蔬菜，知道它们的名称和外形特征。

知道植物是由根、茎、叶、花、果实、种子六个部分组成的，初步了解植物各部分的功能。知道植物有不同的繁殖方式。

获得植物生长过程的经验，初步了解植物生长的必要条件是阳光、空气、水、温度，以及植物生长与环境的关系。

观察植物的季节变化,了解植物与季节变化的关系。

观察生长在不同环境中的植物的形态特征,了解植物形态特征与所处地理环境的关系。

了解植物与动物、植物与人类的关系,知道植物对净化环境的贡献,懂得要保护植物。

(3) 生态与环境

生态环境诸要素及其关系 知道在我们生活的世界里,除了生物(人类、动植物),还有岩石、沙、土壤、水、空气等无生命的物质,它们都是相互联系着的。

结合动植物的内容的了解,使幼儿认识到:人、动物和植物之间是紧密联系、相互依存的;生物和它所生存的环境之间也是紧密联系、相互依存的。

帮助幼儿理解无生命物质对于生命的重要性。使幼儿知道沙和土壤都是由岩石变来的,土壤是适宜生物生长的;知道生物离不开水和空气,地球上的水有江、河、湖、海以及地下水。空气存在于所有空间,它们都是生命不可缺少的物质。

生态环境污染的表现 初步了解一些环境的污染状况,如水污染、大气污染、噪声污染和生活垃圾污染等,知道这些污染对人和动植物的危害。

了解由于生活环境质量的下降,以及人类的过度砍伐、渔猎,许多物种正走向灭绝,同时也将危害人类自身。

保护生态环境的方法 使幼儿了解应从小养成保护生态环境的良好行为习惯。如爱护花草树木,爱护小动物,保护珍稀生物的生存,保护水源,保持环境整洁等。

了解人类为了保护和改造自己的生存环境所作的努力,如植树造林等。

(4) 自然科学现象

天文现象 知道地球存在于宇宙中,除了地球外,宇宙中还有太阳、月亮和星星等,它们都离我们很远。

知道太阳是一个恒星,是一个发光、发热、燃烧着的巨大火球。它距离地球很远很远。没有它,地球上所有的生命都不能生存。

知道月亮在不同的时间看上去形状会改变,月相的变化是有规律的。知道月球上没有空气和水,也没有生命。宇航员可以乘航天飞机登上月球。

知道夜空中有无数的星星,但因为离我们距离太远,我们只能看到一个个闪烁的光点。

气候和季节现象 了解气候和季节是人类、动植物生存的重要环境因素,它们的变化是有规律的。

观察晴天、多云、阴天、雨天等天气,并学会做

▲ 图2-7 体会四季变换

记录。让幼儿学会用温度计观察并记录气温。

观察各种天气现象：雨、雪、风、冰、闪电、雾、冰雹、霜等。

知道四季的变化及其规律，了解不同季节的特征。

了解季节和气候变化对人类和动植物生活、生长的影响，能主动适应外界环境的变化，并保护身体。

物理现象

① 光：了解光和人类生活的密切关系，光为我们带来光明，使我们可以看见周围世界。光还为植物的生长提供了条件。

使幼儿发现光从哪里来，太阳、个别生物、电灯等会发光；月亮、镜子等会反光。

探索光和影子的关系。

探索光学仪器（如三棱镜、各种透镜等），了解简单的光学现象。

了解颜色是由于光的反射造成的，探索物体的颜色现象。

 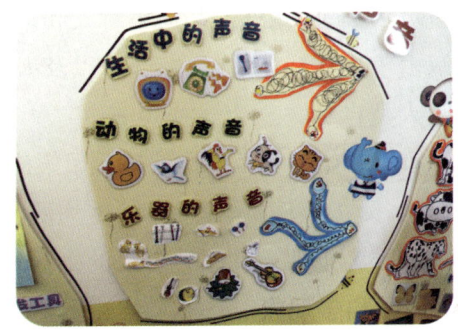

▲ 图2-8 探索光学仪器，了解光学现象　　　▲ 图2-9 不同的物体都会发声

② 声：知道我们生活在一个充满声音的世界里，注意倾听、观察和感受各种各样的声音。

探索声音的产生，知道不同的物体会发出不同的声音。

知道声音有乐音、噪音之分，乐音给人以美的感受，噪音会给人带来危害。

③ 电：了解摩擦产生的静电、电线输送来的电和干电池里的电都是电。

了解干电池的用途，理解电的用途及优越性。

使幼儿懂得安全用电，避免事故。

④ 磁：观察各种形状、大小的磁铁，探索磁铁的性质。

了解磁的用途。

⑤ 热：知道任何物体都有温度，有的温度高，有的温度低。

不同温度的物体之间会发生传热现象，有的传热快，有的传热慢。

讨论生活中有关热的问题，如夏天怎样散热，冬天怎样生热和保暖等。

⑥ 力和运动：知道力和运动是生活中最常见的现象，初步了解力的大小、方向、作用点和物体运动之间的关系。

知道力有很多种,如地球的吸引力、推力、拉力、压力、浮力、摩擦力,以及风力、水力等,感受各种力的作用。

探索力的平衡。

探索省力的方法,如使用轮子、滑轮、杠杆、斜面、机械等。

化学现象

了解周围物质世界和日常生活中存在的简单化学现象,如大米经过烧煮变成米饭,面粉发酵做成馒头等。

知道食物的霉变现象,初步了解食物为什么会霉变。

(5) 生活中的科学技术

科学技术在家庭生活中的运用 认识并探索现代家用电器、现代浴具以及现代厨房用具等,了解它们的用途及安全使用的方法。

认识并探索家庭中的其他科技产品。

了解以上科技产品与人们生活的关系。

科学技术在社会生活中的运用 认识各种农业和工业机械,使幼儿理解它们在工农业生产中的应用。

认识各种交通工具,从自行车、摩托车、汽车、电车到火车、飞机、轮船,以至现代的最先进的交通工具(如电气火车、超音速飞机、磁悬浮列车等)。

认识各种现代道路,如高架路、立交桥、高速公路、隧道等。

认识各种通信工具,如电话、寻呼机、移动电话、传真机和可视电话等。

了解科技在城市建设等方面的应用。

科学技术的发展 了解科学技术是不断发展的,科学家对于科技的发展作出了很大的贡献。向幼儿介绍一些著名的科学家。

初步了解科技给人们的生活带来方便,科技发展提高了人们生活的质量。

(二) 幼儿科学教育内容的选择与编排

1. 幼儿科学教育内容的选编原则

从总体上说,幼儿科学教育内容的选编,要依据科学教育的目标来进行,即在选择与编排科学教育的内容时,要有明确的目标,必须全面贯彻科学教育的任务。除此之外,还要考虑以下几方面的原则。

(1) 科学性

选择幼儿科学教育内容的科学性要求,是指选择的内容必须符合科学原理,应从自然界的整体出发,根据客观规律,正确解释幼儿周围生活中有关的自然现象和自然物,不能以讹传讹。幼儿科学教育是对年幼儿童进行科学启蒙的教育,它是意图通过科学学习,培养幼儿学科学、爱科学,初步发展科学探究的能力,而这一切又必须建立在对科学现象的正确解释基础上。另外,人类对科学的认识,总是不断地有所发现、有所前进的。随着科学技术的不断发展,已有的发现必然会得出新的结论和引发新的观点,从而引起基础知识的改造和改组。随着科学的进步和发展,也必然要求对科学教育内容进行调整、进行充实,要求我们摒弃那些被事实证明已经陈旧的东西,而把那些能反映新观点、具有先进性的基础知识引进到教学内容中去。因此,科学教育的内容必须具有科学性,这也是自然科学本身的特点和科学教育的性质所决定的。

幼儿年龄尚小,很多科学道理他们无法理解。事实上,即使是成年人也不可能将所有的科学道理弄明白,而且也并不需要都弄明白,更何况是幼儿。但是,幼儿不能明白科学原理,并不代表就可以不将科学的知识给予孩子,而恰恰相反,越是年幼儿童越是需要客观、科学的内容。当然,知识是逐步深化的,幼儿有关科学的概念也只能是逐步形成的,不可能一下子达到严密精确。我们应使幼儿在科学学习过程中,从小开始学会客观、实事求是地看待自然事物和现象,为以后形成辩证唯物主义的自然观、科学观和世界观打下良好的基础。但是,在选择教育内容时遵循科学性的原则,并不等于是严格地按照学科体系来进行,而是应选择那些能被幼儿感知的、真实的、可靠的材料作为科学教育的内容。

（2）启蒙性

启蒙性要求是指选编的内容必须符合幼儿的知识经验和认知发展水平,使幼儿在教师的帮助下,通过一定的努力能够达到教育目标,即能够理解和接受,这对幼儿来说特别重要。科学教育内容应适合幼儿已有的知识基础、理解水平和生活实际。幼儿年龄小,受其生活经验和活动范围以及身心发展的局限,难以理解抽象的科学概念和规律。因此,选编内容的广度和深度必须是幼儿能理解和接受的。幼儿科学教育的目的是科学启蒙,而不是、也不可能是培养小科学家。但是启蒙性并不只是一味地"简单"、"容易",而低估了幼儿的接受能力。教师要正确估计幼儿的认知能力,既不能过分低估幼儿,也不能拔苗助长,急于求成。总之,启蒙性强调的是幼儿是在教师的指导下,通过自己一定程度的努力而达到目的。

根据启蒙性的原则,应选择幼儿可以直接探索及可以理解的内容,让幼儿通过自己直接的探索活动,在力所能及的范围内学习科学。幼儿对于自己生活中熟悉的内容,相对来说比较容易理解,因此,应选择一些幼儿日常生活中熟悉的内容,引导他们进行探索和发现。当然,选择教育内容时遵循科学性原则并不等于学术性,启蒙性也不等于不要科学性。要兼顾科学性与启蒙性原则,就要求在选择内容时必须既要考虑科学性,在内容的范围和深度上又要遵循启蒙性规律。

（3）系统性

系统性要求是指选编的科学教育内容应按照由近及远、由简到繁、由具体到抽象、由已知到未知的认知规律编排。一般认为,因为幼儿认知特点的原因,在幼儿阶段进行科学教育,不必也不可能严格地按照自然科学的体系向幼儿传授系统的科学知识。但这并不代表说在选择与编排内容时可以随意地进行、不需要系统性。把自然科学分成物理、化学、生物、地理等是人类认识史上的一大进步,但是,在幼儿的眼里,周围世界是一个完整的整体。事实上,自然界本身就是一个整体,只是为了学习和研究的需要,才把它们分成各种门类。在幼儿科学教育过程中,应根据自然界的客观规律、人的认识规律,以及幼儿的思维发展特点,来考虑科学教育内容的系统性。在介绍自然事物时要注意其内在逻辑联系。

首先,系统性应该体现在选编科学教育内容时,要考虑科学教育各方面内容是一个整体。例如,在选择"熊猫"作为科学教育内容时,除了使幼儿获得关于熊猫的主要外形特征、习性和功能等方面的知识,还可以选择与熊猫有关的环境,包括竹林、气候、人们生活等各方面之间的相互关系。

▲ 图 2-10　选择"熊猫"作为教育内容

▲ 图 2-11　探索水的乐趣

其次,系统性应该体现在小、中、大各年龄班认知容量的增加与深度的提高上。按这样的系统选编内容时,可采用直线式上升或螺旋式上升的方式。直线式上升是指同一方面的内容按难易、繁简的程度予以安排。例如,选编"认识人体"这一主题时,小班可以选择认识脸、眼睛、耳;中班可以选择认识脚和手;大班则安排认识皮肤、身体、消化系统、呼吸系统、循环系统、运动系统及其功能等。螺旋式上升是指同一内容反复出现,循环加深。以"水"这一内容为例,在小、中、大班均可安排,但内容的侧重点及具体要求则不同。小班主要是感知生活中水的不同声音,初步认识水;中班是进一步探索水的物理性质,以及水的浮力、水向低处流等现象;大班则可以让幼儿认识地球上的各种水域,以及水的三态变化,教育幼儿爱护水资源等等。

(4) 时代性

时代性要求是指要根据时代发展、科学技术的进步的状况,来选编科学教育内容,使选编的内容跟上时代与科学技术的发展,面向现代化。科学教育内容的时代性是社会和科技的发展对培养人才的客观要求,更是幼儿探索科技的要求。科学教育不能只是关注幼儿认识自然(偏重于生物,特别是动物),也应让幼儿了解高新技术的发展。今天的幼儿是今后祖国建设的栋梁,幼儿教育也要具有一定的超前意识。因此,在选编科学教育内容时,除了保留一些传统、必要的基本内容以外,还要注意选择那些与幼儿生活密切相关的、能为幼儿所理解的、体现时代特点的科技知识,以开拓幼儿的视野。例如,地铁、轻轨、电脑、家用电器、现代通信、无土栽培、航空技术、现代建筑等,让幼儿在了解这些科技知识的同时,感受科技的重要性。

同时，在选编符合时代发展要求的内容时，还可以结合我国古代的许多发明创造进行。我国是一个具有五千多年优秀民族文化传统的国家，我国古代的许多发明创造为世界科技的发展做出了卓越的贡献，如指南针、活字印刷等的发明。在选编科学教育内容时，还可以选择一些与中华民族优秀的文化传统有关的内容。让幼儿在接触现代科技的同时，了解中华民族优秀的文化传统，对于培养幼儿爱科学的态度，乃至爱祖国的情感，都有着不可低估的作用。因此，可以结合幼儿日常生活，选择一些具有我国民族特色的物产或当地有名的物产，让幼儿感受、体验、观察和了解。例如，在了解有关桥的知识时，既让幼儿了解现代的各种各样的桥，如立交桥、斜拉索桥、地面上的桥（旱桥）、水面上的桥等；同时也让幼儿了解我国古代的一些著名的桥梁，如赵州桥等。在这一系列内容的选择安排中，既遵循了时代性的要求，又能体现我国的传统文化。

（5）地方性

地方性要求是指应联系当地的自然环境和文化背景，来选编科学教育的内容。我国幅员辽阔，地跨寒、温、热三带，不仅自然条件复杂，而且各地的自然资源差异也很大。例如，当东北还是冰雪满地的时候，南方已是遍地绿色了。城市与农村、南方与北方、山区与海岛、中心地区与边远地带等都有极大的差别。同时，各地的风土人情、人文历史以及科技发展状况也不会完全一样。

遵循地方性的要求，就应该根据当地的自然特点选择科学教育的内容，如考虑当地的地理位置、山川河流等，以保证幼儿直观地感受本地区的自然特点。同时还可以根据当地的情况，自行编制一些乡土教材。特别要注意的是，不要将不符合当地情况的内容照搬套用，而应该选择性地运用，选择一些符合当地情况的内容进行科学教育。但是，这并不排斥为扩大幼儿的眼界而选择一些乡土以外的材料。例如，可以让城市的儿童在先感知了解自己城市的建筑特征以后，再逐步让幼儿了解地球上还有山脉、海洋、草原、沙漠等不同的地理特征。又如南方的幼儿也可以接触一些下雪的情景，这些都有利于扩大幼儿的眼界。

（6）季节性

季节性要求是指应联系季节变化来选编科学教育的内容。科学教育的主要内容之一就是天气现象和气候现象，而天气和气候都和季节相关。可以这样说，科学教育内容中涉及的各种自然现象的发生、发展和变化，大多与季节变化有着必然联系。动植物的生长、活动也受着季节的影响，各种天气变化更是与季节有关。遵循季节性的原则来选编科学教育的内容，既能丰富、加深幼儿对季节的整体理解，又能帮助幼儿理解事物变化与季节之间的关系。例如冬季，不仅要让幼儿了解冬季天气寒冷的季节特征（北方还会下雪），观察动物如何过冬、植物的变化等情况，还可以介绍人们如何过冬，如何使用取暖器、空调等来取暖。又如，随着水果保鲜技术的发展，人们一年四季都可以吃到苹果。但是让幼儿对苹果的认识活动还是以秋季为宜，因为在秋季，无论是苹果的数量、种类，还是新鲜程度都是最多和最好的。

所以，要根据当地的季节变化特点，恰当地编排教育内容，并在教学过程中根据季节变化情况灵活地进行调整。

2. 选编幼儿科学教育内容的具体方法

科学教育内容在经过缜密的选择之后,还要加以合理与适当的组织,才能使科学教育活动获得最好的效果。在我国,幼儿科学教育常用的具体选编方法曾经有以下几种。

(1) 以季节为主线选编学前儿童科学教育内容

幼儿科学教育的内容与季节联系的密切性,决定了以季节为中心来选择编排内容是较为科学的,也是较为常见的,这是各国幼儿科学教育普遍采用的方法。以季节为主线选编科学教育内容,就是以认识春夏秋冬季节为主线,将科学教育中与之相关的内容集中编排。其主要内容大致分为季节、常见动物、常见植物、自然现象、人们的生活等。例如,大班科学教育内容中的"春季",围绕着春季这一内容和主题,可以包括发现春天的特征,通过冬春的比较,发现两个季节的不同;认识几种春季才有的蔬菜、花卉等;认识几种春季发芽的树木;认识几种动物,如青蛙和蝌蚪、蚕;春季天气开始,如何注意及时穿脱衣服、预防一些传染病等。

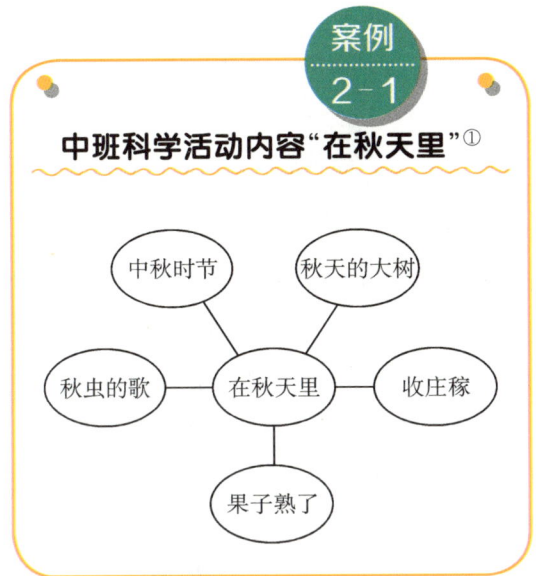

案例 2-1

中班科学活动内容"在秋天里"①

中秋时节 · 秋天的大树 · 秋虫的歌 · 在秋天里 · 收庄稼 · 果子熟了

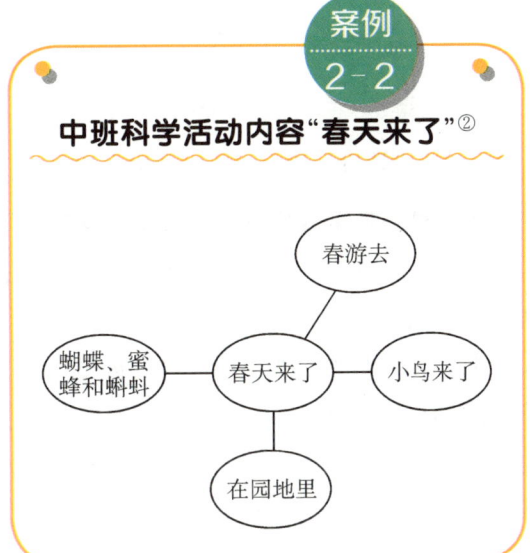

案例 2-2

中班科学活动内容"春天来了"②

春游去 · 蝴蝶、蜜蜂和蝌蚪 · 春天来了 · 小鸟来了 · 在园地里

目前以季节为主线的方式选编科学教育内容,也往往就是主题活动的方式。

(2) 采用单元式选编学前儿童科学教育内容

采用单元式选编学前儿童科学教育内容是一个以类为单元组合教材,加强科学教育活动内容纵横联系的方法。具体做法是将幼儿园三年的科学教育内容编排成若干个单元,每个单元从内容到形式都注重体现科学经验的系统性与幼儿发展的连续性。每个单元又突出一个重点,围绕重点设计多种活动内容和形式。这个重点也就是"主题",是单元活动的核心,它既表明幼儿将要参与的系列活动,又表明他们从中要获得的核心经验。在这些单元之间,纵向自成体系,横向相互联系。从纵的方面来讲,即现有知识内容与原有与之相关的知

---

① 朱家雄.学前教育教师参考用书:学习活动(4—5 岁)[M].上海:上海教育出版社,2009,8:42.
② 朱家雄.学前教育教师参考用书:学习活动(4—5 岁)[M].上海:上海教育出版社,2009,8:214.

识经验的联系。横的方面是事物与事物之间的联系，即外部联系，不同类别的经验之间也是相互联系着的。每个单元的科学教育过程都是循环往复、螺旋式上升的发展过程。

案例 2-3

单元"雨"的教育内容

案例 2-4

单元"不同的家园"的教育内容①

（3）根据科学教育各个方面选编学前儿童科学教育内容

这是以科学教育的不同方面的内容范围为依据来选编学前儿童科学教育内容的方法。这种方法虽然目前并不多见，但仍有部分为幼儿园所采用。科学教育的内容十分广泛，上至天文地理，下至动植物、人体、现代科技，对于某些很重要的内容，由于以季节为主线或采用单元式都较难以囊括，而采用各个范围的方法，就可避免这样的问题，操作也相对比较简单。这种方式是先将有价值的、符合本班儿童特点的内容选择出来，然后根据选定的内容，再进行相应的编排。

案例 2-5

范围	课题
	中班第二学期科学教育内容
动物	◆ 可爱的蚕宝宝 ◆ 吃蚊能手——蜻蜓 ◆ 森林医生
植物	◆ 美丽的梅花 ◆ 种瓜、土豆 ◆ 美丽的荷花 ◆ 吃蔬菜的哪部分

---

① 朱家雄.学前教育教师参考用书：学习活动(5—6岁)[M].上海：上海教育出版社,2009,8：243.

范围	课题
人体	◆ 我从哪里来 ◆ 可爱的小脚 ◆ 我有一双能干的手
材料	◆ 小小的沙粒 ◆ 多种多样的石头
事物间关系及变化	◆ 磁铁的奥妙 ◆ 温暖的阳光 ◆ 到处都有空气 ◆ 奇妙的影子 ◆ 它们都在变 ◆ 生活中的声音 ◆ 放到水中的东西怎样了
使用工具	◆ 中国餐具——筷子 ◆ 小纽扣 ◆ 厨房里的好帮手
体验技术	◆ 多彩的扇子 ◆ 各种各样的笔
天气变化和自然界的奥秘	◆ 美丽的风筝
关爱和珍惜自然环境	◆ 节日的公园
科技对生活的影响	◆ 电冰箱 ◆ 大力——起重机 ◆ 漂亮的小汽车

以上三种选编方式都是以教师预先安排为主的,虽然在选编过程中,会充分地考虑幼儿的经验、兴趣、能力与需要,但是在教育过程中,幼儿会有生成的需求,教师要根据情况,做出调整。

在选编科学教育内容时,除了以上几种方法以外,还应注意处理好"预设"与"生成"的关系。

"**预设**"是指教师根据课程目标和幼儿的兴趣以及已有的经验,对环境布置、材料提供、活动内容和方式进行有计划的设计和安排。教师可以把目标和内容渗透在环境中,激发幼儿自己有目的性地活动,也可以直接设计并组织幼儿参加活动。

"**生成**"是指幼儿依据自己的兴趣、经验和需要,在与环境和他人交互作用中自主产生的活动。教师为幼儿创设良好的心理和物质环境,关注、支持、引发幼儿的主动探索和交往,满足幼儿自主活动、自发学习的需要。"生成"也是指教师在幼儿游戏与其他活动中发现一些有意义的活动,及时介入进行随机教育,或者对该活动加以进一步的充实和扩展。

在科学教育中,除了教师预设的活动以外,很多都是在幼儿生活中自发生成的,这也是科学教育的性质所决定的。因为科学教育的内容是幼儿生活中的自然界,自然界所涉及的事物十分广泛。教师更应根据幼儿的兴趣和需求,结合教育的目标来组织科学活动,尽可能处理好"预设"与"生成"的关系。

视频：科学活动内容例举（大班）

扫一扫，看视频

说明： 幼儿生活在一个丰富多彩、变化万千的自然环境中,幼儿科学教育的内容,是将自然事物和现象以幼儿能理解的方式呈现在他们面前。视频展现了一个大班班级的科学活动区,可以看到教师为幼儿提供了多种自然科学的内容,例如"光"(光和影子的关系;光的反射;光与物体的颜色关系等)、"力和运动"(斜坡;滚动等)、"电"等内容。

📍 实践与应用

"水"单元的科学教育主题目标内容[①]

一、"水"单元的目标

	兴趣与态度	探究与表达	知识与概念
小班	萌发对水的好奇心,乐意玩水并感知水的特性。 萌发动手玩水的兴趣	运用多种感官感知水的基本特性。 运用目测等简单方法比较水量的多少。 用词语或简单的句子描述水的特征和自己对水的发现,与同伴、成人交流	仔细观察有关水的现象,发现水的明显特征。 发现生活中的水,感受水与自己生活的关系
中班	发展对水的好奇心,喜欢探究有关水的现象。 乐意参加探究水的活动,能在活动中大胆思考和提问	学会比较和观察水与其他物体的异同。 学会用简单工具进行有关水的动手制作活动。 对观察到的水的现象进行比较和概括。 用自己的语言描述自己在活动中的发现并与同伴、成人交流,学习用记录(图表、绘画、作品展览)展示自己的活动结果	获取有关水及其人类关系的具体经验。 观察雨天的自然现象,获取感性经验。 了解有关利用水的特性发明的科技产品,初步了解它们在生活中的运用

---

① 龚卫玲.基于儿童经验的幼儿科学启蒙教育[M].上海：上海三联书店,2013,6.

	兴趣与态度	探究与表达	知识与概念
大班	萌发和形成好奇、好问、好探究的态度。 萌发对利用水进行科学发明的兴趣,能自己发现问题、提出问题、寻找问题答案。 喜欢并主动参加有关水的探索活动。 能主动节约水,保护水环境	能主动运用多种感官观察水的变化,对有关水的现象进行观察。 在探索水的活动中学会实验操作验证推论和预测,并能对操作过程和结果进行思考、调整和修正。 学会运用简单工具和多种材料进行有关水的制作活动。 用完整、连贯的语言和同伴、成人交流自己的有关水的科学活动中的做法、想法和发现,能够表达发现的愉快	了解有关水污染的现象和人们保护水环境的活动。 获取有关水与环境等关系的感性经验

二、"水"单元的内容

	水			
	水的特征 (属性和变化)	水与动植物	水与人	地球中的水
小班	找出白开水; 篮子能装水吗? 运水; 越来越重的水桶; 打捞玩具; 沉与浮; 饮料吧	神秘的海洋世界; 花儿爱喝水	幼儿园里的水; 用水洗洗手	下雨的时候
中班	沉浮实验; 冰块融化了; 怎么飘起来; 水变水蒸气; 神奇的水油画; 帮水搬家; 莲花转; 纸娃娃	豆豆发芽	生活中的水	下雨了; 测量雨量
大班	哪些物体会沉下去; 水的压力; 沉与浮; 形状对物体漂浮有什么影响; 水流小实验; 乌鸦喝水; 水和水蒸气	植物怎么喝水	谁毒害了小鲤鱼; 水的故事	水的旅行; 雨从哪里来; 脏水变干净; 小雨点旅行记

分　析

　　该主题首先是根据幼儿一日活动中产生的有关"水"的问题进行选择与设计的,目的是跟随幼儿的兴趣推进他们进一步探索和发现。同时整理了《上海市学前教育教师参考用书》小、中、大班中的"好玩的水"、"水真有用"、"有趣的水"这三个有关水的主题中的内容,梳理和分析了层级目标的内在联系,作为单元目标建立的依据。

　　主题内容围绕"水"的主题,从"水的特性"、"水与动植物"、"水与人"、"地球中的水"几个方面进行整理。根据小、中、大班不同年龄阶段幼儿经验的特点,选取了相适应的内容进行具体编排。

课后作业

作业1

　　到幼儿园实地学习,了解该幼儿园在教育中是如何实施"能够运用各种感官,动手动脑、探究问题"的科学教育目标的。

作业2

　　阅读以下大班科学教育活动内容,分析:

　　(1) 以下科学教育活动内容是运用什么方法进行编排的?

　　(2) 你对以下内容还有什么建议,并尝试进行调整。

大班科学教育内容

范围	内容	范围	内容
运用感官	◆ 管子俱乐部	收集信息	◆ 服装
	◆ 瞄准目标		◆ 科学家的故事
	◆ 谁热得快		◆ 立体交通网
使用工具	◆ 有趣的复制		◆ 航天飞船
	◆ 螺丝刀		◆ 物品的包装
	◆ 石模制玩具		◆ 土特产展览
	◆ 抹布		◆ 条形码
	◆ 奇妙的网		◆ 汽车加工厂
	◆ 卷笔刀	爱护环境	◆ 天然的氧吧
	◆ 比一比		◆ 我家的垃圾
	◆ 能干的绳子		◆ 益虫之星
	◆ 小厨师的新工具		◆ 自制环保旗

范围	内容	范围	内容
爱护环境	◆ 有趣的生物链	了解自然	◆ 自制放大镜
	◆ 泥水变清水		◆ 隐藏的颜色
	◆ 无土栽培与有土栽培比较		◆ 巧搬运
	◆ 废旧电池危害大		◆ 摩擦力
了解自然	◆ 变色龙		◆ 冰凌花
	◆ 种子发芽		◆ 电磁铁
	◆ 生活中的微生物		◆ 豆豆称体重
	◆ 平面镜成像		◆ 呼吸的肺
	◆ 空气有多重		◆ 心脏宝贝
	◆ 纸桥		◆ 胃

💻 **资源链接** ···

1. 《幼儿园教育指导纲要(试行)》部分内容节选。

第二部分 教育目标与内容要求

二、科学

（一）目标

1. 对周围的事物、现象感兴趣,有好奇心和求知欲;

2. 能运用各种感官,动手动脑,探究问题;

3. 能用适当的方式表达、交流探索的过程和结果;

4. 能从生活和游戏中感受事物的数量关系并体验到数学的重要和有趣;

5. 爱护动植物,关心周围环境,亲近大自然,珍惜自然资源,有初步的环保意识。

（二）内容与要求

1. 引导幼儿对身边常见事物和现象的特点、变化规律产生兴趣和探究的欲望。

2. 为幼儿的探究活动创造宽松的环境,让每个幼儿都有机会参与尝试,支持、鼓励他们大胆提出问题,发表不同意见,学会尊重别人的观点和经验。

3. 提供丰富的可操作的材料,为每个幼儿都能运用多种感官、多种方式进行探索提供活动的条件。

4. 通过引导幼儿积极参加小组讨论、探索等方式,培养幼儿合作学习的意识和能力,学习用多种方式表现、交流、分享探索的过程和结果。

5. 引导幼儿对周围环境中的数、量、形、时间和空间等现象产生兴趣,建构初步的数概念,并学习用简单的数学方法解决生活和游戏中某些简单的问题。

6. 从生活或媒体中幼儿熟悉的科技成果入手,引导幼儿感受科学技术对生活的影响,培养他们对科学的兴趣和对科学家的崇敬。

7. 在幼儿生活经验的基础上,帮助幼儿了解自然、环境与人类生活的关系。从身边的小事入手,培养初步的环保意识和行为。

（三）指导要点

1. 幼儿的科学教育是科学启蒙教育,重在激发幼儿的认识兴趣和探究欲望。

2. 要尽量创造条件让幼儿实际参加探究活动,使他们感受科学探究的过程和方法,体验发现的乐趣。

3. 科学教育应密切联系幼儿的实际生活进行,利用身边的事物与现象作为科学探索的对象。

2. 教育部基础教育司,幼儿园教育指导纲要（试行）解读（第 155 页—172 页）,江苏教育出版社,2002 年 9 月第 2 版。

3. 李季湄,冯晓霞,3—6 岁儿童学习与发展指南解读（第 109 页—150 页）,人民教育出版社,2013 年 3 月第 1 版。

3

第三单元
幼儿科学教育的方法（上）

　　本单元介绍四种幼儿科学教育的方法：观察法、实验法、分类法以及测量法。观察的方法是指教师有目的、有计划地组织和启发幼儿运用多种感官，去感知客观世界中的事物与现象，使之获得具体的印象，并在此基础上逐步形成概念的一种方法。实验的方法是在人为控制条件下，教师或幼儿利用一些材料、仪器或设备，通过简单演示或操作，对周围常见的科学现象加以验证，并以幼儿的操作实验为主的一种方法。分类的方法，是指幼儿把具有某一个或几个共同特征的物体聚集在一起，以学习科学的一种方法。测量的方法是指通过观察或运用简单的测量工具，对物体进行的表面的、初级的测定。通过对这四种方法的涵义、类型的介绍，能够明确这些方法在幼儿科学教育中运用的要点。

？困惑与问题 ••

● 张颖老师认为,孩子的观察是科学活动的基础,所以她很关注观察方法在科学教育中的运用,但是她发现,孩子在观察事物时,总是会忽略很多细节的部分。于是她就想教会孩子使用观察的方法,但是孩子根本不听她的,张老师十分苦恼。

● 中一班的小朋友们正在小王老师的指导下进行"有趣的刷子"的活动。活动一开始,小王老师指着桌上的一堆刷子,问小朋友:"这些刷子哪里是一样的呢?"可是小朋友们你看看我,我看看你,怎么也答不出来。有个别的小朋友说:"颜色是黄的。""可是也有蓝色的呀!"小王老师说。又有孩子回答说:"是长长的,有个柄的。""那这个圆圆的,没有柄的是刷子吗?"小王老师着急起来……

● 小青老师刚担任大班的班主任老师,她对于科学教育活动还很不熟悉。当她带领孩子进行球和斜坡的小实验时,她觉得这些内容非常容易。于是她先让孩子们坐在一边,自己用早已准备好的长条板搭成斜坡,并将球放在上面任其滚下来。示范了两次以后,她就让孩子进行实验。幼儿果真很感兴趣,也跟着试验了起来。这时大成老师走了过来,提醒小青观察一下孩子们的玩法,小青老师发现,所有的孩子都模仿她的实验,全班完全一样。她纳闷了:问题出在哪儿呢?

● 活动室里,凌老师在和幼儿进行蔬菜和水果分类的活动。凌老师要求大家将蔬菜放在红色篮子里,水果放在蓝色的篮子里。然后凌老师给幼儿五分钟的时间去分类。但是等到幼儿分好后,凌老师发现大家完全没有按照自己的要求去做,两个篮子里都有水果和蔬菜。这是怎么回事呢? 为什么幼儿没能按照她的要求完成呢?

基础理论 ••

幼儿园科学教育活动的实施中,在确定了科学教育的目标,明确了相应的科学教育内容后,采用适当的方法进行科学教育活动就显得十分重要。幼儿科学教育的方法有两层意思:首先,科学教育的方法是指教师为完成科学教育的任务、实现科学教育目标而采取的具体方法及手段;其次,科学教育的方法也是指幼儿学习科学的方法和途径,教师教的方法和幼儿学的方法这两者是统一的。

幼儿科学教育的方法有很多种,我们将这些方法分为两个单元来分别进行阐述。

一、观察

小练习 3-1

　　教师出示一张植物或动物图片，提问：图片上有什么？然后教师撤走图片，再次提问：图片上的动物（或植物）具体是什么样的？

　　对这张图片的了解就是通过观察的方法实行的，前后两次的提问在目标上是不同的。

（一）观察的涵义

1. 什么是观察

　　观察是人们在自然发生的条件下对自然现象进行考察的一种基本的科学方法。观察是人的感官在脑的指导下进行的有意识、有组织的感知活动。可以说，观察是一切科学活动的基础，没有观察，就没有科学。幼儿科学教育中观察的方法是指教师有目的、有计划地组织和启发幼儿运用多种感官，去感知客观世界中的事物与现象，使之获得具体的印象，并在此基础上逐步形成概念的一种方法。

　　如果你看到一只鸟，你会怎么样做呢？大多数的人只瞧了一眼，说一句"噢，这只鸟真漂亮"，有很多人甚至连一句评论也没有。这样的人，即使看到过的东西再多，对于他来说，又有什么意义呢？

（a）　　　　　　　　　　　　　　（b）

▲ 图 3-1　看到一只漂亮的鸟儿，你会是什么反应？

　　我们看到了一只鸟，可以这样做：①从它的外形开始观察，包括喙的形状、脚的长短、身体的形态和尾部的样子。②看它身上羽毛的颜色，包括头部、胸部、腹部和尾端，最后看脚和喙的颜色，这是让你先从形态和颜色辨认生物的种类。③再就是看它在做什么，在吃东西、洗澡还是鸣叫？把这些都记下来，就是一个完整的观察记录。

　　观察的方法可以保证幼儿在直接接触事物的过程中，运用多种感官直观、生动、具体地认识事物，了解事物的特性，提高幼儿感官的综合活动能力，培养其运用感官探索周围环境的习惯，并为发展幼儿的抽象思维能力、形成概念提供丰富的感性经验。所以，观察的方法在幼儿科学教育中是最基本和最重要的方法，也是幼儿经常运用的学科学的方法。

2. 观察的类型

前文说过，观察是人的感官在脑的指导下进行的有意识、有组织的对外界事物的感知活动，因此，应该根据观察对象的特点来进行。概括说来，客观事物都是有多方面的特征的；客观事物也是不断地发展变化的；事物与事物之间各有不同，并有相同之处。以此为出发点，观察的类型从不同角度可有多种分法：从观察的时间分，可以分为间或性观察和长期系统性观察；从观察的对象分，可以分为对个别物体的观察和比较性观察；从观察的空间分，可以分为室内观察和室外观察（也称实地观察）。以上分类之间会有交叉，如室外观察同时也可以是对个别物体的观察，室内观察也可以是比较性观察等。

（1）对个别物体的观察

▲ 图3-2　观察幼儿园内饲养的鱼

对个别物体的观察是指幼儿对单个的物体（或一类物体）或现象的观察。幼儿通过有目的地运用感官，与周围某一事物或现象的直接接触，从而了解它的外形特征、属性、习性等。如观察鱼、石头等单个或一类事物，又如观察雾、雨等天气现象。在对个别物体（或现象）进行观察的过程中，通过对物体的观察，应该而且可以帮助幼儿获得有关物体的以下信息：物体的外形特征，如物体的形状、颜色、大小；发出的不同声音、散发的不同气味，软和硬、粗糙和光滑、轻和重，以及弹性、黏滞度、光滑度、湿度等不同特性，某些物体的味道等；物体的外部结构和功能；物体的生活、生长习性和特点；物体相对的静态和动态；个别物体的存在与周围环境的关系等。对个别物体的观察是最基本的观察技能，它是其他各种观察的基础。因此，对个别物体的观察在各年龄班均可进行。如小班的"水真好玩"，中班的"石头"，大班的"蜗牛"等。

（2）长期系统性观察

长期系统性观察也称长期跟踪观察，是指幼儿在较长的一段时间内，持续地对某一物体或现象进行系统的观察，对其质和量两方面的发展变化过程有较完整的认识。如对青蛙进行的长期系统性观察，开始从卵→蝌蚪→青蛙的整个生长过程的系统的、比较持久的观察。幼儿科学教育中的长期系统性观察，主要用于观察动物、植物的生长过程，以及气象的变化，以直观地了解自然界各种因素间的相互关系、因果关系和自然界的发展规律。长期系统性观察对幼儿的知识经验、认知水平要求较高，所以一般在中班才开始采用这种观察类型，而且主要在大班进行。根据长期系统性观察的要求，一般是在物体或现象有明显变化时组织幼儿进行观察。如在蝌蚪长后腿、长前腿、尾巴退化时进行的观察，但是这并不排除幼儿自发地对对象的观察。

（3）比较性观察

比较性观察指幼儿同时观察两种或两种以上的物体并进行比较，以找出物体间的异同点。在观察过程中，通过比较分析、判断和思考，比较精确、细致、完整地认识事物。这种方法能帮助幼儿较快地发现事物的特征，有利于幼儿的分类能力发展和概念的形成。例如，鸡和鸭的比较性观察、自行车和摩托车的比较性观察等。在这样的活动中，通过比较性观察使幼儿发现物体间的不同点，找出相似点；学习以两样物体的相应部分和整体进行比较；在此基础上挑选出同类物，并进行分类。比较性观察要求对事物进行比较分析，需要较复杂的认知活动，因此它仅在小班后期与中、大班进行，更小的年龄不适合运用。而且各年龄班进行比较性观察时要求有所不同：中班可以仅比较物体明显的不同点；大班不仅比较物体的不同点和相同点，并可以在此基础上进行分类。

（二）观察活动的指导

1. 尽可能提供实物、实景

实物、实景是指真实的事物与景象。提供实物、实景是保证幼儿观察活动成功的前提，可以使幼儿的观察得到最真实的效果。幼儿年龄小，通过用图片或模型供幼儿观察，会使幼儿的感性经验不真实、模糊，甚至出现错误。所以教师必须尽可能为幼儿的观察活动提供实物、实景，特别要经常带领幼儿外出活动，到实地进行观察，使幼儿的印象更清晰、准确。例如，观察秋季的自然景象，可以到公园或郊外树木较多、比较开阔的场所，让幼儿观察秋天的树叶及落叶的景象，以此获得对秋天的真实印象。

▲ 图3-3 观察落叶获得对秋天的真实印象

2. 调动幼儿的多种感官参与观察

▲ 图3-4 观察小蝌蚪

客观事物的特征是多方面的，它们有着颜色、气味、味道、大小、形状、冷热、声音、手感等多方面的差异。同时，观察是多种感官的协同活动，既包括用眼睛看，也包括用其他各种感官去感知事物。在观察过程中，只要条件许可，就应该让幼儿的各种感官都参与观察活动：用眼睛去看，用耳朵去听，用手去摸，用鼻去嗅，有些东西还可以用嘴去尝，使大脑接受的信息来自视觉、听觉、嗅觉、味觉、运动觉等各种途径，在大脑皮层建立多通道联系，从而使幼儿从不同角度对物体的属性有一个比较完整的认识，既学习了观察的方法，同时也发展了幼儿的感知能力及观察力，能用看、闻、听、尝、触摸等感觉来认识自然。例如，在观察小蝌蚪，看到小蝌蚪的形状时说："啊！头好大，还有长尾巴呐！"当小心翼翼地把小蝌蚪放在手中时说："啊！滑溜溜的、凉凉的，哎呀！好痒好痒。"

在自然界中，各种动物的形状、动作与叫声，滑溜溜、凉冰冰、毛茸茸、软绵绵等的感觉，酸、甜、苦、辣、咸等味道，大蒜、生鱼、腊梅花等的气味，这些都是要靠幼儿自己的感觉才能把握得到的。而丰富的感觉经验是需要与自然事物与现象做多方面的接触才能获得的。同时还可以借助一些仪器设备来帮助幼儿观察，如放大镜的运用。

3. 引导幼儿多角度地观察事物与现象

引导幼儿学习全面地进行观察，除了调动各种感官参与观察活动外，还要引导幼儿从多种角度去观察事物。自然事物各有各的姿态，各有各的色彩。某些事物适宜近距离观察，而另一些事物则远距离观察更为全面，有时远距离观察又是近距离观察的补充。在指导幼儿进行观察时，一般可以先对现象有一个整体、大致的认识，使幼儿先能了解观察对象的全貌；再着重观察它的主要方面乃至某些次要的、但是值得注意的细节；最后还要注意观察各个部分和各种现象之间的联系，使幼儿对所观察的事物有一个比较完整、清晰的认识。可以让幼儿从正面、侧面、上面、下面、远距离、近距离等多种角度去观察。另外，还要提供条件让幼儿观察静态和动态的事物。物体的静态比较容易观察，能观察得较细致；而物体的动态，能使幼儿观察到对象生动活泼的一面。有时需要两种观察方式结合进行。

4. 指导幼儿学习具体的观察方法

幼儿观察事物较笼统，不够精确，其主要原因之一是他们还未掌握一些初步的观察方法。教师在指导幼儿观察事物的同时，应根据观察对象的特点，有目的、有计划地教给幼儿一些最基本的观察方法。在幼儿阶段，主要是学习顺序观察法、比较观察法和典型特征观察法。

顺序观察法就是根据观察对象外部结构的特点，按顺序地进行观察。如从上到下或从下到上，从左到右或从右到左，从整体到局部或从局部到整体，从明显特征到不明显特征，从外到里等按顺序有层次地细心观察，使幼儿对观察对象有整体的、较全面的认识。运用顺序观察法，能使幼儿的观察全面细致、不遗漏。长期按顺序地进行观察，能使幼儿形成一定的认知结构，提高观察的精确度与速度，也能使幼儿获得的印象有条理，便于记忆储存。

比较观察法是同时观察两种或两种以上的事物，对相似事物中的不同因素，对不同事物中的相同因素进行对照和辨别的一种方法。例如，为了说明橘子的形状，将皮球与橘子加以比较，使幼儿认识到橘子的圆和皮球的圆是不同的。这样不仅有利于提高幼儿对事物认识的精确性，发展幼儿的观察能力，也有利于发展幼儿的思维能力。应当注意的是，用比较的方法进行观察，不仅可用于比较性观察，也可用于个别物体的观察和长期系统性观察等各种类型的观察。在运用比较观察法时，一般是从物体的不同点开始进行比较，然后再观察其相同点。不仅要引导幼儿比较物体的个别部分，还要对物体的整体进行比较。

典型特征观察法是从物体的明显的特征入手开始观察，然后再引导幼儿对事物的全部进行观察的一种方法。有些物体具备一些鲜明的外形特征，这些明显的典型特征在幼儿的观察过程中首先作用于他们的感官。例如，物体的鲜艳的色彩、特殊的气味、某一部分的奇异的样子，或者不常见的声音等，都非常容易吸引幼儿的观察兴趣和注意力。因此，在观察过程中,可以首先引导幼儿从这些典型的特征开始观察,然后展开全面的观察,以提高辨认物体的能力。例如,在对"马"的认识中,抓住马的典型特征——奔跑,从马的四肢、鬣毛等开始进行观察,让幼儿比较准确地感知"马"这一动物的外形特征。

视频：观察乌龟（中班）

扫一扫，看视频

说明: 视频中展现了两种不同的指导方式对幼儿观察效果的影响。在观察之初,两组幼儿只是被小乌龟的可爱所吸引,无目的地进行观察,并没有对观察对象进行细致观察。在教师提出笼统的观察任务后(看看乌龟长得怎么样?),幼儿也只是对乌龟的主要特征做了应答。在教师提出更为具体的观察任务(看看这两只乌龟的背壳有什么不一样? 看看这几只乌龟有什么地方不一样?)时,才在一定程度上提高了观察效果。

二、实验

小练习 3-2

　　教师准备以下材料:三个不同大小的玻璃杯(或者不同大小的广口瓶);三支蜡烛;打火机或火柴。

　　请学生运用以上材料进行实验,了解三支蜡烛分别放在倒置的三个玻璃杯中会出现什么情况。

　　学生边实验(其他学生为观察实验),边思考以下问题:

　　(1) 这是一个什么活动,其中运用了什么科学教育的方法?

　　(2) 如果你在幼儿园进行这一个活动,你认为应该注意些什么? 应怎样让幼儿能够在活动中得到发展?

（一）实验的涵义

1. 什么是实验

　　实验是指在人工控制现象发生的条件下,对现象进行感知和测量的方法,它是科学实践的重要形式,是获取信息和检验理论的基本手段。幼儿科学教育中实验的方法是在人为控制条件下,教师或幼儿利用一些材料、仪器或设备,通过简单演示或操作,对周围常见的科学现象加以验证的一种方法。幼儿科学教育中的实验与成年人研究自然科学的实验方法不同,操作和演示过程是简便易行的,有其自身的特点:幼儿的实验仅是重复前人的实验,不要求有新的科学发现,实验往往是一些有关事物明显的、表面的因果关系;实验内容和操作方法以及对变量的操纵和控制比较简单,幼儿在较短的时间内就能见到实验结果。实验常采用游戏的形式,幼儿是在十分有趣味的活动中生动活泼地进行科学的探索。

实验能帮助幼儿理解一些简单的科学现象和知识,培养幼儿对科学的兴趣和求知欲望。在实验过程中,能充分调动幼儿学习科学的积极性、主动性,同时通过实验,也培养了幼儿的动手操作能力,并且让幼儿体验到科学探究的本质。由于实验是在教师创设的特定条件下进行的,因而可以弥补在自然条件下观察的局限性。

2. 实验的类型

根据实验的不同目的,实验方法可以分为两种:探索性实验和验证性实验。探索性实验是指人们根据一定的目的,创造一定的条件,探索前所未知的自然现象或物质性质的实验。其特点是实验前人们对研究对象并不了解。验证性实验是指对研究对象有了一定的了解,并形成了一定认识或提出了某种假说,为验证这种认识或假说是否正确而进行的一种实验。在幼儿科学教育过程中,大多数实验都应该属于验证性实验。只是从幼儿年龄特点、认知水平来看,虽然幼儿进行的大多数只是验证性实验,但是他们往往对实验内容并不了解,即社会已知,但对幼儿来说却是前所未知的内容,因此,也可以把幼儿的这种验证性实验认为是探索性实验。

根据实验过程中实际的操作者来分,可以把实验分为教师演示实验和幼儿操作实验两种。根据现代学前教育的理念,教师演示实验并不符合幼儿自主建构知识的原理,但是在科学教育中还是有其需要,只是我们不提倡,而且反对以教师演示实验来替代幼儿的操作实验。

(1) 教师演示实验

教师演示实验是指由教师操作实验的全过程,幼儿观察实验的过程、现象、变化和结果的一种形式。这种实验一般是由于实验难度较大,幼儿操作困难或者因为所需仪器设备条件不足而采用的。根据实验内容不同,演示实验的运用也有不同,比较多见的是先由教师进行演示实验,让幼儿观察实验的过程与方法,并提出需要幼儿思考的问题,然后再是幼儿实验操作。这种方式也就构成了幼儿实验前的示范。

(2) 幼儿操作实验

幼儿操作实验是由幼儿亲自动手操作并参加实验的全过程。主要用于操作比较容易、简单、带有游戏性质的实验。例如,下文案例 3-1 中斜面的实验、种子发芽的实验等。这种实验由于是幼儿自己动手操作,在操作过程中,幼儿可以充分摆弄材料、仪器,充分观察实验过程中的现象和变化,还可以反复操作,多次尝试,满足幼儿的好奇心,所以幼儿的积极性很高。由于幼儿在操作实验中兴趣很高,体验较深,获得的经验也就更为巩固。而且更为重要的是,幼儿在实验过程中学习和掌握了一些简单实验的方法,如测量方法、记录的方法以及观察的方法等,并且还学习了将实验得到的感性材料经过分析、抽象得出结论的方法。因此,在条件许可下,应尽可能让幼儿有实验操作的机会。

▲ 图3-5　科学实验小仪器

▲ 图3-6　尽可能让幼儿有自己动手的机会

**案例
3-1**

斜面实验

年龄：5—6岁。

目的：研究改变斜面高度对玩具卡车滑下斜面到平面所需时间的影响。

给幼儿提供一张约0.6米宽、1.6米长的平坦木板，几本书（或积木），一辆玩具卡车或玩具小车。

在木板的一头末端下垫三本书让卡车滑下平面。请幼儿仔细观察，看卡车滑下来的情景。这时，可以引导幼儿用数数的方式，或以有节奏地拍手的方式来表示卡车下滑的时间。

然后可以提问幼儿："如果我们抬高木板的顶端，卡车的下滑速度会怎样呢？""如果我们降低木板的顶端，卡车的下滑速度又会怎样呢？"同时，可以和幼儿一起给"快"或"慢"下操作定义。

请幼儿提出假设并计划实验程序以保证其他变量保持恒定。斜面的高度可以用书本（或积木）的数量来表示，或直接用尺来测量。还可以设计一张记录表，幼儿采用相应的方式在记录表中写下卡车从斜面上滑下所需的时间，例如"5"、"7"，或拍手次数，等等。

记录表

斜面的高度	玩具小车滑下斜面所需时间			
	第一次实验	第二次实验	第三次实验	平均值

（二）幼儿实验活动的指导

实验的方法有教师演示实验和幼儿操作实验两种类型，在进行指导时应根据具体内容来分别进行指导。为了使幼儿的操作实验得到预期的效果，教师应注意做到以下几个方面。

1. 教师的预备性实验

无论是教师的演示性实验还是幼儿操作性实验，在进行实验前，教师都要进行几遍实验，也就是要做预备性实验，以便妥善安排实验过程中每个环节的时间，检验实验仪器和材料的情况，以保证实验效果。在进行预备性实验中，需要考虑以下一些问题：这一个实验是否能够成功，要使实验成功必须注意哪些问题，如材料准备上的问题、操作上的问题、时间上的问题等。如果是幼儿进行的操作实验，还要考虑幼儿在操作过程可能会遇到的障碍，并且考虑给予什么样的支持或者如何解决；实验中的关键点在哪里，应该如何引导幼儿去思考，哪个环节应该提出哪些问题；怎么样的问题，可以引发幼儿进一步的探索等。

2. 为实验提供必要的用具和材料

首先，幼儿实验的用具和材料一般比较简单，应尽量用一些玩具、日常用品代替，例如在

▲ 图3-7　纸桥活动

"纸桥"的活动中，除了准备一些卡片纸用于做"桥面"以外，可以用纸杯或积木来做"桥墩"（图3-7）。但是无论用什么用具和材料，都要方便幼儿使用。其次，要根据实验内容为幼儿准备相应数量的用具和材料：人手一份或各组一份。例如在"沉与浮"的实验中，教师为每一组的幼儿（4—5人）准备一个盛水的容器，又为每个幼儿准备一份有各种材料（木块、塑料、铁块、玻璃等）的材料包。材料数量的多少因具体内容而异，但都要保证让每个幼儿都参加到活动中来。

3. 指导幼儿使用工具材料并学习操作技能

因为幼儿的实验一般都较简单且有趣，所以应尽可能让幼儿自己动手操作。但在实验中的某些环节，或在某些材料的使用上，幼儿仍会遇到各种不同的困难，又因为幼儿能力的不同，即使简单的实验，也会有一些幼儿难以操作与完成。因此需要教师根据实验内容的难度和个人情况，给予不同程度的指导。例如，指导幼儿轻拿轻放物品，控制手的力量和平衡地摆放物品，熟练地使用各种盛器等。另外，在实验过程中，还应引导幼儿通过观察，注意实验材料、方法、操作过程中的变化和实验结果，使幼儿不仅能了解实验结果，更学习了实验的方法。

4. 允许幼儿反复操作并有所发现

在实验过程中，教师要保证给予幼儿充分的实验时间。做实验比起其他活动需要更多的时间，因为幼儿需要操作、理解和学习，在操作过程中探究、发现、提出问题，自己找出问题的答案。所以实验时，不能机械地用时间限制，而是让幼儿尽量用自己的方式进行操作，以达到实验效果。

案例
3-2

多米诺骨牌的故事

区域游戏中,成成拿了一筐多米诺骨牌,年龄还小的他并不知道骨牌怎么玩,只把它当成积木来搭。不经意间,李琳碰倒了他的"火车",成成不高兴了,李琳就帮忙搭了一辆,并且还教成成推倒第一块骨牌,看看火车怎么跑。原来骨牌可以这样玩!后来几天里,成成每天都去玩骨牌,从直线到转弯、爬坡,他的搭牌技术越来越好。因为成成平时一贯稚嫩,王老师发现他在骨牌中发挥的"特长"就格外关心,每天的

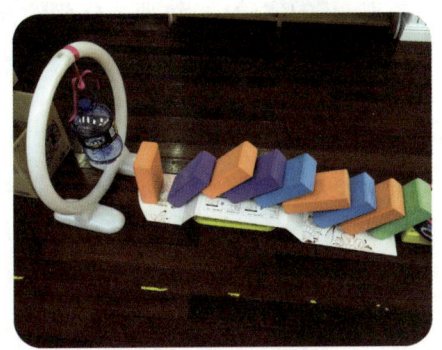

▲ 图3-8　多米诺骨牌

交流都要让成成来分享一下他的搭牌心得,而且,并不阻止他不断变化的搭法。不料,这在班级里引起了一阵"骨牌风",为了欣赏被推倒后,那畅快的节奏,其他孩子不再死等成成手中的骨牌,教室里凡是可以被利用的玩具,都有孩子去试:六边形的彩虹棋、长条的叠叠高、甚至几十个小矮人……接下来的分享交流就热闹了:弘弘说:"彩虹棋比较宽,碰到一点就能倒下,搭成圆形很方便。"

旭海说:"叠叠高要花大力气推,因为它们站得太稳了。"

喃喃说:"当中的空隙太大也不行,这样倒下去碰不到下面一块。"

……

王老师关注了成成的活动。在活动过程中,保证给予了成成充分的实验时间。让成成尽量用自己的方式进行操作,结果不仅是成成玩出了很多新的方法,而且引发了其他孩子的兴趣。孩子们拿着玩具,没有按照原有的方法去玩,而是满足了自己对骨牌的探究,王老师鼓励孩子有这样的探索,使孩子懂得一种现象会有多种因素影响,考虑问题会从多种角度出发。

5. 交代实验规则并保证幼儿安全

实验规则对于保证幼儿实验成功起了重要作用,所以在实验开始前,教师有必要交代清楚有关的规则,在实验过程中,也应及时指导幼儿遵守规则,以保证实验成功。如果有的活动不适宜幼儿操作,则可改由教师演示实验,以保证幼儿的安全。实验初期,教师应经常给幼儿提示实验的过程以及实验操作应注意的事项。一段时间后,可逐渐放手让幼儿实验。

6. 实验与讲解、提问紧密配合

教师的演示、讲解、提问应与幼儿的实验紧密配合,教师在演示时需要做到:动作要熟

练，操作速度要慢，而且要规范，在实验效果上要做到现象明显，使幼儿能较清晰地看到实验的结果。教师还应根据幼儿的实验进行情况进行提问，启发幼儿在观察和思考的基础上回答问题，理解知识。在需要时教师还可进行讲解，讲解一定要简明，提问要富有启发性，例如，在"声音"的实验中，教师这样问幼儿："听一听，小鼓敲了会怎样？摸一摸，小手感到怎么样？"以此引发幼儿对鼓面的振动与鼓声的联想，并使幼儿始终处于积极的探索和求知之中。

（三）实验内容指引

实验的方法是一种综合性的方法，是幼儿综合运用观察、预测与推断、测量、操作、交流的一种方法。它是幼儿科学学习中所运用的主要方法之一，但是并不是所有的内容都可以运用实验的方法。以下几方面的内容常以实验的方法来进行。

1. 物理实验

物理实验是幼儿科学教育中最多的一类，包括光、声音、电、磁、热、力和运动等内容，都可以通过实验来让幼儿探索和体验。

2. 化学实验

虽然幼儿科学教育中有关化学实验的内容并不是很多，因为化学实验如果进行不当，可能会给幼儿带来一定的伤害，但是也有一些是适合幼儿进行的，例如"让鱼刺变软"（鱼骨经醋浸泡后，鱼骨里的矿物质被分解后溶于水中，鱼骨变得较软）、"人造雪"等。

3. 植物实验

植物实验主要是一些植物如何生长的实验，通过控制植物生长的一些条件，让幼儿观察植物生长于水、空气、土壤、温度、阳光等之中的情况，从而了解它们之间的关系。

4. 动物实验

动物不能像植物那样进行实验，但是也可以进行一些诸如小动物喜欢吃什么的实验，让幼儿了解小动物的生活习性等方面的特征。例如蚯蚓触觉的实验、昆虫味觉的实验等。

视频：纸飞机（大班）

扫一扫，看视频

说明： 幼儿科学实验是在人为控制条件下，利用一些材料、仪器或设备，进行尝试，以验证科学现象的一种方法。视频中教师在幼儿（大班）已经了解纸飞机能向前飞起来的前提下，提出新的任务：在改变尾翼的情况下，是不是可能改变飞的方向？幼儿运用了多种改变尾翼的方法，进行了不同的尝试。在实验中，充分地调动了幼儿学习科学的积极性，也培养了幼儿的动手操作能力。

三、分类

小练习 3-3

1. 教师或学生准备一些分类材料,这些材料以生活中的小物件为主,也可以是一些玩具或图片。

2. 学生分组操作:

(1) 每组一套分类材料,小组集体进行分类。

(2) 提示语:请将桌上的材料根据自己的意愿进行分类。

3. 讨论与分享:

(1) 为什么这样分类? 依据是什么?

(2) 除了这样的分类方式,还可以怎样分?

(3) 为什么会有不同的分类结果?

4. 教师小结:

根据刚才的操作与交流,提出对"分类"的解释:分类是将一组事物按照特定的标准加以区分,抽取同类事物的共同特征,并进行概括的过程。

(一) 分类的涵义

1. 什么是分类

分类亦称"归类",是根据事物的同和异把事物集合成类的过程,即把一组物体按照特定的标准加以区分,抽取同类事物的共同特征,进行概括的过程。属性相同的许多事物共同组成的一个群集称为"类"。例如,燕子、黄鹂等可统称为鸟,鸟就代表事物的一个类别。客观事物是互相联系的,它们之间存在着种种不同的关系,其中一种关系就是类别关系。幼儿科学教育中分类的方法,是指幼儿把具有某一个或几个共同特征的物体聚集在一起,以学习科学的一种方法。分类是观察过程的延伸和应用,幼儿要能对客观物体进行分类,首先需要对事物进行观察,因为发现事物的共同点是分类的基础,在观察过程中,幼儿对物体进行分析、抽象、概括,形成概念,进行分类。

分类既是幼儿学习科学的一种方法,也是幼儿需要发展的一项重要技能。"引导幼儿在观察和探索的基础上,尝试进行简单的分类、概括。如根据运动方式给动物分类,根据生长环境给植物分类,根据外部特征给物体分类,等等。"[①]分类是获取和分析信息、简化信息的有效和经济的方法。自然界的分类是根据万事万物的自然属性和特征来进行的,有着严格的规律。幼儿在与自然界的接触中,很自然地想把事物进行分组和聚类。幼儿用分类的方法整理自己所观察到的东西,在分类过程中,幼儿可以了解多种物体的特性,从而帮助幼儿把

---

① 摘自《3—6 岁儿童学习与发展指南》。

周围事物进行抽象与概括,有助于幼儿探索事物之间的联系和关系,使认识活动类化、简化。

2. 分类的类型

科学家为了把对自然的调查结果加以条理化,创造了种种分类的标准,有些分类是划分为植物或动物,脊椎动物或无脊椎动物,固体、液体或气体,金属或非金属等。在自然界中对事物的分类,还有其他一些标准。例如,将事物分成有条纹的或单色的、粗糙的或光滑的。这样的分类也没有错,只是科学家认为这种分类标准没有什么用处,因而一般不用。但是对于幼儿来说,现在就开始进行严格地按照事物本质属性进行分类,几乎是不可能的,虽然幼儿在认识事物的开始时,已经认识了事物的类别,例如一开始幼儿总是先认识"灯",无论是客厅里的灯还是房间里的灯,都是灯,是以一个抽象的词汇代表"灯"的类别。但是在幼儿开始分类的时候,他总是从最外观的、明显的特征出发,去进行分类的。

在幼儿科学教育中,常用的分类类型有挑选分类、二元分类、多元分类等三种。这些分类类型对幼儿认知水平的要求是不同的,在不同的年龄阶段、不同的活动中,可以采用不同的分类类型。

(1) 挑选分类

挑选分类是指从许多物体中将具有某一种（或几种）共同特征的物体挑选出来,成为一类。例如从许多幼儿中挑选出"他们都是男孩"、"他们都穿着红衣服"等的共同特征。又如从各种蔬菜、水果、花卉中挑选出水果来。

(2) 二元分类

二元分类又称是与否分类,是指从许多物体中,选择出具备某一属性的物品,排除其他物品。即将许多物体按某一标准分为"是"与"不是"两种。例如将苹果、梨、香蕉、黄瓜、甜椒、桂圆、红枣等放在一起,让幼儿进行分类:苹果,梨……都是水果,黄瓜、甜椒……都不是水果,或者苹果、梨……都是水果,不是蔬菜,等等。

(3) 多元分类

多元分类是指将物品按一些共同的标准分成两类或几类。例如鸡、鸭、鹅都是家禽,牛、羊、猪都是家畜,虎、狮、狐狸都是野兽等。又如苹果、梨、香蕉等都是水果,黄瓜、甜椒都是蔬菜,桂圆、红枣都是干果等。

**案例
3-3**

各种各样的纽扣

年龄:4—6 岁。

目标:对纽扣进行不同维度的分类。

准备:每人一套各种纽扣,每一种数量若干。

1. 让幼儿反复感知、操作一堆纽扣,并讲一讲不同纽扣的特征。

2. 在比较中,让幼儿了解纽扣之间的相同与不同。

3. 教师提要求，请幼儿把纽扣分为两类，并分类说说理由。（大小、颜色、形状、钮孔数量、材质等）

4. 全体交流，大家是一样分的吗？哪些小朋友分的一样，哪些分的不一样？什么地方不一样？

5. 教师按幼儿人数比较多的分法，用图示的方法出示，然后再拿出几个纽扣，请幼儿分别放到两组内。

6. 幼儿再次个别分类，鼓励幼儿按与之前自己不同的标准分类。

3. 分类的标准

每一种分类，必须根据同一个标准，否则就会出现分类重叠和分类过程的逻辑错误。幼儿在分类时不同于成年人，他们往往根据自己的想法进行，分类依据也在不断改变。但只要各类别物体彼此不交叉和重复，该分类依据就可成立。在幼儿阶段，幼儿会出现如下的分类标准。

① 根据物体的外部特征进行分类。例如根据物体的颜色、形状等外部特征的差异进行分类。

② 根据物体量的差异进行分类。即按物体的大小、长短、粗细、厚薄、宽窄、轻重等的差异分类。

③ 根据物体的功能（用途）进行分类。例如将物体分为玩具、学习用品、家具等。

④ 根据物体的材料进行分类。例如将物体分为木头的、塑料的、铁的等。

⑤ 根据物体之间的联系进行分类。例如把兔子和萝卜分为一类，把鱼和水分为一类等。

⑥ 根据物体的物理属性进行分类。例如把有弹性的物体分为一类等。

（二）分类活动的指导

在幼儿科学教育中，可以进行分类的内容有很多，例如：动物——家禽、家畜、野兽、鸟类、昆虫、鱼类等；植物——树木、花卉、蔬菜、水果、谷类等；人造产品——家用电器、玩具、炊具等；非生物——沙、石、水、土等。还有很多内容都可以结合探究活动，让幼儿进行分类。同时，分类活动宜结合幼儿的一日活动进行（图3-9）。

在具体指导幼儿运用分类的方法时，可以从以下几方面着手进行。

▲ 图3-9 幼儿园里的垃圾分类活动

1. 在充分感知物体的基础上进行分类

充分感知物体是对物体进行比较、找出它们之间的相互关系，并根据其共同特点与特性进行分类的必要前提。幼儿的年龄特点又决定了幼儿不可能在抽象的概念水平上进行分类，而必须依赖于物体具体的形象和动手操作。所以，首先，教师要提供充足的材料让幼儿感知。其次，教师要允许幼儿细致观察、反复操作物体，使幼儿在具体的感知与操作中，获知关于这些物体的共性与差异，然后进行分类活动。例如，在纽扣分类活动中，教师要提供（也可和幼儿一起收集）大量不同大小、形状、颜色、材料、结构的纽扣，供幼儿操作观察。在收集以及操作观察中，教师可启发幼儿边感知边讨论：这么多的纽扣有哪些是相同的？把相同的挑出来归为一组。教师要引导幼儿仔细观察、比较各种纽扣，帮助幼儿找出"共同"，才能使幼儿正确分类。

▲ 图 3-10　分类材料

2. 为幼儿提供充足的分类材料

分类活动是对探究物体材料的分类，所以材料的提供就显得尤为重要。要考虑材料的数量和性质，提供有多种维度差异的感知操作材料，在此基础上指导幼儿学习分类（图 3-10）。根据研究结果，数量和刺激物的类别多，对幼儿就会造成困难，这是因为幼儿信息加工能力较低，他们只能同时记忆加工有限的几个刺激。如对三四岁的幼儿提供两个类别，每个类别包含 2—3 个例子的物品让他们分类，可能显示出他们更高的分类水平。另外，分类的材料物品也应尽可能切合幼儿不同年龄的经验实际，这样才能增加他们的兴趣，和提高合理分类的可能性。

3. 帮助幼儿学习不同的分类活动类型

如同前述，在幼儿科学教育中，有挑选分类、二元分类和多元分类三种分类活动类型。在幼儿阶段，主要指导幼儿学习二元分类法，即要求幼儿在感知水平上把物体分成两类。但可以根据幼儿的不同年龄，学习不同的分类类型。小班多采用挑选分类类型，小班末期可开始学习二元分类类型。中、大班幼儿在教师有计划的指导下，可以学习运用二元分类和多元分类以认识客观物体。

4. 指导幼儿学习根据不同的标准进行分类

在幼儿阶段，可以帮助幼儿学习根据不同的标准进行分类。

一般来说，小班只要求按事物的外形特征或量的差异来进行分类，因为这些特征都是外在的、易观察到的。同时，对小年龄幼儿来说，物体特征的辨认要先于归纳概括，因此，教师可以让这一年龄阶段的幼儿先进行匹配活动，然后再是分类活动。但教师本身对活动材料的设计和提供应当是明确而清晰的。

中大班幼儿开展的分类活动重点可以放在"按照几种特征来分类"以及"按照事物内在的、物理特性的分类"上。随着幼儿经验的积累，后期也可以尝试帮助幼儿学习把一大堆物体同时按两种标准（二维特征）分类。例如，要幼儿找出既是红色的，又是木制的纽扣。不过，这样的活动至少到中班下学期才能进行。因为对于幼儿来说，同时在头脑中考虑两件事，以及从不同方面来描述事件是比较困难的，并不是所有的幼儿都能理解。在让幼儿学习用两套标准进行分类时，可以要求幼儿先根据一个特定属性给一组物体分类，然后再根据另一个属性对这些物体进行分类。例如在上例中，可以先找出是红色的纽扣，然后在红色的纽扣中再找出木制的纽扣。

案例 3-4

哪些是玩具（4—5岁）

一、活动目标

1. 学习巩固生活中的常见用具。

2. 发展幼儿分类及逻辑思维能力。

二、材料准备

1. 幼儿人手一套卡片，上有碗、匙、锁、蔬菜、水果、面包、糖、脸盆、牙刷、牙膏、香皂、铅笔、乒乓球、小娃娃、小汽车、积木、毛巾、水杯、游泳衣、救生圈、吸尘器、电冰箱、彩电、洗衣粉、洗涤剂等画面。

2. 幼儿人手一本画册，上面画有各类物品的表格。

三、活动要点

1. 幼儿摆弄、观察图片，教师指导幼儿根据物品的用途找出：

（1）哪些东西能吃？

（2）哪些东西是玩具？

（3）哪些东西是盥洗用具？

（4）哪些东西是清洁卫生用具？

（5）哪些是游泳时用的？

（6）哪些是放在厨房里用的？

2. 幼儿根据教师的提问找出相应的图片，按画册上的图示摆放在相应的表格中。

---

5. 帮助幼儿明确分类标准或鼓励幼儿自己确定分类标准

幼儿对事物类别关系的认知还不成熟，分类能力仍在发展中，表现为幼儿能按基本类别标准分类，能按事物的功能分类。对按上级类别标准分类比较困难，他们也往往不能前后一致地按概念标准分类。因此在运用分类的方法进行学习时，应帮助幼儿明确分类的标准，特别是在较小年龄阶段时，可以用"请你按照……来分类"这样的语言帮助幼儿明确分类标准。在幼儿已有了一定的经验基础，并已学习了分类方法之后，可以鼓励幼儿确定分类的标准。例如，面对着一大堆形态各异、材料不同的杯子时，问幼儿："想一想，这些杯子可以怎么分呢？"逐渐使幼儿能自己确定分类标准。

在这样的分类活动中，我们特别要注意不能以成年人的标准要求幼儿。不能认为符合成人概念分类标准的才是对的，否则就是错的。在分类中，其要点就是找出事物的"共同点"，而对"共同点"有不同的抽象概括水平，从而显示出幼儿认知发展水平上的差异，但只要幼儿能找出"共同点"就应予以肯定。例如在分类活动中，有的幼儿把"飞机"和"火车"放在一起，显然他们是从两者的作用去分类的；另有的幼儿却把"飞机"和"鸟"放在一起，因为他们认为"它们都有翅膀，都会飞"，两者都发现了共同点。但共同点或标准不同，只有水平高低之分，而没有对错之分。

四、测量

小练习 3-4

下面是一组幼儿园的室外种植园地的照片，内容是竹子。请学生观看下列图片，思考并讨论：

(1) 教师用了什么指导方法？

(2) 这种方法对于幼儿学习科学有什么意义？

▲ 图 3-11　量量我多高

▲ 图 3-12　我又长高啦

▲ 图 3-13　寻找竹笋王

（一）测量的涵义

1. 什么是测量

客观事物是千姿百态的，它们有不同的性质、属性，人们力图将它们数量化，以便于相互比较。测量是指用量具或仪器来测定物体的尺寸、角度、几何形状或表面相互位置关系的操作的总称，也包括用仪表来测定各种物理量的过程。幼儿科学教育中的测量方法是指通过观察或运用简单的测量工具，对物体进行表面的、初级的测定（图 3-14），包括：长度测量、重量测量、体积测量（体积是物体的长、宽、高三度空间的数量，而数量既指物体或容器包含的体积，也指该物体所占据的空间）、温度和时间测量。具体地说，测量包括测量物体的大小、长短、高矮、粗细、厚薄、轻重、冷热，以及时间等内容。

测量是人们生活中精确交换信息的一种重要方法。在科学教育中运用测量的方法，可以帮助幼儿更准确地去观察、认识周围世界，获取关于时间、空间等方面的具体经验。例如小方和小明比较高矮，谁更高？高多少？这些都只有通过测量才能知道。在幼儿学科学的活动中，运用简单的测量方法，对于观察、理解周围事物，并以数做精确的表达，是很有益的。将事物的属性及其关系数量化，是科学思维的重要组成部分，数量化思维也是幼儿思维发展的一个重要方面，以测量为手段，将能促进幼儿这方面思维的发展。

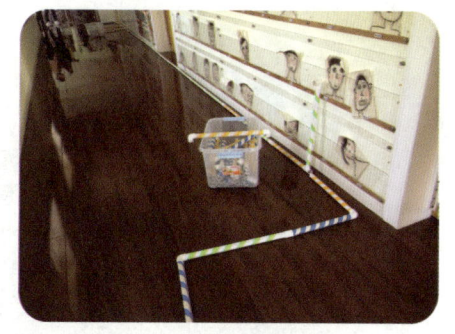

▲ 图 3-14 测量活动

2. 测量的类型

（1）观察测量

观察测量是指通过眼睛、手等感官的观察来测量物体。例如，通过目测（眼睛）来测量物体的大小、粗细、长短等；通过手来测量水的温度；用手掂量物体的轻重等。这种直观感知的测量一般用于特征比较明显的认识对象，例如幼儿凭观察便可得出哪个物体大、哪个物体小的结论。但是如果特征不明显的物体，用观察测量就难以进行，例如，两盆温度差异不太大的水，幼儿就很难将它们区别开来。

（2）非正式量具测量

非正式量具测量也称自然测量，指不采用通用、标准的量具，而是运用一些自然物，如木棍、积木、绳子、手指、手臂、步长等作为量具，对物体进行直接测量的方法。在幼儿阶段，由于幼儿年龄小，对掌握标准的计量单位有困难，所以较多地用非正式量具进行测量。如让幼儿用手指量一量小树长高了多少等。非正式量具测量可以使幼儿在避免测量单位带来困难的前提下，掌握测量的基本知识。如在测量长度时，要将测量工具与被测物对齐、放平。又如用不同的量具测量，会使结果不一样等。

（3）正式量具测量

正式量具测量是指以通用的标准量具对物体进行测量。适合幼儿使用的测量工具主要有尺、天平、温度计、钟表、秤等。如同前述，要幼儿掌握正式量具的计量单位是有困难的，但是这并不等于幼儿不能接触正式量具。通过对正式测量工具的操作和使用，可以使幼儿懂得这些量具的作用，初步了解时空等概念性较强的知识。例如，让幼儿用温度计测量三盆不同温度的热水，如果用观察测量（手测）是难以测出哪盆水最热，哪盆水最冷的，但是使用温度计测量，即使幼儿读不懂温度计上的数字，但是只要通过观察温度计上水银柱的升高降低，便可知道这三盆水之间的水温差异了。

▲ 图3-15　天平是适合幼儿使用的常用
测量工具

▲ 图3-16　用温度计测量水温

案例 3-5

身体测量活动

年龄：4—5岁。

目的：使用非标准量具测量同伴的高度。

将班上的幼儿配对分组，为每对幼儿提供一打同样大小的模型手。一位幼儿躺在地上，另一位幼儿使用模型手首尾相连地摆放在同伴的身边。然后数一数与同伴身高等长的模型手的数量。

测量完身高后，让幼儿在班级身高记录表格上找到自己的名字，把测量自己身高所使用的模型手数量记录下来。然后两名幼儿互相交换角色进行测量。

全班幼儿测量完以后，还可以进行比一比的活动，如男孩和女孩比，两两相比等。

在测量过程中，幼儿可能会遇到一些困难，例如模型手的摆放不整齐等。在提供解决测量困难的建议之前，教师可以先让幼儿提出自己的解决办法。

（二）测量活动的指导

1. 进行测量活动，重在培养幼儿的测量意识

大量的事例说明，在幼儿阶段，幼儿已经有了通过测量来认识周围物体的需要。例如，在活动中，两个幼儿在比赛谁跳得远，但结果是两个人跳得差不多远，到底谁跳得更远一些呢？因为没有运用测量的方法，谁也说不清。这些事例说明了幼儿已开始构建测量概念。又如在种植活动中，两个幼儿种植的条件不同，结果植物生长的高度也有些不同，到底哪棵长得高些，就可以让幼儿亲自运用测量的方法来试试。因此，需要让幼儿从小树立应有的测量意识，特别是培养幼儿用量具对物体进行测量的意识，它是让幼儿更精确细致地认识事物的必不可少的手段之一。

案例
3-6

测量岩石

让每位幼儿从收集的岩石中选择一块，并在岩石上做标记以便自己能够认出它来。然后将这些做了标记的岩石放在一起。

▲ 图3-17 采石头

▲ 图3-18 给石头做标记

让幼儿观察岩石，并思考和比较：

（1）哪一块岩石最大？你是怎么知道的？你是怎么确定的？

（2）哪一块岩石最短？你是怎么知道的？你是怎么确定的？

（3）哪一块岩石最重？你是怎么知道的？你是怎么确定的？

（4）哪一块岩石最冷？你是怎么知道的？你是怎么确定的？

每次解决上述中的一个问题，就一起制定一个解决策略，然后实施策略来找到可信赖的办法。

最后幼儿会发现必须要通过测量才能确定到底哪块岩石大、哪块岩石小，其余的也是如此。

2. 鼓励幼儿运用非正式量具进行测量的方法

皮亚杰认为，量和数具有同构性，但是儿童对量的认识要晚于对数的认识。如测量的技能要到8—11岁才完全发展。中班以前儿童的测量只是通过感知来比较量的差异。中班以后，儿童才有可能学习用工具测量（非正式量具）。同时，幼儿运用测量的方法，也稍晚于分类的方法。因为"相像与不同"、"大一点与小一点"、"多些与少些"以及与我们讨论分类、顺序排列同数目有关的一些概念，对于测量来说都是十分基本的、重要的。因此，一般来说，幼儿学习运用测量的方法，要稍晚于观察、分类的方法。由于测量技能本身的要求，幼儿对于测量的方法、技能还比较难以掌握，因此，需要教师给予指导。教师应鼓励幼儿设计自己的"非标准化"测量系统，幼儿可以利用各种他们自己认为可以的材料进行测量。例如，利用拼插玩具、积木、纸夹、回形针、吸管、绳子、脚长、手掌等来测量长度，利用纸杯、牛奶盒、勺子等来测量体积，以及利用木块、塑料立方体等物品的数量来测量重量。

▲ 图3-19 用彩带量长度

▲ 图3-20 用积木量高度

▲ 图3-21 猫和牛一样大？

3. 在观察比较的基础上学习测量

幼儿学习测量，首先从直接比较两个物体入手，例如，"哪一个更长？""哪一个更短？""哪一个更高？""哪一个更矮？""哪一个更轻？""哪一个更重？"等等。但是在进行这样的比较时，特别应注意需要用实物进行比较，避免让幼儿将图片或照片中的物体与实际物体进行比较，因为这需要幼儿首先具备将照片中的图像转换为真实物体图像的能力。例如，在进行大小的比较活动中，教师给一位三岁的幼儿呈现两张照片，一张是一只猫，一张是一头牛，且照片中的两张图像大小是一样的，在这种情况下，这位幼儿就可能推断出猫和牛的实际大小是一样的。所以，幼儿应经常使用一些真实的材料进行比较，在对物体反复观察的基础上，然后学习测量。随着幼儿年龄的增长，才可以逐渐地指导他们从比较到测量。大致到了5—6岁，天平等正式测量工具就能成为他们进行精细测量的有用工具了。

案例 3-7

长度测量活动（4—5岁）

1. 将全班幼儿分成若干小组，每组3—4个幼儿。活动前，确保幼儿都理解了身体各个部位的名称，如手臂、手、拇指、腿、脚等。

2. 教师说出一个身体部位的名称，让幼儿在活动室里寻找比这个身体部位更长或更短的物品。教师可以建议："找一找比你脚长的东西。""找一找比你手短的东西。""找一找和你的手指差不多一样长的东西。"等等。

3. 利用日常活动的一些时间，持续进行这一活动，直至班上所有幼儿都有机会回答至少6个类似的问题为止。

实践与应用

某幼儿园大班开展了以下科学教育活动。

一、活动名称

蚕宝宝（4—6岁）

二、活动目标

1. 通过观察比较与分析，了解蚕的外形特征、习性，以及蚕的生长发育过程，发展其相应的观察能力。

2. 体验饲养蚕的过程，萌发爱小动物的情感。

三、活动准备

纸盒（一组一个）；蚕数条；桑叶；放大镜。

四、活动过程

1. 师幼共同观察蚕宝宝，并讨论如何分组饲养（五至六人一组）。

2. 向幼儿介绍饲养蚕的方法和注意事项：把蚕养在纸盒里，纸盒盖要刺洞，才通风。小朋友不能在旁照顾时，要将盒盖盖好，尤其是晚上，才不会被小虫吃掉。蚕吃桑叶，桑叶要新鲜的、嫩的，并且要洗净后、擦干。要常给蚕除粪便、换桑叶：将新嫩叶盖在蚕上，待蚕爬上桑叶后再扫除粪便叶渣；或用毛笔把蚕挑起，丢去旧桑叶，换上新嫩叶，再把蚕放在桑叶上。

3. 饲养期间，在幼儿自己观察蚕的基础上，引导幼儿了解蚕的生长发育形态，并和幼儿讨论交流观察结果，如：

（1）蚕是白色的、长长的，爬着走。

（2）蚕摸上去是软软的、没有骨头、冷冷的。

（3）桑叶是绿色的，叶子的边缘很像锯齿。

（4）蚕吃桑叶很快，一下就吃了一个洞，而且还有"沙沙沙"的声音。

（5）小肚子蚕蛾（雄）会死去，大肚子蚕蛾（雌）会生小小的、白白的卵。

4. 提供条件，让幼儿继续饲养，观察蚕至四次蚕眠、吐丝结茧、蛹变成蛾破茧而出、交配、生卵，并把蚕卵收藏起来。

分　析

从上述活动可以看到，该幼儿园在进行大班幼儿科学教育过程中，以饲养蚕为载体，不仅使幼儿了解了蚕的外形特征，而且通过这样的过程，发展了幼儿相应的观察能力。在《指南》中，对3—6岁三个年龄段儿童的观察提出了不同的发展要点。相对于具体观察方法来说，3—4岁年龄段，应该能通过科学教育，发展幼儿的单个物体观察的能力，幼儿能够"对感兴趣的事物进行仔细观察，发现其明显特征"。4—5岁幼儿开始能对不同的事物进行比较性观察，"能对事物或现象进行观察比较，发现其相同与不同。"而5—6岁幼儿则会对事物的发展变化进行长期系统的观察，"能通过观察、比较与分析，发现并描述不同种类物体的特征或某个事物前后的变化。"观察蚕的过程，不仅是观察方法的运用，而且是运用长期系统性观察方法的过程。

📖 课后作业

作业1

找一种植物，再找一种物理现象（例如磁性），观察它们并进行记录。然后回答以下问题：

（1）你运用了什么方法进行观察，你认为你运用的方法有效吗？

（2）你在观察时除了物体或现象本身，还需要什么辅助的材料（如观察磁性除了需要磁铁以外，还需要两类物体：能被吸住和不能被吸住的）？

（3）在观察过程中，你觉得最大的困难是什么，你又是如何解决的？

（4）如果将这些物体或现象给幼儿进行观察，需要注意什么方面？

作业2

沉与浮。

（1）寻找各种小型的材料，大小以可以放在脸盆中为宜；一个装满大半盆水的洗脸盆；一个已经用完的牙膏空管。

（2）将以上材料（牙膏空管除外）放入水盆中，观察这些材料在水中的情景。

（3）再将牙膏空管放入水盆中，思考：怎样使同样大小的牙膏空管沉下去，又浮上来？

作业3

树叶分类。

在校园里捡拾一些不同的树叶，然后对这些树叶进行分类。边分类边思考：

（1）这些树叶可以按什么标准分类？

（2）这些分类的标准幼儿能接受吗？

（3）如果你来指导幼儿进行树叶分类，你会怎样做？

将以上的思考写下来，完成一份作业。

💡 **资源链接** ···

1. 观察的一般步骤。

（1）选择观察对象。当研究题目确定后,要对观察对象按照典型性原则进行选择,这一工作是建立在对观察对象的一般性了解基础上的,只有选取最具有典型性的观察对象才可能保证观察的有效性。

（2）确定观察内容。选择好观察对象后,可根据观察的全面性和可重复性确定观察的内容,并通过表格等形式对拟观察的内容及进程做好安排,做到有计划性。

（3）选择观察方法。根据观察对象和观察内容选择适合的观察方法,若需要使用仪器,应对仪器的落实、使用方法、常见故障的排除等加以了解。对将要进行的观察工作要做好充分的准备,防止因为意外事件影响观察的进行。

（4）实施观察。在前期工作准备充分后,即可按照计划实施观察。在观察过程中力求按计划完成所确定内容,具体操作过程中出现未考虑到的因素时,应对计划做适当的调整,对观察到的现象应予以及时、客观的记录。在进行观察时要注意将一切可能对研究产生影响的现象都认真记录下来。

（5）整理观察资料。对观察的原始记录予以整理,并根据所记录内容,对文字性记录做归纳性描述,对数据资料做出定量统计,形成观察结果。在这个阶段,应该在教师的指导下对所观察到的信息进行处理,形成结果,为今后的进一步研究提供依据。

2. 高燕,开展大班幼儿测量活动的实践,上海教育科研,2014 年第 1 期。

3. 薛萌萌,3—6 岁幼儿分类能力发展特点研究,沈阳师范大学硕士论文,2018 年。

4. 胡莉莉,幼儿分类能力发展的实践与思考,新课程(小学),2016 年第 3 期。

5. 刘占兰,有趣的幼儿科学小实验,教育科学出版社,2018 年 10 月。

4

第四单元
幼儿科学教育的方法（下）

　　本单元在第三单元幼儿科学教育的方法（上）的基础上，介绍了在幼儿科学教育中运用的另外五种方法：种植、饲养、信息交流、科学游戏、文学艺术。种植的方法是指幼儿通过在园地、自然角等地方种植花卉、蔬菜和农作物的活动。饲养的方法是指幼儿在饲养角里喂养和照管动物的活动。文学艺术的方法是指在科学教育过程中运用低幼文学作品、低幼艺术作品等作为幼儿科学教育活动的方法和手段，来进行科学教育的一种方法。信息交流是指幼儿将所获得的有关自然事物和现象的信息，以语言的或非语言的形式来进行记录、表达和交流。科学游戏的方法是指运用自然物质材料和有关自然的图片、玩具（科技玩具）等物品，进行带有游戏性质的操作活动的一种方法。

? 困惑与问题 ···

● 小朱同学在幼儿园实习时发现,幼儿园的一角种了一些植物,她也看到在班级的一角也有一些植物和动物。小朱觉得幼儿园放置这些动植物是为了让幼儿生活在一个自然的环境中,而且也使环境更加美化。但是小朱所在班级的应老师却不是这么认为的,她对小朱说,这些动植物的种植与饲养,除了小朱所说的功能外,更重要的是让幼儿能通过种植与饲养亲近自然、学习科学、增进情感。小朱困惑了:难道对于我们成年人来说也不太熟悉的种植与饲养,还要让幼儿来学习吗? 那应该怎样让幼儿通过种植与饲养来探究科学呢?

● 季老师觉得在幼儿的科学活动过程中,最重要的任务是培养幼儿对自然事物和现象的探究,这种探究主要是让幼儿观察、实验等活动。但是她在活动过程中发现,孩子们不仅喜爱对事物的观察,同时还愿意和同伴进行交流。季老师几次制止,但是孩子们还是意犹未尽。季老师陷入了困惑之中:为什么孩子们这么喜欢交流? 科学探究过程中的交流在孩子们的科学领域发展中起了什么作用? 作为教师又应该怎么进行指导呢?

● 林老师在和幼儿一起玩风车的游戏,在游戏中林老师发现孩子不仅对风车的转动感兴趣,而且还对在怎样的情况下风车转得快(转得慢)更感兴趣。林老师觉得这是一个很好的机会,可以让幼儿在玩的过程中学习科学。可是在一旁的小霞老师提出了问题:在科学教育中可以运用哪些游戏呢? 在游戏过程中,应该怎样不忘科学教育的目标呢? 在林老师看来,年轻的小霞老师的这些问题确实需要大家关注。

● 幼儿园的图书角有许多图书,文文爸爸发现在这些图书中,有很多是有关科学的,例如《番茄的旅行》、《谁拉的便便》、《大米怎么来的》、《我们的动物老师》等。文文爸爸很好奇:老师是怎么利用这些图画书进行教学的? 幼儿园除了利用图画书进行科学教育以外,还有哪些艺术手段可以运用在科学教育中?

📚 基础理论 ···

一、 种植与饲养

小练习 4-1

1. 饲养动物(或种植植物)。

(1)在学习本内容的一到二周之前,以小组为单位,每小组饲养一种小动物,例如:金鱼、乌龟等,或者种植一种植物,例如:豆类、花卉等。

（2）在饲养或种植的同时，每天将饲养或种植的情况记录下来，记录的方式由小组自定。

2. 参观各个小组的观察以及记录，并讨论：

（1）饲养（种植）过程中有什么感受，你们觉得在饲养（种植）中遇到的问题或困难是什么？你们是怎么解决的？

（2）如果让你们指导幼儿来进行种植（饲养），你们觉得最主要关注什么方面的问题？

（一）种植、饲养的涵义

1. 什么是种植、饲养

一般来说，种植是指栽培植物，而饲养则是指饲养动物。幼儿科学教育中的种植方法是指幼儿通过在园地、自然角等地方种植花卉、蔬菜和农作物等的活动（图4-1）。例如，幼儿在园地里种植一些当地的蔬菜，或者在自然角里进行种子发芽的活动。幼儿科学教育中的饲养方法是指幼儿在饲养角里喂养和照管动物的活动。例如，幼儿喂养小乌龟，或者小金鱼，以及在成人的帮助下饲养小鸟、兔子等（图4-2）。

▲ 图4-1 幼儿园的种植

▲ 图4-2 幼儿园的饲养

种植与饲养的方法既是幼儿科学教育的方法，同时也是幼儿非常喜爱的活动。因为动植物本身的生动活泼，所以幼儿对周围自然环境中最喜爱的东西莫过于动物和植物了。在对动植物的观察中，有意识地指导幼儿亲自操作，种植一些蔬菜、花草，饲养一些小鱼、小鸟，在日常生活中照料这些动物和植物，不仅使幼儿观察了动物和植物的外形特征和习性，也了解了它们的生长过程。通过种植与饲养的方法进行科学学习，伴随着动植物的生长，也自然而然地激发了幼儿热爱自然、热爱科学的兴趣与情感。在种植与饲养的过程中，幼儿对种植与饲养的对象进行观察、分类、比较、记录……促进了幼儿认知能力的发展，并学习了一些简单的劳动技能，培养了幼儿手脑并用的能力。

2. 种植、饲养的类型

自然界的动植物多种多样，幼儿都会非常喜爱，只是幼儿年龄尚小，受认知能力、操作能力的局限，比较适合种植、饲养的是一些比较小型的、容易种植或饲养的、比较可爱的、没有安全隐患的动物或植物。

（1）常见植物的栽培

常见植物的栽培管理主要包括：常见植物的播种、管理、收获等内容，如参加选种、浸种、移栽、浇水、松土、除草、追肥、收获、留种等工作。具体的栽培对象包括以下几类。

水养植物 水养植物就是把植物的一部分浸泡在水里，在短期内，它便会萌发、生根、长茎叶，甚至于开花。主要有以下品种：

① 种子：蚕豆、绿豆、红豆、扁豆、花生、芝麻、蓖麻、西瓜子、丝瓜子、南瓜子、稻谷、麦子、小米、玉米等。

② 蔬菜：油菜心、白菜心、黄芽菜心、卷心菜心、芹菜、萝卜、土豆、大蒜、洋葱、芋艿等。

③ 树枝：杨树、柳树、悬铃木、松树、水杉等。

④ 花卉：菊花、月季花、迎春花、白玉兰、水仙花、蔷薇花等。

▲ 图4-3 水养洋葱

▲ 图4-4 水仙花

▲ 图4-5 水养玉米

盆栽与园地植物 盆栽植物是指在泥盆里放置湿润的、富有养料的泥土，然后下种或扦插（图4-6）。有条件的幼儿园，也可以在墙边、墙角进行园地种植。盆栽植物的品种与水养植物是相同的，但是在幼儿学习自然的活动中，盆栽与园地植物却有着不可替代的作用。虽然水养植物能够让幼儿在较短的时间内直观地看到种子的萌发过程，但是由于它消耗种子本身的养料，等到其本身养料耗尽时，它就会枯萎。因而只能是幼儿看到植物生长的某一阶段，而不能看到植物生长的全过程。这样就不能满足幼儿强烈的好奇心和求知欲望，也不利于幼儿对植物生长过程的全面了解。经常在水养植物枯萎以后，幼儿会提出一连串的问题，他们会对已经枯萎的植物感到很不理解，也为没有看到水养植物的开花、结果而感到意犹未尽。因此，应该创设条件，让幼儿全面地观察植物生长的全过程，以满足幼儿的求知欲望，以及了解植物的生长特征。

无土栽培 无土栽培也是属于水养植物的一类。普通的水养植物，是把植物的根放在一般的水里，但是无土栽培，为了更好地控制给植物的养料，将植物生长需要的各种营养成分，按植物生长所需的比例进行搭配并制成溶液，在容器中放入一些洁净的玻璃球或沙子，然后将植物栽培在溶液中。这样就能保证植物生长所需的营养，使幼儿观察到植物生长的全过程。

▲ 图4-6　盆栽植物

温室技术 植物的生长离不开一定的光照、气温和营养。在自然状态下，植物生长所需的最佳要求有时很难达到，而且不容易控制。在现代种植技术中，人们利用了温室技术。温室一般有透明的屋顶，可以接受充足的阳光。由于温室是密封的，能使温度保持在一个较高的水平，并可以使用人工装置调节温度。通过这些措施，可以使室内生长的植物基本不受外界自然条件的影响，而较快较好地生长。在幼儿园里，也可以搭建简单的温室，例如用塑料薄膜搭建的"小小温室"，在天气比较冷的时候，让幼儿在"温室"内外种植相同的植物，比较种植的效果。

（2）常见动物的饲养

常见动物的饲养主要包括：帮助收集饲料、喂养、管理，学习简单的饲养技能，并观察小动物的外形特征、动作和生活习性，培养爱护小动物的感情。例如：饲养乌龟、小鸟、金鱼等。具体的饲养对象包括以下几类。

家禽 家禽身体比较小，也比较温顺，深受幼儿喜爱，而且养起来也比较容易，不易死亡。家禽包括鸡、鸭、鹅，相比较起来，饲养鸡是最简单的一种。

家畜 家畜各有不同，在幼儿园里比较适合饲养小兔、豚鼠、猫等比较小型的家畜。虽然小兔相对比较难以饲养，对饲料要求比较高，但是因其可爱而深受幼儿的青睐。

▲ 图4-7 饲养鸽子

鸟 鸟也是幼儿园经常饲养的一种动物，由于小鸟的叫声清脆好听，形象可爱，幼儿也十分喜爱饲养。幼儿园经常饲养的鸟有：娇凤、禾雀、鸽子等。

昆虫 昆虫也是幼儿最喜欢的动物之一，世界上有许多种昆虫，虽然幼儿并不能叫出它们的名称，但是凡是看到昆虫，幼儿总会研究一番。蝈蝈、蚕、七星瓢虫、知了、蚂蚁、蟋蟀等都是幼儿园经常饲养的昆虫。

水生动物 水中饲养的鱼、龟、虾、蟹、泥鳅、螺蛳、田螺、蝌蚪等都是幼儿观察的对象，这些在水中生活的动物，比较容易饲养，有的甚至可以一段时间不进食，也不会死亡。所以这些动物是非常适合幼儿饲养的，其中虾比较难存活一些，其他的就比较好饲养了。

（二）种植、饲养活动的指导

在幼儿园里进行种植、饲养的活动，除了种植植物、饲养动物本身的技能以外，为了让幼儿通过这种方法了解动植物，萌发对自然的感情，以及掌握一定的科学探究能力，还需要注意以下几个方面。

1. 选择合适的内容

幼儿年龄小，种植、饲养的技能差，因此在选择种植、饲养的内容时，要根据幼儿的年龄特征以及动植物本身的特点来进行选择。

具体说来，在选择种植的植物时，应选择一些易生长、易照顾、对种植的土质肥料要求不高、生长周期相对较短的植物。这样才能使幼儿在较短的时间内，能对植物的生长过程有所了解。对于小班幼儿，比较适宜的植物是较大粒的种子，例如扁豆、玉米、牵牛花籽等。中、大班幼儿除了较大粒的种子以外，也可以种植一些颗粒相对小的种子，例如蚕豆、豌豆、蓖麻。还可以以植株的方式进行种植。

在选择饲养的动物时，应选择一些比较温顺、对饲料要求不高、不易死亡，而且对幼儿没有伤害的，包括不会传染病菌的小动物。例如金鱼、小蝌蚪、蚕、兔子、乌龟等。和植物的选择不同，在饲养的对象上，对年龄没有特别的要求。但是在指导幼儿观察了解饲养对象时，则应根据幼儿的不同年龄，进行不同的指导。

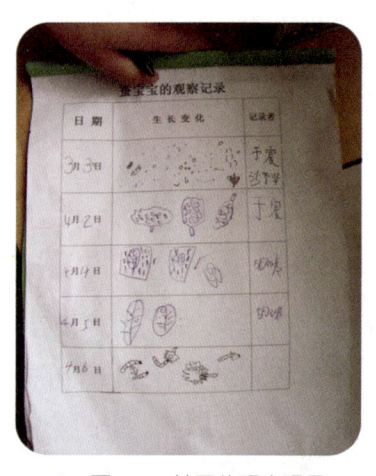

▲ 图 4-8 养蚕的观察记录

2. 种植、饲养的过程应和幼儿的认识活动相结合

科学教育中运用种植、饲养方法的主要目的，是为了学习科学。因此，在活动过程中要注意结合种植、饲养的过程，指导幼儿观察种植、饲养的对象的变化，以及种植、饲养工具的使用等。例如，在饲养蚕的过程中，指导幼儿观察蚕的外形特征、生活习性、生长过程等，观察蚕是怎么进食桑叶的，是怎么行进的，又是怎么蜕皮的，还应让幼儿认识桑叶的主要特征，了解桑叶与其他树叶的不同之处。在观察的同时，还可以引导幼儿以自己的方式做观察记录，并与同伴或成人进行交流。这既能发展幼儿的信息交流的能力，又使幼儿加深对蚕的印象（图 4-8）。

又如在种植花卉时，指导幼儿认识使用的工具与种植的器皿：小铲、花盆，让幼儿了解花盆底为什么有个小洞，尝试一下，如果花盆没有洞，植物会怎样，以此使幼儿的认识更全面、完整。教师要利用各种机会，因势利导，帮助幼儿扩大知识面，满足好奇心，鼓励思考，发展求知欲，提高认知水平。

3. 鼓励幼儿的自主探究

在种植与饲养的活动中，幼儿扮演了"小小园艺家"、"小小动物学家"的角色，他们会以十足的热情参与到活动中去。但是由于种植、饲养的活动需要一定的操作技能，包括挖土、浇水、除草、喂食、打扫动物笼子等。如果掌握不当，会在一定程度上影响幼儿种植饲养的活动。这时，教师切记不能包办代替，而应指导幼儿学习操作技能，克服一定的困难，鼓励他们的活动,坚持以幼儿为主的种植、饲养。这样才能使整个过程成为幼儿亲身体验的过程,由浅入深地了解事物,充分发挥想象力和创造力的实验过程。

4. 爱护动植物,关爱生命

在种植与饲养活动中,幼儿是通过与动植物的亲密接触而获得对对象的了解的,这个过程的本身,就是生命教育的过程。幼儿科学教育要培养幼儿热爱动植物、热爱自然的种子,产生关爱生命的情感。在具体的种植与饲养活动过程中,由于幼儿年龄小,无论从他们的心理特点还是手眼协调,以及控制手部力量的能力来看,都会发生无意伤害动植物的行为。例如,在给植物拔草的时候不小心把植物也拔掉了;本想轻轻地抚摸一下小动物,结果因为抱得太紧而把小动物弄疼了。

在饲养活动中,可以通过照料小动物的过程,让幼儿了解动物也是有生命的,培养幼儿形成"动物是人类的朋友,地球是人类和动物的共同的家,人和动物要和谐生存,就要从关爱动物做起"的意识,激发幼儿关爱动物的情感,产生保护动物的行为。在种植活动中,通过"与小树一起成长"、"树的秘密"、"百花园"等活动,让幼儿在照顾植物生长的过程中,体会植物的生长特征,积累植物生长的经验,自然而然地产生"爱绿"、"护绿"的行为。

视频:种植活动——给种子找个家（中班）

扫一扫,看视频

说明:本视频是幼儿园师生田间活动的片段。内容为中班孩子在种植花生、黄豆的过程中,体验工具的使用,了解田间垄与沟、种子的家,以及进行两种种子分类与数数的活动。种植是孩子非常喜欢、能了解植物生长过程,并能使幼儿亲近自然的一种方法。

二、 信息交流

小练习 4-2

1. 准备一段科学活动的视频,其中需要有幼儿的交流（记录）的内容。

2. 全体观看视频,然后分成小组进行讨论。

3. 集体交流。

4. 讨论与交流的重点:

(1) 这段视频中运用了哪些交流的方法?

(2) 在哪些环节中运用了这些方法?

(3) 为什么需要运用交流的方法?

(4) 还有什么觉得疑惑的问题?

（一）信息交流的涵义

1. 什么是信息交流

信息交流是指幼儿将所获得的有关周围环境的信息，以语言的或非语言的形式来进行表达和交换。信息交流既包括幼儿将自己的想法感受、探究的过程结果，以及疑惑问题记在脑中，然后进行交流，也包括用各种方式记录下来进行交流。例如前述中对蚕的观察记录，每个幼儿都会有自己的记录内容和方式，这也就使得交流的内容更为生动。下图就是两个幼儿对同一内容的记录。幼儿阶段获取有关自然事物和现象的经验知识，是在幼儿的探究之后，在与同伴或教师的讨论中形成的。所以我们应让每个幼儿都有机会表达自己的观点，无论他的观点是对或者是错。

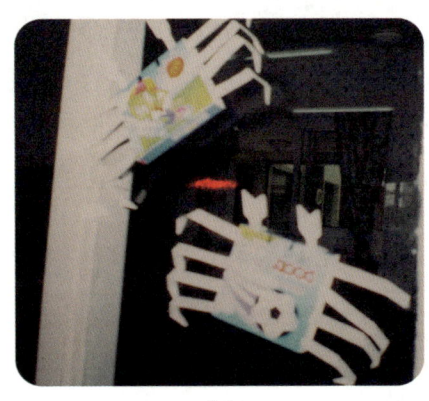

（a）   （b）

▲ 图4-9　关于蟹的记录

运用信息交流的方法进行科学学习，每个幼儿都可以向老师和同伴质疑，对结果的讨论可以引出新的探究，而教师则要重视幼儿之间的相互倾听。在学习过程中，由于经验背景的差异，幼儿对问题的理解常常各异，在幼儿集体中，这种差异本身便构成了一种宝贵的学习。在学科学的活动中，幼儿通过各种方法，获得了大量的有关自然事物与现象的丰富信息，以及自己的感受。他们需要以各种方式（手势、动作、语言和图像）向老师、同伴、家长表达、传递自己的感受，告知观察自然界的过程和结果，提出疑问，抒发愉悦、惊奇的情绪，和同伴们分享所得的成果，评价别人的科学探索的结果等。幼儿通过信息交流，使感知自然界的第一印象在脑中形成的表象，又通过语言或其他方式表达出来，这样不仅使幼儿对事物的理解更清晰，也有助于幼儿语言的发展；既促进了幼儿和幼儿之间的交往，也使师生之间得到沟通；同样重要的是，使教师及时了解了幼儿的学习情况，使教学及时得到了反馈。

2. 信息交流的类型

幼儿年龄尚小，虽然正处在语言能力迅速发展的时期，但是面对丰富的自然界，却难以完全用语言的方式进行交流。因此，幼儿科学教育中信息交流的类型，除了运用语言的方式以外，还可以运用手势、动作、表情及图像记录等非语言方式进行。

（1）语言的方式

信息交流中语言的方式包括描述和讨论。

描述是指在教师的指导下，幼儿用语言向同伴或成年人讲述自己在科学探究中的发现、疑问等。以下是在研究了蚯蚓以后，一组幼儿向教师口述了他们的理解：

① 蚯蚓生活在泥土中。

② 我知道因为我看到它们了。

③ 它们没有脚。

④ 它们有一条尾巴。

⑤ 它们有长尾巴。

⑥ 我觉得它们没有头。

⑦ 它们能行走吗。

⑧ 不，它们靠滑动（前进）。

讨论是指幼儿与幼儿、幼儿与成年人之间通过口头语言，表达、交流自己在科学探究中的发现。 幼儿通过语言的描述与讨论，不但可以向同伴、教师表达自己的各种发现、疑问、想法，还可以交流自己使用了什么方法进行科学探究、科学探究的过程，以及从中感受到的情绪体验等。例如，一幼儿经过观察，问另一幼儿："这里有两只纸船，一只跟着磁铁开动了，你猜为什么？"这是幼儿之间发现现象的交流。又如描述发现的交流"我看到了……"和表达情感的交流"我喜欢……"等。

（2）非语言的方式

非语言的方式包括图像记录、手势、动作、表情等。

由于幼儿的年龄特点所限，他们还不能用文字记录和表现他们的探究和发现，所以图像记录以及手势、动作、表情就成了幼儿主要交流的方式。

`图像记录` 图像记录是指对自然事物和现象进行观察后，用各种不同方式，如剪贴、数字、表格、绘画、摄影等方式记录下他们在科学探究中的发现、认识及感受与体验。图像记录包括：首先是对探究内容的记录，例如，动植物特征、生长记录、四季特征记录、气象记录（见表 4-1）、参观旅行记录、观察实验过程和结果（图 4-10、图 4-11）的记录等。例如，一名幼儿用

表4-1 天气日记记录表

月份	星　期						合　计
	一	二	三	四	五	六/日	
五月			1 日 ☁	2 日 ☀			晴 ☀ 共　天 阴 ☁ 共　天 多云 ⛅ 共　天 雨 🌧 共　天

▲ 图4-10　大蒜生长过程及其条件的记录

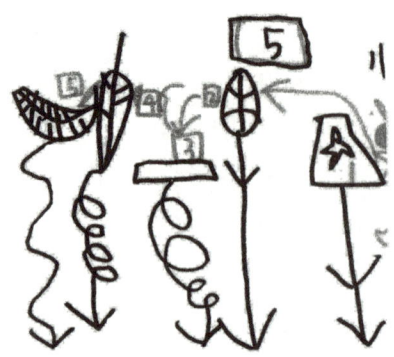

▲ 图4-11　科学活动"哪种东西掉得
快"的图像记录

曲线来表示蚕的蠕动，另几名幼儿共同合作，画了"地底下的秘密"，他们将观察到的植物的根、蚂蚁、石子、昆虫的尸体、洞穴都一一展现在画面上，以此交流他们的发现。其次是观察、实验等探究方法、探究工具的记录，例如，用放大镜观察昆虫时记录了放大镜等。

图像记录既是幼儿观察活动的一个方面及表达的一种形式，也是对幼儿进行科学教育的一种手段和方法。它不仅可以培养幼儿观察周围环境的兴趣，使幼儿获得清晰的、深刻的印象，提高幼儿观察的积极性、主动性和观察的能力，而且可以为教师总结幼儿科学教育经验、开展幼儿科学教育研究提供依据和材料。

在以图像记录进行信息交流的方法中，还有一种比较常用的方法，即指导幼儿采用各种自然材料（如秫秸、麦秆、果核、贝壳、树叶、羽毛、石头、瓜子壳等）以及一些废旧材料（如木块、包装纸、破乒乓球、废塑料盒等），制作一些简单的科学玩具或自然界物体的形象。例如，"青椒青蛙"、"螺蛳壳小鸡"、"塑料盒卡车"、"乒乓球熊猫"等。以这种科学小制作的方式来展现所观察到的自然界的物体，并进行交流。

手势、动作、表情　手势、动作、表情也是信息交流的非语言方式。当幼儿在科学探索中遇到一些难以用语言表达的物体或现象，或情绪特别好或者惊异等情况时，常常用手势、动作、表情来进行交流（图4-12、4-13）。例如，一幼儿说："幼儿园种的南瓜有这么大。"（用手

▲ 图4-12　身体哪里会动？

▲ 图4-13　微笑是通用语言

势表示）又如，幼儿尝到酸味后，脸上露出的尴尬表情。虽然手势、动作、表情不能完全表达幼儿的思想，但是对于年幼儿童来说，当无法用语言来表达、交流的时候，允许他们运用这些方式来进行，是非常重要的。

（二）信息交流活动的指导

"通过引导幼儿积极参加小组讨论、探索等方式，培养幼儿合作学习的意识和能力，学习用多种方式表现、交流、分享探索的过程和结果。"[①]在指导科学活动中的交流活动时，应注意以下几个方面。

1. 要在幼儿获得大量感性经验的基础上进行

信息交流是在幼儿的科学活动中，引导幼儿将所获得的有关自然环境的信息，以各种方式进行记录、表达与交流。要使交流具有较好的效果，必须要在幼儿获得大量感性经验的基础上进行。让幼儿在对周围环境进行观察时，用各种不同方式记录下他们的探究过程、发现，以及感受和体验。这是幼儿得出探究的结论、分享和交流的基础，也只有这样，才能使幼儿的信息交流的内容更为真实和丰富。

2. 语言方式的指导

科学活动中幼儿交流表达的要求与一般的语言培养的要求不同。在科学活动中，需要幼儿能将实验的猜想、验证及结果，以及一些感受用准确、逻辑性强、简练的语言表述。而幼儿以具体形象性思维为主，抽象逻辑思维正在发展中，因此在交流表达中经常会出现他们想说不会说、要说说不清、说起话来断断续续的现象，不能准确、流畅、清晰地表达自己在探究中的过程及想法。

因此在科学活动中，首先要给予幼儿充分的描述、讨论的机会，及时鼓励幼儿用语言表达所获信息。例如，在幼儿观察物体后，允许并给予一定的时间让幼儿进行交谈、讨论。同时，教师应以与幼儿平等的身份参与交谈和讨论。在交流中，既可以教师提问，幼儿回答，也可以幼儿提问题，教师回答。有时教师可以扮演一名忠实的听众，要注意倾听幼儿的语言，了解他们是否正确地理解了他们所使用的词语，并鼓励幼儿的交谈和讨论。

其次，指导幼儿学习用简单明确的语言表达、描述有关科学的发现。①培养幼儿在理解词义的基础上正确地运用词语。反映科学的词语是很丰富的，只有当幼儿掌握了足够的词汇后，才能运用确切的语词来表达对物体和现象的认识。所以，首先要在幼儿充分感知物体与现象的基础上，丰富相应的词汇，然后帮助幼儿在理解词义的基础上掌握运用词语。②培养幼儿的口语表达能力。幼儿正处于学习语言的阶段，面对诱人的大自然，往往不会用语言表达，只会用表情或动作来示意。应逐步要求幼儿用连贯、完整、通顺的语言表达，以提高科学探索活动的质量。③培养幼儿正确的发音。不同的语音代表不同的词语，如果语音不准就很难使人理解原意，这将直接影响语言交流在认识中的作用。因此，要重视培养幼儿的正

---

① 中华人民共和国教育部.幼儿园教育指导纲要（试行）.2001 年.

确发音。

3. 图像记录方式的指导

（1）根据不同的需要选择图像记录的形式

图像记录的形式可以多样，从记录内容的连续性看，可以做连续性的观察记录，例如"种子发芽"（图 4-14）的记录；也可以做单独的、个别性的观察记录，如"秋天的树林"。从图像记录的手段来看，可以用表格、数字、符号、形象、曲线等方式进行。在选择具体的形式时，应考虑科学活动的需要。例如，观察了螃蟹之后，幼儿可以自由选择用绘画的方式，用纸盒和纸、插塑件、火柴、橡皮泥等各种材料来记录和表征自己的发现。图像记录的材料和工具也有多样，包括运用纸笔、印章、泥塑、镶嵌、粘贴等。这样，教师就要为幼儿提供图像记录的条件，例如，提供一些纸张、画笔。在科学活动过程中及结束前，给予一定的机会和时间让幼儿记录等。为使幼儿运用不同的记录形式，教师可以直接鼓励或提醒幼儿可以用多种方式，提供多种可用于记录和表征的材料，帮助幼儿发现和形成图画，给予幼儿一些记录和表征的策略，等等。教师也可在幼儿的图像记录上用文字做些简短的说明，以使记录更明白易懂，并具有保存、研究价值。

▲ 图 4-14　连续性观察记录"种子发芽"

（2）图像记录方法的适用性

因为图像记录需要幼儿具备一定的绘画方面的技能，因此，一般宜在中、大班进行。图像记录中经常运用曲线、图表、符号等，运用这些工具的技术虽然通常并不是很难，但重要的是，也可以说是比较困难的方面是如何选择出适合一定目标、适合特定信息的表征方式。《指南》"科学探究"子领域中提到，4—5 岁幼儿"能用图画或其他符号进行记录"，而 5—6 岁幼儿则是"能用数字、图画、图表或其他符号记录"。也就是说，不仅是图像记录的内容应关注到幼儿的不同年龄水平，同时在记录的方式上，也应注意到不同年龄的幼儿的特定水平。例如，下图就是两个不同水平的记录，同样是记录观察到的沉浮现象，但是图 a 是教师预设好的记录方式，幼儿只需在表格中打钩就可；而图 b 的记录，幼儿则可以用自己的方式进行记录，相对难度就增加了。在科学活动中，可以通过经常性的记录来促进记录能力的发展，以及教师给予幼儿一些合适、清晰的样本，这些都对幼儿的图像记录有一定的帮助。

哪些沉？哪些浮？		
材料	沉"↓"	浮"↑"

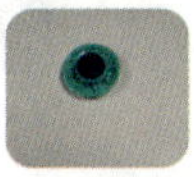		

(a)

它们在水中是沉还是浮呢？	
 （　　　）	 （　　　）
 （　　　）	 （　　　）

(b)

▲ 图4-15　关于沉浮的记录

三、科学游戏

小练习 4-3

1. 准备与小组数量相同的图片，每组一份，其中包括：

(1) 春、夏、秋、冬的背景图各一份（图 4-16）。

▲ 图4-16　春天背景图

（2）可以粘贴或放在背景图上的小图片若干，包括各种有关春、夏、秋、冬的动植物、人物（图4-17）。

（a）

（b）

（c）

（d）

▲ 图4-17　春天的小图片：燕子、桃花、柳树、蝌蚪

2. 分组做游戏，将相应的小图片放在背景图上（图4-18）。

▲ 图4-18　构成春天的图片

3. 讨论：如果让幼儿做这样的游戏，需要注意些什么问题？

（一）科学游戏的涵义

1. 什么是科学游戏

▲ 图4-19　科学游戏"闻一闻"

幼儿科学教育中的游戏，即科学游戏，是指运用自然物质材料和有关自然的图片、玩具（科技玩具）等物品，进行带有游戏性质的操作活动，是对幼儿进行科学教育的一种有效方法。自然材料包括水、石、沙、土、竹、木、树叶、贝壳、果实等。例如"奇妙的口袋"、"猜一猜"、"闻一闻"（图4-19）等游戏都是幼儿非常喜爱的活动。

科学游戏或寓科学内容于游戏之中，或将自然材料作为玩具，使幼儿在轻松愉快的游戏活动中丰富科学经验，还可以复习巩固已获得的经验，更可以激发幼儿对科学现象的兴趣和欲望,发展幼儿的观察能力和思维能力等。利用自然界的物质材料进行的游戏由来已久,在我国古代就有玩编草(花、草)、做柳笛(柳树枝)、吹葱笛(小葱)、玩冰车(冰)的游戏。

2. 科学游戏的类型

(1)根据科学游戏利用的材料分类

利用实物进行的游戏 这是一种利用自然物等实物进行的游戏,通过对自然物的接触,了解自然物的特性。如"水果、蔬菜分类"游戏,用各种水果和蔬菜的实物,放在幼儿面前,让幼儿通过视觉、嗅觉、味觉或触觉来辨别、分类。又如"影子"游戏,幼儿可以做手影游戏,或者在室外两两成对做"踩影子"的游戏。

利用图片进行的游戏 这是一种利用反映科学内容的小图片进行的游戏。通常是在幼儿直接经验的基础上,利用图片帮助幼儿交流和复习巩固已获得的科学知识,也可用于帮助幼儿了解事物的一些主要特征。图片游戏主要有以下几种。

① 配对游戏。配对游戏是将绘有科学内容的各种小图片分发给幼儿,游戏双方(或多方)的图片内容都有一定的联系。由一人先出示一张图片,另一人出示与之内容相关的"对子"对上。例如,在"给小动物找脚"中,一人先拿出一张小动物的图片,另一人要找出相应的"脚"配上(图4-20)。配对的范围包括:事物的名称、特征、功用、习性等。

(a)　　　　　(b)

▲ 图4-20　给小动物找脚

② 接龙游戏。接龙游戏有两种。第一种是把一张狭长的卡片折成对等的两部分,在两部分上各绘制一种物体的一半,另一半绘制在另一张卡片上。每个幼儿拿着若干张这样的卡片,要求幼儿找到物体的另一半接上。这样接下去,可形成一条"长龙"(见图4-21)。

(a)　　　　　　　　(b)　　　　　　　　(c)

▲ 图4-21　动物接龙

另外一种是可以按动植物的生长发育的过程接成长龙。例如,在卡片上分别绘上蝌蚪→长后腿→长前腿→尾巴退化→青蛙,让幼儿按顺序接上(见图4-22)。也可以按动物的食物习性配对接龙,如熊猫吃竹、猫吃鱼等。或按归类接龙,例如从许多物体中分成文具类、餐具类、玩具类等。

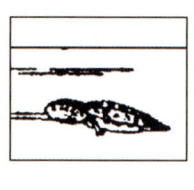
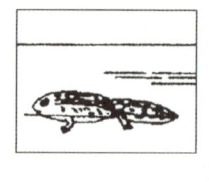

(a)　　　　　(b)　　　　　(c)　　　　　(d)　　　　　(e)

▲ 图4-22　动物接龙

③ 拼图游戏。拼图游戏是把绘有科学内容的整幅图片分割成若干部分,游戏时将部分拼成整体。随着幼儿知识经验的丰富及认知水平的提高,拼法及画面可越来越复杂。小班可将一幅图片分割成两部分,拼上即可;中班可将一幅图片多分割成几块,画面也可复杂些;到了大班,可将两幅以上的图片按同样的规则分割,然后混在一起让幼儿拼起来。例如,将春、夏两幅景色图片混在一起,让幼儿分别拼好。

④ 看图识物游戏。看图识物游戏只要有图画即可,进行时简单方便,形式也可多样。例如"找相同"游戏,是在一幅画着许多相似物体的画面上,让幼儿找出两个或几个完全相同的物体。也可在重叠的画面上找出所有的动植物、生活用品等。另外,还可以只画出物体的局部,让幼儿通过局部来判断整体。例如"什么部位可以吃"的游戏。

▲ 图4-23　找错改错

⑤ 看图辨物游戏。看图辨物游戏也称找错改错游戏,是指有意在一幅画面上出现若干违反科学性的错误,让幼儿通过观察、辨认,找出错误所在,并用语言加以纠正。例如,在冬季的画面上,池塘里游着小蝌蚪。又如电视机有画面,却未插上电源插头。这种游戏可根据幼儿的年龄,考虑难易程度。年龄较小的幼儿,画面简单且错误明显;年龄较大的幼儿,不仅画面复杂,还可加以时间上的限制。例如,图4-23中,共有五个科学性错误:西瓜长在树上;公鸡在孵小鸡;鸭子在屋顶啼叫;鱼在路上走;鸡在水里游。

利用科技玩具进行的游戏 这一类游戏是幼儿利用电控、声控、惯性、磁控等科技玩具进行的游戏,将玩与探索自然科学结合起来,以获取科学经验,培养能力与兴趣。科技玩具主要有以下几种。

① 发条(机械)玩具——用手或钥匙转动发条的轴,使发条卷紧,在发条放松的过程中,使玩具行动。如发条小汽车、小飞机等。

② 惯性玩具——用手推动玩具,使玩具向前滚动。如惯性小汽车、小天鹅等。

③ 电动玩具——靠电池的电力做动力,使玩具自行活动。如会拍照的小熊、碰碰船等。

④ 声控玩具——靠电池的电力做动力拨动开关,玩具会发出声音。如音乐盒发出优美

的乐曲,小电话发出铃声和音乐声等。

⑤ 光控玩具——靠电池的电力做动力拨动开关,玩具中的伸缩杆滑动而摩擦打火石,使之发光发声。如电光冲锋枪、警车、救火车等。

⑥ 遥控玩具——靠电池的电力做动力,玩具上有一根天线,拨动开关,靠手中的遥控器控制和指挥玩具行动。

⑦ 电子玩具——借助电子技术的动力作用。如电子游戏机,有声、光和活动的图像,微电脑玩具机器人、变形金刚等。

利用语言进行的游戏 利用语言进行的游戏是在幼儿具有感性经验的基础上,脱离实物和图片,运用口头语言进行的游戏。例如"谁在水中游"、"季节问答"、"开水果店"(玩具店、家具店……)等。又如"水里、地上"(小班):皮球滚到谁的脚下,谁就要将皮球拿好,站起来,然后教师问:"什么动物地上走? 什么动物水里游?"幼儿回答。答对了大家可以跟讲一遍,并鼓掌;如说错了,就把皮球滚还给老师,换人说短句。这种游戏过程不需要大量辅助性的材料,简便易行。但是因为需要一定的语言表达能力,因此多在中、大班进行。

情境游戏 情境游戏是由教师提出某个科学方面的问题,并以图画、玩具等替代物及音乐等各种手段设计出特定的场景,让幼儿设想身临其境时的正确做法。例如给幼儿设计出这样一个场景:某处发生火灾,假如你正在现场,旁边有水、毛巾、棉被、门、窗等多种替代物,你怎样保护自己? 在幼儿充分思考、活动的基础上,教师和幼儿共同讨论,找出正确答案。

多媒体互动游戏 多媒体互动游戏是利用多媒体软件进行学习科学活动的一种游戏。这种游戏可以让幼儿通过操作软件,通过软件中展现的画面内容来学习科学。例如,在一个活动室内,有小羊、小猴、小兔、小鹿、小狗等动物,大家在地上发现了一块香蕉皮,于是就开始找是谁丢的。幼儿通过用鼠标点触画面相应的内容,最后自己找出了是小猴丢了香蕉皮。由于幼儿可以不断通过试误找出答案,所以在进行游戏时必须有相应的知识,并且能独自玩。

(2) 根据科学游戏的作用分类

感知游戏 感知游戏是指幼儿运用各种感官,主要以实物或自然物为材料开展的游戏。例如,"听听谁在叫",又如"摸箱":用一个布制口袋,或纸箱(上面开一个洞),里面放有不同材料的东西,包括积木、布料、棉花、塑料、海绵等,让幼儿通过用手触摸来说出不同的东西。这种游戏能发展幼儿的感知和观察能力,同时也进一步积累感知经验。感知游戏一般在小、中班运用较多。

▲ 图4-24 摸箱游戏

分类游戏 分类游戏是指幼儿根据物体的相同点和

不同点进行区别分类的游戏。物体的形状、颜色、用途、材料、质地，事物的生长变化规律、生活习性，与人们的关系等内容，都可作为分类的依据。如"爸爸、妈妈和娃娃"，出示各种不同的动物图片，有鹿、狮、鸡、青蛙（蝌蚪）、孔雀等，让幼儿说说这些动物的名称，并分一分哪些动物是一家，比较爸爸、妈妈和孩子长得有些什么不同。分类游戏能发展幼儿的思维能力和分类技能，一般在中、大班运用较多。

运动游戏 运动性游戏是寓科学教育于幼儿身体运动中的游戏。这是一类适合于室外或游戏场进行的游戏，活动量较大。通过运动性游戏，可以使儿童在身体活动的基础上，亲身感受自然界的一些现象与规律。如在玩"踩影子"的活动中，儿童能深刻地感受到光和影子的关系，同时也是对身体的锻炼，并且还可以发展同伴之间的关系。

（二）科学游戏的选编与指导

科学游戏的选编与指导应该遵循一般游戏的要求，但是因其涉及科学的内容，所以也有需要特别注意的方面。

1. 注意游戏的科学性、趣味性、活动性、规则性

游戏的科学性是指教师在为幼儿选择，或者创编科学游戏时，要保证游戏内容知识是准确的，符合科学教育的目的。同时游戏所涉及的内容及要求，以及游戏开展的规则，都是难易适中的，是幼儿能够理解及开展的。游戏的趣味性是指游戏的内容要有趣，开展的过程要有变化，能激发幼儿的好奇心。游戏中所运用的玩具或道具也要能吸引幼儿参与到活动中来。游戏的活动性是指游戏的结构应该是幼儿的探索过程，幼儿在游戏过程中，既要有外部的操作感知或身体运动，能满足幼儿爱活动的需要，又有内部的智力活动，是需要幼儿努力进行思考的游戏。游戏的规则性是指游戏应有一定的规则，能保证游戏的开展。任何游戏都会有规则，否则就无法进行，科学游戏也是如此。在设计游戏时，要考虑到幼儿的年龄特点，其规则应简便易行，以使游戏能顺利进行。

▲ 图4-25　游戏规则要简单

▲ 图4-26　游戏要有趣

2. 让幼儿有充分活动的机会，师生共同游戏

教师在指导幼儿进行科学游戏时，要注意让幼儿有充分的操作和活动机会，不要急于求

成,让幼儿有充分的时间进行思考,完成游戏。与此同时,教师应关注到该科学游戏中所蕴含的科技含义,在游戏过程中,通过幼儿的自主活动,揭示其科学的内容。

另外,在游戏中,教师不仅是一个组织者,而且应是一个积极参与者。教师参与游戏,能够提高幼儿学科学的兴趣,了解游戏中蕴含的科学经验,对幼儿的活动也是一种积极的肯定。在游戏过程中,教师还要鼓励幼儿克服困难,提出问题,解决问题。

▲ 图4-27　不能忽视老师的作用

四、 文学艺术

小练习4-4

1. 教师先从校图书馆里查询一些有关科学教育的低幼图画书,例如《白鹤日记》①。

2. 要求学生在图书馆或资料室中查询相关的科学类图画书。如果可能,从图书馆中借出来,并阅读。

3. 将学生查询到的图画书集中在一起,并由各人介绍自己查阅的图画书的科学内容及亮点所在。

4. 讨论:如何利用这些图画书进行科学教育?

(一) 文学艺术方法的涵义

1. 什么是文学艺术的方法

文学艺术的方法是指在科学教育过程中运用低幼文学作品、低幼艺术作品等作为幼儿科学教育活动的内容和手段,来进行科学教育,以达到提高幼儿科学素养目的的一种方法。文学作品包括诗歌、童话、故事、谜语等。艺术作品包括照片(图片、幻灯片)、视频、歌曲等。在幼儿学习科学的过程中,不仅需要让他们亲历科学探究的过程,也可以,而且有必要充分利用各种艺术手段,特别是低幼文艺作品来开展科学教育,这既是幼儿科学教育的必需,也是幼儿年龄特点使然。

从孩子牙牙学语开始,他们就对那些语言生动、情节丰富、画面形象突出、色彩鲜艳的图书产生了浓厚的兴趣,也对一些美妙的音乐旋律流连不已。文学艺术作品(以下简称文艺作

_____

① 周兢.美慧树幼儿园主题课程资源[M].上海:华东师范大学出版社,2013.

品)作为幼儿教育活动中的重要内容,贯穿于儿童成长的全过程,许多的文艺作品中都融入了大量的科技内容。幼儿的已有知识经验缺乏,而他们对周围自然界的一切又十分好奇,因此,他们的求知欲极为强烈。文艺作品中包含着丰富的科技知识,有利于扩展和丰富幼儿的科学经验,激发他们对科学的兴趣,引导幼儿学习科学,帮助幼儿理解科学概念,为幼儿提供了广阔的思维空间。通过文学艺术的方法进行科学教育,还可以使幼儿在欣赏、学习文艺作品的过程中,感受科技对人类的影响,潜移默化地受到熏陶,从而从小培养他们对科技的广泛兴趣。另外,文艺作品多以趣味性为主,在幼儿品味无穷趣味的过程中,他们更容易接受粗浅的科技知识,并且文艺作品可以开拓他们的视野,激发想象力,在已有科学经验的基础上,产生丰富的科学想象,从而提高幼儿的创造力。

2. 文学艺术作品的类型

可以用于科学教育的文艺作品的范围很广,主要有文学作品和艺术作品两类。文学作品包括童话、故事、诗歌、谜语等,艺术作品包括图片照片、科学图画书、视频、歌曲与律动等。

(1) 文学作品

科学诗　科学诗以向幼儿普及科学知识为主要目的,它是科学内容与诗歌形式相结合的产物。儿童科学诗的种类繁多,有科学叙事诗、科学抒情诗、科学儿歌或科学歌谣等。例如关于小鸭子特征的《小小鸭子》:

> 小小鸭子嘎嘎叫,
> 走起路来摆摆摇,
> 摇摇摆,摆摆摇,
> 走到水里洗个澡。

又如诗歌《云彩和风》①,内容主要描述了云彩的形象:

> 天上的云彩真有趣,天上的风儿真能干。
> 吹呀吹,云彩变成小白船,竖起桅杆,扬起风帆,小白船,飘呀飘,飘到远处看不见。
> 吹呀吹,云彩变成大狮子,躬起身子,张开大口,狮子吼呀吼,吓得羊群都逃散。
> 吹呀吹,云彩变成胖娃娃,头戴帽子,身穿围兜儿,跑来跑去,跟着太阳公公闹着玩。
> 天上的云彩真有趣,天上的风儿真能干。

科学童话　科学童话又称知识童话、自然童话。它是用童话的艺术形式向幼儿传递科学知识,达到童话性和科学性相统一的一种方法。科学童话能传达一定的科学知识,丰富启迪幼儿的智慧,愉悦幼儿的心情。科学童话的内容一般较浅显,情节结构安排也较单纯、简

---

① 朱家雄.学前教育教师参考用书:学习活动(5—6岁)(试用本)[M].上海:上海教育出版社,2009,8:206.

明。拟人化手法是科学童话在艺术表现上常用的手法。例如《魔法奶奶的电话》[①]：

魔法奶奶的魔法电话只有四个键，但它能拨通春姐姐、夏哥哥、秋姑姑和冬爷爷的电话。

刚吃完汤圆、拿过压岁钱的卓子急忙要求魔法奶奶打电话叫春姐姐马上回来。卓子说："冬天没有春天好，冬天要穿厚棉袄，春天可以穿漂亮的裙子放风筝。"

汤豆却说："还是打电话给夏哥哥好，春天的花粉会让人打喷嚏，夏天赤膊游泳多舒服。还有西瓜大又甜，还有莲花、莲蓬和莲藕！"

小添却要给秋姑姑打电话："夏天的太阳晒得身上疼，还是风凉的秋天好。秋日的蓝天最好看，柿子、枣子、山楂、玉米……好吃的东西数不清。"

卓子不服气："我不要绿叶变黄叶，秋雨还不如冬雪好。过年都在冬天过，过年还有压岁钱，四季里面冬季好！"

魔法奶奶拍手笑："兜了一圈又说冬天好，我说四季也像娃娃脸，有时开心有时哭，无论是哭还是笑，每个娃娃我都爱。"

忽然听见电话响，春姐姐打电话来了："现在刚刚过二月，我正准备出门来，大家耐心等一等，哪个娃娃最乖，我送一朵报春花。"

科学故事 科学故事是科学内容和故事形式相结合的产物。它把科学技术上的发现、发明及发展，常见自然现象的科学道理，动植物的生活习性或其他物体的特征、性能等知识融于有人物、情节的故事之中。科学故事主要有科学生活故事、科学幻想故事、科学家的故事等。例如《运送盐巴的驴子》：

一个卖盐的人骑着一匹驴子到海边买盐，买好盐，又把盐巴放在驴子的背上让它驮回家，盐巴很重，累得驴子直喘气。

他们蹚过一条小溪时，驴子脚下一滑，跌倒在水里。盐巴浸水了，盐遇到水很快就溶解了许多。当驴子重新驮起盐巴时，就感到背上轻了许多。于是，他脚步轻松地走回家去。

过了几天，卖盐的人又骑着驴子到海边去买盐，为了弥补上次的损失，这回买的盐更多了，因此，压在驴背上的盐巴更重了。在回家的路上，又要经过那条小溪，驴子为了减轻负担，故意跌翻在溪水里。盐在水里溶化了许多，驴子驮的盐巴又变轻了。驴子心里暗暗得意。

可是，这一回卖盐的人看出驴子是故意捣蛋，就暗暗下决心要教训一下这头不老实的驴子。又过了几天，卖盐的人第三次骑驴到海边，这次没有买盐，而是买了许多海绵。驴子驮着其实并不重的海绵回家，在蹚过溪水时又故意跌倒在水里。

这回海绵可没有溶化在水里，分量没有减轻，反而吸足了水。当驴子重新站起来开始走路时，才感到压在背上的分量重了很多很多。它摇摇晃晃走到家门口时，累得趴了下来……

---

① 朱家雄.学前教育教师参考用书：学习活动(5—6岁)(试用本)[M].上海：上海教育出版社,2009,8：224.

谜语 谜语是通过隐喻和暗示,提供某些根据和线索供人猜测的一种隐语。科学教育中的谜语主要以具体的自然物体和某种现象为谜底,通过对该物体或现象特点具体形象的描绘,影射谜底,以此对幼儿进行科学教育。例如谜语《甘蔗》:

长得像竹不是竹,

周身有节不太粗,

不是紫来就是绿,

只吃生来不吃熟。

又如谜语《大象》:

脸上长鼻子,

头上挂扇子,

四根粗柱子,

一条小辫子。

(2) 艺术作品

照片、图片、幻灯片 照片、图片、幻灯片等以其内容的丰富性深深吸引着孩子,可以利用幼儿对图片、幻灯片的好奇,吸引他们的注意力,培养其观察、想象、创造的能力。例如,当教师展示图片,或通过投影仪放出每个季节最显著、最主要的特征时,就能使幼儿认识四季的变化。同时,幼儿还可以积累关于声、光、电的经验,如什么东西会发光,声音是怎样发生的,电有什么作用,电灯是怎么回事,等等。这样既增长了儿童的科技知识,也能提高他们对艺术的兴趣。

科学图画书 通过简单的有关科学内容的画面,向幼儿进行科学教育。科学图画书因其图文并茂而深受幼儿喜欢。例如《蚯蚓的日记》[①]、《大眼睛看世界》系列图书等。优秀的儿童图画书,因其画面美观、颜色丰富、内容的寓意深刻而深受孩子们的喜欢。因此,无论是诗歌、科学童话,还是科学故事,都应配有彩色的图画页面。

视频 视频是以动态的画面向幼儿展示科学内容的一种方式。它能比书本更生动地为幼儿提供大量的信息。例如,一个视频能展现蜗牛移动的细节,也能在一个较短的时间内,快速地展示一种动物或植物的生命周期现象。这都是一本平面、静态的书籍所不能实现的。

歌曲与律动 低幼儿童的歌曲很多,其中有不少都是描述自然现象或者自然物的,例如

---

① ［美］朵琳・克罗宁,哈利・布里斯图.蚯蚓的日记［M］.陈宏淑,译.济南:明天出版社,2013,4.

《夏天的大雷雨》、《大肥猪》、《乘汽车》等。其中有一首《秋天的落叶》这样唱道：

草儿黄，树叶飘，飘在地上睡个觉。小蟋蟀，喔喔叫，秋天来到了。草儿黄，树叶飘，飘在地上睡个觉。菊花开了，红的，黄的，秋天来到了。

另外还有一些音乐律动，让孩子跟随音乐旋律来做一些有关的动作，而这些动作往往是和自然界的内容有关。例如兔跳、蝴蝶飞、马跑、猫走等。

(二) 文学艺术方法的运用

运用文艺作品的方法既是科学教育方法之一，同时也能促进幼儿各个方面的发展。因此，文艺作品在科学教育中运用时，既要选择好阅读的材料，也应该对幼儿阅读的本身加以指导。

1. 选择适合的材料

在选择文学作品材料时，应考虑其内容的针对性。内容的针对性首先表现在内容应能结合幼儿科学教育的需要，使文艺作品成为科学教育的重要内容及方法；其次表现在能符合幼儿的年龄特点，不同年龄阶段的幼儿所选择的文艺作品虽应有不同，但总体来说，作品应该围绕一个科学现象或概念展开其情节，避免内容松散，或者内容庞杂，使幼儿通过文艺作品能对内容留下比较深刻的印象。

在选择直接供儿童阅读的作品时，还要对材料本身进行考察。这种考察包括纸张、画面的形象、颜色、印刷质量等。一般来说，供幼儿进行早期科学阅读的作品，应该是大画面（最好是实物照片）、色彩鲜艳、文字少而浅显、主题突出、印刷及纸张质量好的，以吸引幼儿阅读。

▲ 图 4-28　幼儿读物颜色鲜艳，画面可爱

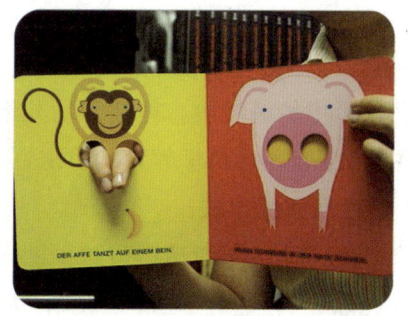

▲ 图 4-29　可以阅读也可以玩的书

2. 结合运用文艺作品的内容

在幼儿园教育中可以结合主题活动的需要，运用文艺作品。文艺作品的作用之一，是能通过阅读，扩大幼儿的眼界，使他们产生丰富的想象，并不要求他们一定要掌握材料所提供的内容。因此结合活动主题，让幼儿接触一些与主题相关，但是又超越主题要求之外的、比

较宽泛的背景内容,这样无疑对幼儿是有益的。例如,在"物体的相同与不同"的主题活动中,提供了图书《安·莫里斯的帽子、帽子、帽子》,书中就展示了世界各地的帽子,强化了"物体是如何的相同与不同"。又如,在"秋天到了"的主题活动中,选择了《秋天、秋天》的歌曲,使孩子能在感受秋天天气变换的同时,释放自己愉悦的心情。虽然一些文艺作品,特别是图书中的内容对一些低年龄的儿童来说,在理解上会造成困难,但是其中的许多内容,都会使他们感到其乐无穷。

除了结合主题活动以外,也可以在"图书角"、"阅读角"、"科学阅读区"、"音乐角"、"小舞台"等场所放置一些文艺作品的材料,如图书、录音磁带等,供幼儿自由选择、阅读、聆听和欣赏。这些材料既可以是和主题有关的,也可以是和主题没有关系的,但是无论和主题有无关系,都应适合该年龄阶段幼儿的特点。另外,也可以鼓励幼儿将自己家里的有关科技的文艺作品带来,供大家分享。

3. 挖掘文艺作品的科技内涵

文艺作品中虽有幼儿自由阅读和欣赏的部分,但是师生共同阅读和欣赏也是很重要的。在师生共同阅读、欣赏的过程中,教师可以运用提问的方法与幼儿一起阅读图书、欣赏歌曲,熟悉和理解图书、歌曲的大致内容。然后应围绕作品中有关科学的内容重点开展活动。在一些文艺作品中,科技的内容往往并不十分明显,需要教师注意分析和挖掘。例如在图画书《蚯蚓的日记》中有这样一段内容:"爷爷教过我们,礼貌非常重要。所以今天我对遇到的第一只蚂蚁说'早安'。'早安,你好!'队伍里还有六百只蚂蚁,我在那里站了一整天。"这样的内容是通过幽默的画面和语句来告诉我们——蚂蚁是群居的。所以,在和幼儿一起阅读到这里时,就可以进行"为什么蚯蚓弟弟会在那里站了一整天呢? 这么多的小蚂蚁去干什么呢?"等的提问,引发幼儿的思考。在幼儿对主要内容有所把握后,教师要鼓励他们将主要内容总结、归纳,结合作品的难点、重点,进行必要的指导,使幼儿将作品中的细节与内容相结合,从而比较深入地理解作品的主要内容,并能体验作品中所折射出的情感。

4. 结合运用各种方法

文艺作品中的科技内容往往是幼儿最关心的。在利用这些文艺作品丰富儿童科学活动的过程中,要结合各种科学教育的方法,并加以适当地引导。

(1) 结合观察的方法

观察是幼儿园科学活动不可缺少的内容。文艺作品中的科学知识往往是通过观察来验证的。如儿歌《七彩虹》:"雨过天放晴,太阳露微笑,双手捧出七彩虹……"教师可抓住雨过天晴的天气,带幼儿去观察彩虹出来后的景色,讲述其中的科学道理。使幼儿在观察中,通过自己的感官的直接感知,相信科学,向往科学。

(2) 结合实验的方法

将文艺作品中的科学经验付诸实现,让幼儿懂得其中简单的科学道理。如歌曲《小红花》,是幼儿喜欢的一首歌曲,其歌词是:"花园中,篱笆下,我种下一朵小红花,春天的太阳当头照,春天的小雨哗哗下……"幼儿通过学唱这首歌曲,不仅学习了歌唱,还可通过适当的方法理解歌词内容中的科学道理。教师可以组织实验活动，让幼儿亲手去种植一些植物，通过植物的生长过程，逐渐明白泥土、阳光、水、空气在植物生长中的作用。

（3）结合游戏的方法

游戏是幼儿的主导活动，是他们最喜爱的形式，游戏中同样包含许多科学知识。例如，为幼儿讲述科学家爱迪生的故事，不仅使大班的幼儿接受了爱科学、学科学的教育，还可以通过与他们一起玩"通电"的游戏，使科学知识贯穿于游戏之中。游戏的方法是：部分小朋友围成圆圈做"电线"，双手依次拉起来便表示是接通电源了，另有部分小朋友站在圈内模拟电动玩具发动。外圈上的小朋友手一放下，就表示是断电了，圈内的小朋友就要停止活动，谁最慢就为输。

（4）结合信息交流的方法

文艺作品中涉及科学的知识，需要通过幼儿信息交流，特别是语言的方法来进行理解和提升。教师可以通过讲述、提问、讨论等各种方法，使幼儿明白其中的一些简单的科学知识。

总之，在运用文艺作品进行科学教育时，因为文艺作品往往不是以单一方式呈现，所以应该结合各种方法交叉进行，这样相互交融，手脑并用，效果更佳。

视频：谁拉的便便（小班）

扫一扫，看视频

说明：视频中的教师运用优秀的图画书来进行科学教育。该图画书《谁拉的便便》主要讲述了各种不同的小动物以及人的便便的不同，采用让幼儿在已有经验的基础上，进行推测的方法，使幼儿积累经验。教师充分利用了图画书画面所表达的内容，和小班幼儿进行互动，达到了很好的效果。

📍 实践与应用

1. "饲养蝌蚪"案例。

饲养蝌蚪

一、活动准备

大口瓶或玻璃缸、小网等。

二、指导观察建议

1. 4月份天气转暖，教师可以带领小班、中班、大班孩子去池塘、沟渠边，用自制的小网捞取蝌蚪或青蛙卵，用大口瓶盛上水带回幼儿园倒入玻璃缸或小盘内饲养，放在自然角让孩子自己管理（喂食、换水），在管理中了解青蛙成长的过程。

2. 在给小蝌蚪喂金鱼藻和熟蛋黄粉时，可观察小蝌蚪吃食物。小蝌蚪吃食很有趣：小嘴巴靠近食物，然后很快吞下去。

3. 小中班不需从受精卵开始饲养，可直接采集青蛙的受精卵已孵化出的蝌蚪，采集时间可稍迟点，约在 4 月份下旬。教师可以在蝌蚪长出四肢，以及尾巴开始退化时，组织孩子观察。

4. 当蝌蚪变成青蛙后，教师应带领孩子将青蛙送回池塘，让他们形成保护青蛙的环保意识。

5. 大班孩子在教师带领下采集青蛙的受精卵进行饲养。当孵化出小蝌蚪时，应提醒孩子注意观察小蝌蚪长出外鳃，过几天外鳃消失，然后长出四肢。孩子通过仔细观察，发现先长出后肢，再长出前肢，尾巴渐渐退化，这些过程也可以让孩子每天记录，然后再总结出来。当蝌蚪长出四肢时，教师可以指导孩子在水中放置能露出水面的小石块，并让孩子思考为什么要这么做。蝌蚪变成青蛙以后，教师还可以组织孩子讨论我们应该怎么做，以提高初步的环保意识。

分　析

这个案例中的饲养蝌蚪的过程，是运用了多种科学教育方法的过程，其中主要是运用了饲养方法和观察方法。首先，将蝌蚪放在自然角照料，给它们喂食、换水的过程就是运用了饲养的方法。其次是对蝌蚪的各方面的观察，包括怎样吃东西、怎么长大。另外，案例中还分别对不同的年龄班如何饲养蝌蚪做出了建议，最后还提醒大家当蝌蚪长成青蛙时，要将它们放回池塘，以保护它们的生长。

2. "小花猪（小班）"案例。

小花猪（小班）

一、活动目标
1. 喜欢小猪的造型，鼓励幼儿能按自己喜欢的方式来表现其特点。
2. 引导幼儿爱吃各种食物，知道样样都吃身体好的道理。
二、活动准备
幼儿已进行过"小猪"的故事活动；电动玩具猪 1 只，食物若干及食物贴绒；每人 1 只纸剪成的猪及各色水彩笔。

三、活动过程

1. 玩玩具猪。

（1）引导幼儿一起玩玩具猪,说说、讲讲它长得怎样。

（2）提问:你喜欢小猪吗? 你认为它哪里最有趣?

2. 讲讲小猪的故事。

（1）和幼儿共同回忆"小猪的故事",并提问:小猪为什么会长得那样结实?（它什么东西都爱吃）

（2）新编故事"小猪",教师边讲述边启发幼儿思考:"小猪吃了些什么食物? 它们是什么样的? 是什么颜色的?"

（3）猪妈妈为什么说"小猪"变得美丽了呢?

3. 小猪变花猪。

（1）（出示剪成的猪及食物）小猪同猪妈妈再见后就出门了,走着走着,忽然发现了一只黄黄的、弯弯的香蕉,"啊唔"一口吃了下去。小猪想等一会儿自己会忘记的,该想个什么办法呢?（启发幼儿思考并议论）对,在身上做个记号。想想什么颜色的（黄色的）。

（2）小猪吃完香蕉,在身上画了一只黄黄的香蕉后继续往前走,先后又吃了青菜、胡萝卜、大苹果、紫葡萄等,均一一做了记号（出示食物贴绒）。

（3）现在请小朋友看看说说,小猪变成了什么猪? 这颜色分别代表什么?

4. 绘画小猪吃食。

（1）幼儿边思考边表现,引导幼儿按自己的能力选用不同的方式进行。

（2）教师巡视,指导幼儿选择与所表示食物相一致的水彩笔涂色。

（3）做好记号,能轻声讲讲代表的是何物。

（4）了解孩子的意图,适当地给予建议,以帮助其顺利地完成作品。

5. 五彩的猪。

（1）请2—3位幼儿拿好小猪,让同伴猜猜其小猪吃了些什么?

（2）同伴间相互介绍"我的小猪变美了"。

（3）教师出示某一食物后提问:"谁的小猪吃过了? 请把它找出来。"（幼儿寻找并指出）"控控控,我们的小猪可真美!"

四、活动建议

1. "给小猪做记号",除水彩笔之外,还可提供棉签及颜料、彩色纸、油画棒等不同工具,让孩子们能选择并大胆表现。

2. 和孩子共同收集"泥塑"的猪,让孩子体验它的结实及色彩的装饰效果等。

五、活动延伸

1. 在散步观察等环节中，加深实物与色彩的联系，为帮助孩子确定与该物相一致的颜色打基础。

2. 进餐前的餐前活动，家庭和幼儿园同步进行，共同引导幼儿做个爱吃各种食物的好孩子。

分　析

"小花猪"是小班的一个集体活动。在这个活动中，教师结合运用了文学艺术的方法进行科学教育。首先教师采用了"和幼儿共同回忆'小猪的故事'"，以及新编故事"小猪"，教师边讲述边启发幼儿思考："小猪吃了些什么食物？它们是什么样的？是什么颜色的？"而后启发幼儿绘画小猪吃食，使小猪变成了一只五彩的小猪。以此达到引导幼儿爱吃各种食物，知道样样都吃身体好的道理。

课后作业

作业1

完成之前所选图画书的作业。

(1) 再次审视该图画书：是否适合幼儿阅读，是否符合科学教育的目的。

(2) 将图画书的内容编写成幼儿能理解的科学故事，并将其中科学内涵的要点注明。

(3) 撰写一份指导幼儿阅读该图画书的教案。

(4) 和同桌互相指导阅读，以检验其效果。

作业2

阅读以下活动方案，然后思考并完成在"活动准备"中提出的：为幼儿准备记录用的表格，以你自己的理解来为幼儿准备，并说明这样设计的理由。

拉力（大班）

一、活动名称

拉力（大班）

二、活动目标

1. 通过活动使幼儿了解磁铁能拉着多少个回形针穿过桌子，并以此来确定磁铁的相对强度。

2. 培养幼儿对自然力的兴趣。

三、活动准备

1. 准备数量较多的不同长度的回形针条；用不同的颜色标记不同的磁铁。

2. 记录用的表格。

四、活动过程

1. 让每个幼儿在回形针条的一端放一块磁铁，并慢慢地拉着链条走。提问：

（1）磁铁拉动回形针条了吗？（如果没有，让幼儿试着拉一根短一些的链条）

（2）磁铁能拉动的最长的链条是哪根？

2. 当幼儿已经发现磁铁能拉动的最长链条时，让幼儿在记录单上为链条中的每一个回形针做标记。

3. 让幼儿用一块不同的磁铁重复这个过程，并再次记录。

4. 提问：哪块磁铁力量最强？哪块磁铁力量最弱？哪些力量相等？

作业 3

种植并记录。

1. 自行选择一项适合幼儿种植的内容，进行种植并做观察和记录。思考：

（1）这类植物种植的关键点是什么？

（2）在进行种植时，幼儿会遇到什么样的问题和困难？

（3）教师应该如何进行指导？

作业 4

选编游戏。

（1）根据游戏选编的要求，完成一个科学游戏的设计。

（2）全班可以将设计的科学游戏集结成册，方便使用。

💻 **资源链接** ●●●

1. 缪戌，幼儿饲养小兔观察记录分析，幼儿教学研究，2011 年第 12 期。

2. 戈柔，王明珠，幼儿园科学探究故事 20 例，中国轻工业出版社，2015 年 1 月。

3. 汉斯·尤尔根·普雷斯著，王泰智，沈惠珠译，科学中的游戏，山西人民出版社，2017 年 11 月。

4. 神林光二著，刘雨洁译，科学启蒙小玩具，中国纺织出版社，2016 年 6 月。

5. 吕海霞,幼儿园科学活动的交流与记录,小学科学教师论坛,2011 年第 5 期。

6. 李志瑛,科学活动中记录表的设计与运用,读书文摘(中),2019 年第 4 期。

7. 虞永平,张斌,小小园丁——幼儿园种植活动,南京师范大学出版社,2014 年 5 月。

8. 计彩娟,王善琴,小小饲养员——幼儿园饲养活动,南京师范大学出版社,2014 年 5 月。

5

第五单元
幼儿园一日活动中的科学教育

　　本单元首先分析了幼儿在园一日活动中的各类科学教育活动，包括渗透于一日活动中的科学教育和专门组织的科学教育两个方面。在这个基础上，归纳出幼儿科学教育活动过程的特点。专门组织的科学教育包括集体科学教学活动、区角科学活动和偶发性科学活动。渗透的幼儿科学教育包括日常生活中的科学教育、其他教育活动中的科学教育，以及游戏中的科学教育。其次对幼儿园一日活动中的散步、采集、远足和偶发性科学活动这两类活动形式展开了探讨，包括这两类活动的涵义、对幼儿发展的意义和价值，以及如何进行设计与指导，以利于把握活动设计与指导的具体方法和技能，提高相应的能力。

困惑与问题 ••

● 小陈在学习了科学教育活动的方法之后，还是感到很迷惑，不知具体在幼儿园应该怎样组织幼儿进行科学学习。小陈通过学习和见习，已经了解到幼儿园的一日活动生活、游戏、集体教学等活动。那么在什么时间可以进行科学教育呢？科学教育又可以通过哪些形式进行呢？

● 小陈还在幼儿园看到过老师进行科学教育活动，是全班孩子在一起进行的活动，当时幼儿园老师和孩子一起做了实验；还看到过在幼儿园区角活动中的一些科学活动。因此小陈很困惑：这样的活动和孩子的游戏活动、生活活动又有什么关系呢？

● 小郑老师认为，幼儿的外出活动，例如秋游、春游等活动是很好的科学教育的契机，可是幼儿一旦外出就兴奋不已，很难按照教师的意愿来探究自然。小王老师却有不同的看法，她认为外出活动，就是让幼儿能亲近大自然，享受活动的快乐，教师不应该赋予外出活动太多的目的。究竟哪位老师的想法是对的呢？

基础理论 ••

一、 幼儿园科学教育活动的结构

小练习 5-1

1. 教师准备一份幼儿园某一主题活动的详细内容（例如"金色的秋天"、"大自然的语言"等）。

2. 请学生运用以上材料分析：

（1）在这个主题中，可以归为科学活动的内容有哪些？

（2）这些内容在主题中是以什么形式进行的，是集体活动、区角活动还是一日生活活动？

（一）幼儿园科学教育活动的结构

幼儿园教育活动是有目的、有计划引导儿童活动的多种形式的教育过程，它的形式是多种多样的。例如，根据活动性质分，可以将教育活动分为运动、交往活动、认知活动、艺术活动、游戏活动等。根据一日活动的组织分，可以将教育活动分为生活、学习、游戏等。根据教育活动的领域分，可以将教育活动分为语言活动、科学活动、艺术活动等。根据教育活动的组织形式分，可以将教育活动分为集体活动、小组活动、个别活动等。从科学教育活动来分析,幼儿园科学教育活动是由专门的科学教育活动和渗透的科学教育两大部分的内容构成的。

1. 专门的科学教育活动

专门的科学教育活动,是教师按计划安排专门时间组织全体幼儿参加的活动。按教师指导程度以及组织方式的不同,又可以将专门的科学教育活动分为集体教学活动、区角活动和偶发性活动等。

(1)集体教学活动中的科学教育

集体教学活动中的科学教育,是指在教师指导下开展的集体性科学教育活动。既包括以全班的形式进行的科学教育活动,也包括以小组的形式进行的科学教育活动。例如集体科学活动"奇妙的磁铁"、"会跳舞的葡萄干"等。

(2)区角活动中的科学教育

区角活动是指在活动室的区角内进行的学习活动,它主要指向幼儿对周围环境、客观现象的认识和理解,积累生活经验与认知经验。在区角活动中进行的科学教育,具体是指在班级中的科学区,包括自然角、科学桌等区角内进行的科学教育活动。另外,因其性质决定,在幼儿园专门设置的科学活动室内进行的科学教育活动也属于这一类型的科学教育。

(3)偶发性科学教育活动

偶发性科学教育活动是指由外界情景诱发引起,并围绕着偶然发生的科学现象展开的一种科学探究活动,是科学教育中特有的一种活动。例如在散步时发现了蚂蚁,幼儿即兴进行的观察等。

上述三种活动形式都对完成和实施幼儿科学教育的任务起到重要作用,它们三者是密不可分的。三种活动形式在幼儿一日生活中,彼此联系,相互补充,又可以相互转换。区角活动中的科学教育内容可以是集体教学活动的前期导入活动,也可以是集体教学活动的扩展延伸。在区角活动以及偶发性科学活动中,幼儿感兴趣的、有教育价值的活动内容也可引入有计划的集体教学活动中去。三种活动有机地结合,既能发挥各自的特殊作用,又可共同促进幼儿的科学探究能力和科学情感、态度等各方面的发展。例如,在进行集体教学活动"奇妙的小镜子"之后,有些孩子兴趣仍很高,愿意进一步探究,教师就可以将这一内容以及材料放到区角或者科学活动室中,让他们继续探究。又如,幼儿发现了正在爬动的蚯蚓,并且对之很感兴趣,教师可将这一内容纳入计划中,进行集体教学活动,创设条件指导幼儿探究。

2. 渗透的科学教育活动

渗透的幼儿科学教育活动是指并不是专门设计与实施的科学教育活动,而是通过其他各类活动,挖掘其科学教育的价值,进行科学教育的渗透。渗透的幼儿科学教育活动有以下几类。

(1)日常生活中的科学教育

日常生活中的科学教育,是指在幼儿的一日生活,例如散步、进餐、盥洗、午睡、采集、远足等活动中渗透的科学教育。在幼儿的一日生活中,时时处处会遇到许多有关科学的问题。例如,在洗手时,了解水的特性;散步时发现了小草的萌发;进餐时所进食的各种蔬菜等。教师都可以不失时机地结合幼儿的这些活动进行科学教育。例如,进餐时介绍今天所吃蔬菜的名称、主要特征,了解其味道;散步时引导幼儿观察开放的花朵;午睡时引导幼儿不蒙头睡觉等。在日常生活的点点滴滴中进行科学教育。日常生活中的科学教育,使幼儿在生活的同时,也学习了科学,日积月累,获得了大量有关科学的经验,培养了相应的探究能力及态度,同时也丰富了幼儿的生活,促进幼儿的身体发育。

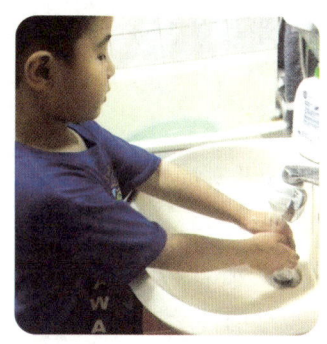
▲ 图5-1　洗手时了解水的特性

▲ 图5-2　进餐时了解各种蔬菜

▲ 图5-3　睡觉时不蒙头

（2）其他教育活动中的科学教育

科学学习还渗透到幼儿园的其他教育活动中。例如幼儿语言发展的目标之一是"愿意讲话并能清楚地表达",同时"幼儿的语言学习需要相应的社会经验支持,应通过多种活动扩展幼儿的生活经验,丰富语言的内容,增强理解和表达能力。应在生活情境和阅读活动中引导幼儿自然而然地产生对文字的兴趣,用机械记忆和强化训练的方式让幼儿过早识字不符合其学习特点和接受能力。"[①]在对幼儿进行语言教育的过程中,幼儿必须要有对周围世界的认识,否则他们就无法理解词义,不理解词义的词汇再多也不能成为思维的工具,可以说幼儿的语言是在认识客观事物的过程中发展的,其中自然事物与现象是重要内容。又如进行数教育的过程中,要使幼儿理解并掌握数概念,就必须结合认识具体的实物进行,科学教育中幼儿获得的感性经验是幼儿数概念形成的基础。音乐和美术是人们用艺术手段表现对客观现实的认识,一首歌、一幅画,都反映着一定的社会和自然的内容。所以在对幼儿进行音乐和美术教育的同时,也是对他们进行了科学启蒙教育。在幼儿进行体育活动时,根据幼儿思维具体形象性的特点,幼儿园的体操与发展基本动作的

▲ 图5-4　动物扮演游戏

① 摘自《3—6岁儿童学习与发展指南》.

走、跑、跳等体育活动常常是采用一些动物的形象和游戏的方式。所以在进行体育活动时，幼儿也同时接受了科学教育。

（3）游戏活动中的科学教育

游戏是幼儿期的主导活动，是幼儿通过模仿和想象对现实生活创造性的反映。幼儿在游戏过程中，为了使游戏顺利地开展，必定要对周围环境进行仔细观察和了解，否则游戏内容就要枯竭，游戏就不能成为幼儿发展的重要手段。例如，在进行建筑游戏活动"美丽的城市"时，幼儿在进行拼搭前，需要对城市的建筑、道路交通、绿化等有比较细致的了解，然后才能动手拼搭。而且在游戏过程中，幼儿在对某一部分的拼搭有困难时，他会再次去观察、思考，这样就扩大了幼儿的眼界，丰富了他们对周围环境的认识。

（二）幼儿园科学教育活动过程的特点

幼儿园科学教育活动过程是教师引导幼儿自主学习科学的过程，也是幼儿在教师指导下对自然环境进行探究的过程。

1. 幼儿园科学教育活动过程是师生双方活动的过程

幼儿园科学教育活动过程，包括教师的"教"和幼儿的"学"。我国古代《学记》就指出"学学半"，意思是教与学是一件事情的两个方面，说明教和学是矛盾的两个方面。教师的"教"是以幼儿的"学"为基础的，是外因，是条件，是第二位的原因；幼儿的"学"是内因，是根据，是根本的原因。幼儿园科学教育活动过程是师生双方互动的过程，也就是说科学教育活动过程是通过教师与幼儿之间的相互关系来展开的。虽然幼儿的"学"是科学教育过程中的内因，是根本原因，教师的"教"只是外因，但通过教师的"教"可引起幼儿的"学"。作为教师，应相信幼儿的能力和潜力，大胆放手，允许幼儿进行相对独立的探究活动。通过教师的"教"对幼儿的"学"进行指导，也即教师在科学教育活动中起主导作用。教师的"导"就是要导出幼儿的积极性、主动性来。

教师的主导作用，不仅表现在集体性科学活动中，也表现在科学区角活动和偶发性科学活动中；不仅表现在班级内、园内，也表现在班级外、园外，以及幼儿的一系列科学活动之中。

教师要发挥其主导作用，首先必须具有良好的科学素养，这样才能更好地指导幼儿探究科学。教师的"教"是以幼儿的"学"为基础的，教师还要研究幼儿学习科学的实际，包括熟悉幼儿的年龄特点和个别差异，以及他们的有关科学经验水平和认知发展水平，才能有的放矢地进行有效的"教"；教师还要研究科学教育的手段、方法，激发幼儿的学习兴趣和求知欲，以及探究精神，引导他们积极思考，并运用经验解决一些生活中遇到的科学问题。幼儿在科学活动过程中

▲ 图5-5　引导幼儿积极参与活动

是学习活动的主体，在科学教育活动中，教师的主导作用是重要的，但如果没有幼儿主动积极的参与，没有幼儿主观能动性的发挥，教师的主导作用就无从谈起。

2. 幼儿园科学教育活动过程是幼儿重演科学家科学活动的过程

在科学教育活动过程中，幼儿获得科学经验和认识周围事物和现象都是在教师指导下，主要通过接受前人的经验进行，这是幼儿科学教育过程的重要特点之一。

真正的科学家和我们的"小小探究家"两者有基本的相似点，也有重要的区别。幼儿一般不会选择做实验用的有结构的材料，教师把材料放在他面前，随后幼儿可以自由地、按自己的愿望去支配那些材料。幼儿能在一个很短的时间内发现科学家已知的东西，幼儿也是在实验中，特别是在讨论中开始形成概念的。他们具有一个科学家最起码的经历：他面对着不知道的东西，假设、猜测，自己进行探究，受自己的直觉预感的支配，和伙伴们分享各自的发现，共同合作做出解释，并对解释性的理论进行验证。科学家将自己的成果发表出来，幼儿则把自己的发现表达出来，有时由他们讲述后请老师写下来，有时用非文字的形式（图画、图表等）将它记录下来与别人交流。人类认识真理的过程是漫长而曲折的，要经过反复的实践，在挫折和失败中不断寻找正确的道路。但是幼儿在科学活动过程中，由于有前人的经验和教师的指导作用，因而大大简化和减轻了这种挫折并缩短了时间，较易较快地接受了人类已经发现而且验证过的真理。为了培养他们将来有可能去发现新的科学知识，我们希望幼儿要像科学家那样去探究自然，主要是为了发挥幼儿的创造性，从小培养他们勤奋学习、刻苦钻研、独立思考、发挥主观能动作用等品质，学习、发展科学探究能力，并不是要求幼儿像科学家那样去探究新的课题，在科学领域里有所创造发明。

在科学教育过程中，教师要注意创造条件，组织幼儿通过观察、实验、参观、种植饲养等实践活动，接触实际，获取科学（直接）经验。尽量使幼儿通过感官直接接触实物、标本、模型、图片等直观具体的东西，自己动手，获得感性认识。一方面，这些活动符合幼儿的年龄特征，可以促使他们为今后学习间接经验打下基础；另一方面，可以培养他们像科学家那样探究未知的能力和独立学习习惯，为将来在没有教师指导的情况下，能继续独立学习，解决实际问题，形成受益终身的学习态度和能力。

▲ 图5-6　观察和记录

▲ 图5-7　我是小小科学家

3. 幼儿园科学教育活动过程是科学知识教育、科学方法教育和科学精神、科学态度培养相协调的过程

在科学教育活动过程中,幼儿的科学知识、科学方法、科学精神和态度是相互作用和协调发展的,这种教育的成功带来的是完全人格的发展。在科学教育活动中,幼儿在教师精心设计与组织的环境中进行各种科学探究活动,例如用放大镜观察昆虫,仔细倾听周围的声音,等等。在这样的过程中,幼儿不仅获得大量有关周围环境的感性知识,同时也使幼儿学习到科学的方法:分类、测量、观察、实验……另外也发展了"学科学、用科学"的能力,包括观察能力、预测与推断能力、实验能力、逻辑思维能力、想象能力、创造能力以及实际动手能力等。目前,科技迅猛发展,新知识增长很快,这同时也加速了知识老化的进程。在科技发展迅速和知识不断更新的时代,幼儿除了获取经验以外,更需要培养他们具有自主学习的能力。因此,在幼儿获得知识经验的同时,必须培养和发展他们的科学探究能力,这是幼儿教育科学领域发展的核心目标。

例如,幼儿在"各种各样的气味"的活动中,通过用鼻子闻,了解了各种气味,这不仅使幼儿知道生活中有多种气味,也使他们掌握通过闻的方法,能区别不同的气味,并且能进一步区别不同的物质,既获得了知识经验,又发展了探究能力和学科学的方法。另外在这样的过程中,幼儿的科学精神和科学态度也得到了一定的发展。在自由、充分的科学探究中,幼儿的好奇心不断地被激发,又不断得到满足,好奇的探索形成幼儿对科学的兴趣。幼儿在科学教育中所形成的对科学的兴趣,是他们长大以后在科学世界中进行探究、不断进取的动力,也为他们今后适应未来社会奠定了良好的基础。

总之,幼儿园科学教育活动过程的特点就在于,它是师生双方互动的过程,是幼儿重演科学家科学活动的过程,是幼儿获得科学经验的过程,是科学知识教育、科学方法教育、科学精神和态度教育协调统一的过程。

视频:制作皮影戏的灯架(大班)

扫一扫,看视频

说明:幼儿园科学教育活动是由多种形式构成的,既有较高结构的集体活动,也有低结构的个别化活动。视频中的几名幼儿正在探究做好一个皮影戏的灯架,因为皮影戏需要灯光,在这之前孩子们发现没有可用于摆放大号手电筒的架子。在教师的鼓励下,他们自己开始计划、操作。班级的其他幼儿则各自进行自己的探究。

二、 散步、采集、远足活动的设计与指导

小练习5-2

1. 教师和学生于校园的某一处集合。

2. 教师带领学生按照事先选定的路径第一次散步。散步结束后提问：在一路上有没有注意到什么比较特别的方面？

3. 教师带领学生再次按照之前的路径进行第二次散步，在散步前先提出沿途需要观察的内容，例如某处的花有没有开放？某处种植着什么树木？等等。结束散步后讨论：

(1) 我们发现了什么？为什么第二次散步时，能发现第一次没有注意的东西？

(2) 平时我们在散步活动或外出旅游时，是否也有这些经验？

通过第一点内容的学习，我们已经了解到科学教育渗透于幼儿的一日生活中，包括来园离园、进餐、午睡等活动，由于篇幅有限，本教材仅就其中的散步、采集和远足活动进行讨论。

（一）散步、采集、远足活动概述

散步、采集和远足活动是幼儿自由接触大自然、和大自然亲近的一种活动，是对幼儿进行科学教育的有利时机。幼儿在散步、采集和远足活动中能够亲身感触自然事物与风光，呼吸到大自然的新鲜空气，既增长知识、陶冶性情，又锻炼体魄，是十分有意义的活动。

1. 散步活动

散步活动一般是在幼儿一日生活中抽出一定的时间到幼儿园内或附近的绿地、花园、街道进行观察与游戏活动。幼儿对散步会产生非常强烈的兴趣，他们希望了解周围的一切，希望探究大自然的奥秘。飞舞的蝴蝶，嗡嗡叫的蜜蜂，随风飘落的树叶……都是幼儿十分关注的问题。在散步活动中，幼儿可能会全神贯注地观察蚂蚁搬家，也可能议论蝴蝶是害虫还是益虫。幼儿是在快乐之中、在潜移默化中接受教育影响，因此，幼儿的观察力、口语表达力、探究能力等都得到了提高，是向幼儿进行全面发展教育的一个重要环节。所以，散步的作用不可忽视。教师要从幼儿生理、心理特点出发，高度重视这个环节，为幼儿提供认识周围事物与现象的良好环境与场所，特别要有目的、有计划地根据季节的变化找出典型的内容，引导幼儿去发现、去探究。如在秋天，教师可带领幼儿观察树木花草的变化，拣落叶，通过给树叶找妈妈，增加幼儿对各种树木的感性认识，还可把树叶带回活动室，进行观察比较、粘贴树叶画等（见图5-8）。这种利用点滴的散步时间进行科

▲ 图5-8 秋天在身边

学教育,适合幼儿以感性为主的年龄特点,会收到事半功倍的效果。

2. 采集活动

采集活动是与散步、远足相结合的一种活动形式,也有专门的采集活动,如为制作昆虫标本,外出捕捉各种昆虫等。幼儿都是十分喜爱收集物品的,大自然中五彩斑斓的叶子、石头等,都是幼儿收集的对象。采集活动本身是幼儿自发的一种活动,教师要充分利用它来为幼儿提供科学教育服务。通过收集物品,幼儿能认识和比较不同的事物,有助于观察力和思考力的培养,丰富幼儿的词汇。例如,大自然中花瓣五彩缤纷,教师可把颜色相似的花瓣放到一起让幼儿辨认,"这些花是什么颜色,说得越仔细越好。"要求幼儿尽量说准确,例如都是红花,那提问:"这种红和那种红一样吗?"幼儿仔细观察后就可说出"大红、橘红、粉红"等不同的形容词。同样,辨认树叶时也能丰富如"嫩绿、碧绿、墨绿"等词。同时在采集的过程中还能够启发幼儿的科学探究,例如蚂蚁是怎么认识回家的路的? 蜗牛有耳朵吗……在采集的过程中,幼儿不仅获得了知识,也加深了对大自然的了解和热爱,并从中享受无限的乐趣。

3. 远足活动

远足活动是指带幼儿到离幼儿园相对较远的场所进行活动的一种方式(见图5-9)。远足活动能让幼儿直接接触大自然,具有新鲜感,是幼儿喜爱的一种活动。如城市幼儿园的教师带幼儿到森林公园游玩。远足活动给幼儿的活动空间范围大,是幼儿接触社会和大自然的有利时机。幼儿在宽松愉快的心情中走走停停、讲讲说说、玩玩看看,为他们探究自然、感受自然,按自己的意愿吸收外界的信息提供了可能。远足活动让幼儿与大自然产生亲密的接触,亲身体验大自然的和谐与美丽,陶冶幼儿对大自然的情感。同时,远足活动可以培养孩子的求知欲和探究精神。孩子天生好奇,美丽而神秘的大自然更能激发他们的求知欲望。远足活动还有利于幼儿身心的健康发展,促进了幼儿身体形态、机能的正常生长和发育,使幼儿的身体素质和运动能力得到提高,从而适应自然,抵抗疾病的能力得以增强。远足活动需要幼儿付出一定的体力,使幼儿在欣赏自然的同时又得到全身的运动。幼儿时期是开阔视野、增长知识、促进智力发展的最佳时期。远足活动提高了幼儿的观察力、注意力和思维能力。远足活动既是幼儿接受幼儿园与家庭直接教育活动的延伸,也是幼儿在自然环境中接受教育的具体过程。在远足活动过程中,幼儿的口头表达能力也得到了提高,在远足活动过程中,经常可以听到很多问题:"为什么花有不同的颜色?""有没有绿色的花?""为什么山有回声?""蝴蝶和蜜蜂是一样的吗?"等等。远足活动还有利于幼儿情绪情感的发展。幼儿在大自

▲ 图5-9 远足活动

然中可以充分地放松身心。

（二）散步、采集、远足活动的设计

虽然散步、采集、远足这类活动的形式较为自由、松散,但仍需教师事先制订活动计划,并做好充分的准备工作,使活动与教育相结合。

1. 拟探究的问题

拟探究的问题包括在散步或远足活动中,拟探讨的有关问题(幼儿想探讨的问题及教师拟引导幼儿探讨的问题等),并且还应考虑幼儿对有关问题已有的经验。

2. 拟开展的活动及程序

所谓活动或程序就是散步、远足全过程的具体组织。每次散步、远足要视具体的活动内容(是赏景、调查还是采集)而灵活决定。通常先向幼儿进行远足目的地的整体介绍,然后采取"集体移步换景"的方法或"分组结伴调查"的方法对事先拟订的活动计划予以实施。这一步骤是幼儿积累新经验、验证已有认识的重要阶段。教师和同往的成人要视幼儿的年龄特点、兴趣、需要和具体情景进行相应的引导。例如,提示幼儿观察所见到的实物、事物的空间关系(临近相连的、分隔的、被包围的、有次序的)、人员、事件、流程等。为了获得更细致的观察内容和更清晰的记忆效果,教师可指导幼儿收集一些第一手的观察资料,如绘图记录、说明书、实物采集资料等。教师也可利用照相、录像、录音、笔记等手段记录远足的全过程及计划外的偶发事件的过程。在活动过程中,教师或成人要采取建议的方式协助孩子进行记录、测量,提出新的问题,澄清原有的认识,并及时把以后活动可能会使用到的信息记录下来,同时要密切关注全体幼儿的活动情况以及个别幼儿的反应,预防突发事件的发生。

3. 拟采集的物品

幼儿主要观察到、能够获取哪些信息,能够因此而采集到哪些物品。例如在海边采集小贝壳,在树林里采集树叶、石子等。

4. 后续工作

散步、远足后,应组织幼儿对所经历的过程进行回忆、讨论,整理布置采集来的资料。查询幼儿在散步、远足前提出的问题是否得到了解决;原有的错误认识是否得到修正。教师从中可以了解幼儿的进步和依然存在的以及新的困惑,从而引发下一步要研究解决的新问题。此外还应组织幼儿及时将所获得的认识、感受表达出来,并对采集回来的物品进行分类、整理,仔细观察、比较,对遇到的问题,可以通过查资料、做试验、讨论等活动进行进一步的科学探究。

5. 其他准备

散步或远足活动,还涉及其他的一些准备活动,如路线、地点、所需的时间。如果是远足,还需要决定用何种交通工具。计划中的部分项目还可与幼儿共同商议制订简单的调查计划,如在准备工作中就可以和孩子们讨论:"需要带哪些物品?""要不要带水?""怎么

拿？"……并让幼儿参与部分物质材料的准备工作。在制定计划时，要注意只要确定地点、时间和路途长短等即可，不宜制订过分详细而具体的要求，特别是散步的计划要粗而灵活。不然就有可能为了达到这些要求而生硬地执行计划，限制了幼儿的活动。幼儿的科学探究具有随机性，往往是在教师意料之外的内容，过分死板而具体的计划，不利于幼儿的主动发现和探究。

▲ 图5-10 和孩子一起讨论制定计划

（三）散步、采集、远足活动的实施与指导

1. 散步活动的实施与指导

（1）灵活地实施及调整活动计划

教师对计划的实施应灵活，如遇特殊情况，教师对计划的实施应因地、因时而异，以免影响幼儿探究自然事物和现象的兴趣。教师最好要事先进行探路，熟悉路线，记住沿途的一些可能遇到的问题或是障碍物，从而更好地为指导幼儿的科学探究做好充分的准备。

（2）明确散步的含义

幼儿园的散步活动不是排队走，而是一种有效的教育形式，不是练习排队的手段。在散步的过程中要给幼儿相对的自由，使其有时间、有机会进行观察，提出问题，讨论问题。要做到真正科学的散步，首先我们要转变教育观念。教育学家陶行知很早就已经提出："解放儿童的头脑，使之能想；解放儿童的双手，使之能干；解放儿童的眼睛，使之能看；解放儿童的嘴，使之能说；解放儿童的空间，使之能接触大自然和大社会；解放儿童的时间，不逼迫他们赶考，使之能学习自己渴望学习的东西。"散步既然是随意走动，就应该把自由还给幼儿。让幼儿在户外尽情地探究、发现，主动提出问题。例如，让幼儿有机会自由观察自己感兴趣的东西。也许他们感兴趣的东西，正是具有共性的内容。当幼儿在一起共同讨论时，会自发地形成一些问题。例如，"小蚂蚁迷路了！""不对，小蚂蚁知道回家的路，它和我们一样在散步呢！""那它是怎么认得回家的路的呢？"等等。在幼儿提出问题后，教师应引导幼儿仔细观察，共同探讨，寻找答案。但这一切还是应以保证幼儿的安全为前提。

（3）让幼儿了解散步的目的

在组织幼儿散步前向幼儿讲清散步的目的，交待清楚散步地点，同时提醒幼儿散步时应注意的事情以及观察的要求。这样可以培养孩子的自觉控制能力，幼儿阶段对外界事物的观察往往是毫无目的的，所以当幼儿有了明确的目标，就不会觉得无事可做。当他们看到了事物的变化或有了新发现时，要及时引导他们用语言表达出来或与同伴、老师交流。例如，春天来了，让幼儿寻找春天，通过周围景物的变化，进行科学发现。同时，还可以进行语言活动。大自然的颜色五彩斑斓，夏天到了，山坡上的桃子熟了，这时可以让幼儿观察各种桃子的颜色、形状，这样不仅让幼儿知道了许多桃子的名称，又认识了各种颜色，还可以培养幼儿的审美能力，激发幼儿美术创作的强烈欲望。

散步活动

春天到了，庄老师带着大二班的小朋友到附近的绿地去散步。在出发之前，庄老师告知幼儿：我们附近的草地现在怎么样了，我们一起去看一看。然后带着幼儿到了草地边，幼儿仔细地观察地上的小草发芽了，庄老师又让幼儿比较刚发芽的小草和枯草的颜色，并用"青青的草"和"枯黄的草"来形容两种不同季节的草。还让幼儿对同一事物（草地）可以进行多次观察，使幼儿从不同的角度去认识事物，从而使幼儿获得更丰富的知识，对新事物产生更大的兴趣。

（4）在散步时进行随机教育

自然界的事物与现象是丰富多彩的，随着季节和气候的变化，经常会发生一些偶发的事情。意外的发现，在幼儿一日活动的各个环节，任何时候都有发生。在组织幼儿散步时，随机教育的契机无处不在。如在散步时，幼儿很自然地簇拥着老师慢慢走，忽然却发现一部分孩子不走了，只见他们在草地上有的趴着，有的蹲着，这时他们一定是有了新的发现。如地上的蚯蚓、西瓜虫。此时，教师就要抓住时机，走过去与他们一起观察，共同讨论它们的外形特征和生活习性，从而更好地引导幼儿的观察和探究。又如，带孩子们在观察树的特征时，突然天空飞来一架飞机，幼儿的注意力一下子转移了，会不约而同地抬头望着天空，大声地呼喊"飞机！飞机"，接着便是热烈地讨论："那是架什么飞机？""飞机到哪里去了？""飞机怎么看起来和鸟儿一样小？"这时教师可以积极加入幼儿的讨论中去，并加以引导幼儿："飞机上的人能听见你们的声音吗？""飞机为什么不掉下来？""飞机真的很小吗？"这样不仅拉近了师幼之间的距离，又及时地抓住了幼儿学习的有利时机，丰富了幼儿的知识，开阔了幼儿的视野。

不同年龄散步内容列举

年龄段	散步内容	目标	活动提示
小班	园内寻找春天、马路上的汽车等	在老师的带领下进行活动，遵守活动的规则	教师及时收集幼儿活动中的信息，并帮助小结
中班	小区里"捡落叶"、参观理发店等	1. 在小组长的带领下，分组自由活动； 2. 幼儿和老师共同小结此次的经验	教师协助能力较弱的小组长，提醒他们活动的任务
大班	马路上认识"交通标志"、参观农家菜园	1. 明确观察的任务、分散自由观察； 2. 相互介绍自己所获得的信息，能够自己小结个体经验	教师成为活动的支持者和引导者，让幼儿自由地观察

2. 采集活动的实施与指导

（1）准备工具与容器，并指导幼儿学习正确的采集方法

在准备采集工具与容器的过程中，既可专门配备，也可利用废旧材料自制。如自制昆虫采集箱，可用透明的塑料盒贴上厚纸，上面开一昆虫的入口即可，也可采用现成的昆虫盒、放大镜等。

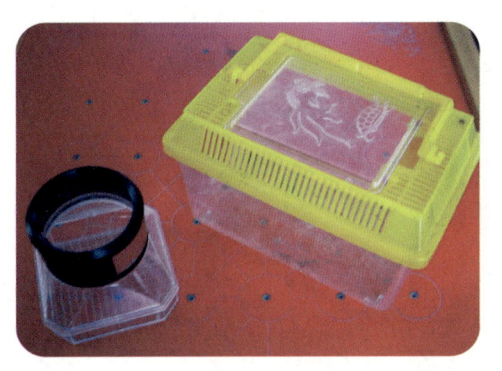

▲ 图 5-11　昆虫盒

▲ 图 5-12　放大镜

如果是自制的工具，还可以启发幼儿思考应该准备怎样的采集工具，才最有利于采集，让幼儿一起动手准备。并在采集过程中指导幼儿应如何使用采集工具，以及怎样进行采集。

（2）启发幼儿采集他们喜爱的各种自然物

每个幼儿都有自己所喜爱的特殊的自然物，教师应当允许并鼓励他们去采集自己所喜爱的自然物。例如，拾树叶、果实，收集石子、贝壳、昆虫等（见图 5-13）。

在采集的过程中，教师应引导幼儿仔细观察，搜集有差异的同类物品，进行比较，培养幼儿的观察力。

（3）利用采集物进行各种活动

幼儿可利用采集来的自然物进行各种有趣、有意义的活动。

▲ 图 5-13　幼儿的采集物

分类活动　用幼儿采集来的自然物可进行各种分类活动。例如，不同的幼儿会以叶子的不同特征（颜色、形状、新鲜程度、质地、气味、边缘或脉络图案）来给叶子分类，教师不必强求幼儿一致。特别是大班的幼儿，他们已经会自己制定标准来进行分类活动。同时，幼儿还会根据自然物的大小、颜色深浅等进行排序。

制作标本　幼儿采集来的树叶、昆虫等均可制成标本，供幼儿观察、欣赏与比较。例如，制作叶子的标本可分五个步骤：①采集：要采集完整的树叶。②压制：把叶放在厚书里压平，每隔几页书压一片。③上台纸。④固定。⑤写明日期、制作物名称、制作人。

榨汁 把花或叶，放在塑料袋里揉搓，将塑料袋底剪个洞，可将里面的汁滴出来。

利用自然物制作图画 如树叶画、石子画、种子粘成的画等。

烘画游戏 在图画纸上，用橘子等酸性水果切成片或榨的汁画画。阴干，干透后，用火可烘出字画（因水果汁脱水后使纸变焦，故能显出画，一般多用橘子汁、苹果汁、萝卜汁）。

展览会 用幼儿采集来的各种自然物办一个展览，让全体幼儿交流、欣赏和评价。

（a）

（b）

▲ 图 5-14 树叶画

3. 远足活动的实施与指导

（1）在出发前，教师要对幼儿进行安全教育

教师要提醒幼儿系好鞋带，穿合身的衣服、鞋；要教育幼儿遵守常规与交通规则，以免发生危险。同时应准备适当的药品与急救工具。重视对幼儿进行自我保护能力的培养，使幼儿了解什么是危险及如何应对危险。

（2）给幼儿充分的时间观察和探究

在远足活动过程中，教师不应太多地限制幼儿，如怕他们将衣服、手弄脏等。鼓励幼儿提问，并启发帮助幼儿仔细观察。

（3）注意组织形式的交替

在远足的过程中，教师要注意动静交替，合理分配体力；自由分散和相对集中结合，小组和个体、集体活动形式交叉转换。

（4）多种学习活动的有机组合

在远足活动中，边走边观察，善于抓住教育这一契机，让幼儿了解认识自然，培养幼儿对大自然的热爱和初步的环保意识。把远足活动与对自然的探究活动有机结合，让幼儿运用各种感官去学习，促进认知水平的发展，并培养幼儿独立完成任务的能力。教师要在深入了解幼儿身心发展特点的基础上，注重幼儿身心发展的整体性原则，避免流于狭隘的体能训练。

（5）关注幼儿情绪

教师随时关注幼儿情绪，关注个别幼儿的特殊要求。

（6）远足活动还可邀请家长自愿参加，以亲子游的方式进行

让家长看到幼儿在野外的活动形式及活动中的兴趣，从中学习幼儿教育的经验。

三、偶发性科学活动的指导

小练习5-3

1. 学生自由分成小组，每一组分别有若干幼儿和一位教师。

2. 教师讲述情境：一天早晨来园的时间，小朋友们正陆续地来到幼儿园。突然，幼儿园的门口一阵喧哗，原来小朋友们发现门口不知从哪儿跑来一只小猫。小猫显得有点害怕，不停地"喵喵"地叫着，肚子似乎也饿了。

3. 各小组听取教师的讲述后，先进行讨论：如何处理这一事件？

4. 各组分别模拟表现。

5. 大组讨论：怎样处理这一事件更为妥当？

（一）偶发性科学活动概述

偶发性科学活动是指幼儿由外界情景诱发引起，并围绕着偶然发生的科学现象展开的一种科学探究活动，是科学教育中特有的一种活动。例如，初冬的早晨，突然起了大雾，教师立即组织幼儿对这种不常见的天气现象进行观察、交流。偶发性科学教育活动与幼儿的日常生活、周围物质世界紧密联系，在不同的时间、不同的地点都可能发生。这种活动延续时间的长短，由幼儿的探究兴趣和教师指导来决定。偶发性科学活动的参加人数也比较宽松，可按集体、小组、自由结伴或个人单独的形式进行，完全凭幼儿的意愿进行组合。

案例 5-3

小风车

在大班"春夏和秋冬"主题中，嘉懿带来了风车。在户外活动时，嘉懿玩起了小风车，小风车时而转得快时而慢，引起了很多孩子的兴趣。接下来的几天，陆陆续续有孩子带来了风车。在自由探索中，孩子们提出了很多问题：为什么风车的快慢是不一样的？为什么跑起来风车会转得更快……顺应孩子的兴趣，老师设计了集体教学活动"有趣的风车"，在活动中解决孩子们在偶发性科学教育活动中的困惑，提升、梳理了相关经验。

▲ 图5-15 玩转风车

由于偶发性科学教育活动是由外界情景中偶然发生的事件引起的，因此，教师事先既没有活动计划，也不可能为活动提供设备和材料。正因为是偶然发生的，所以，幼儿都极具好奇心，愿意进行探究，有助于发展幼儿对科学的兴趣及探究精神。

偶发性科学教育活动的内容十分广泛，周围环境中的各种事物现象都可以成为幼儿观察、探究的对象。例如，突然飞进活动室的一只小鸟，下雨前池塘上空低飞的蜻蜓、蚂蚁搬家等。有很多内容又是教师不能设计和准备的，例如天空中的彩虹等。这种特点是集体教学、区角活动都不具备的。

幼儿由于受认知水平、生活经验的局限，他们自发的科学活动，如果没有教师适时的关心和指导，会因此而自生自灭，更严重的会导致对科学现象热情的降低。在一次对幼儿园的调查中发现，教师对幼儿偶发的科学活动有三种态度：①支持、指导；②制止、指责；③没有发现、不闻不问。第一种态度占 10%，第二种态度也占 10%，第三种态度占 80%。这种状况显然不令人满意。为了进一步保护幼儿学科学的兴趣和好奇心，发展幼儿学科学的积极态度，在幼儿偶发性科学活动产生后，教师的支持、鼓励和灵活的指导是相当重要的。

（二）偶发性科学活动的指导

偶发性科学活动因其没有计划，事先也无法知晓的特点，教师就更应注重对这类活动的发现与指导。

1. 要关心、发现幼儿的偶发性科学活动

因为偶发性科学活动的特殊性，所以教师往往并不会发现幼儿的偶发性科学活动，所以教师必须做有心人，要用敏锐的眼光去关心周围事物，善于观察，及时发现幼儿自发的科学活动。例如，几个幼儿围在一起，面红耳赤地争论着什么，应该去听一听；几个幼儿用小树棍在墙角挖东西，应该去看一看。及时发现幼儿的科学活动，才能给予支持与鼓励。

▲ 图5-16　关注幼儿的好奇举动

▲ 图5-17　教师积极参与幼儿的活动

2. 要以积极的态度支持、鼓励幼儿的偶发性科学活动

教师的赞许和参与,会使幼儿对科学探究的积极性加强,并更仔细地观察和延续探究活动。反之,教师若不关心,甚至制止、干涉,则将损伤幼儿主动探究的积极性,造成不良的后果。在发现、了解了幼儿的偶发性科学活动后,教师应及时地做出反应。例如参与幼儿的活动、提供一些探究所需的材料、组织更多的幼儿一起来讨论,这些都能使幼儿受到极大的鼓励。

3. 分析活动的价值,根据不同的情况进行处理

偶发性科学活动涉及多方面的内容,有些内容是幼儿感兴趣,但却是无法探究的,例如一些涉及科学原理的主题。而有些内容则是幼儿可以通过自主的探究,并且在别人的帮助支持下能够了解的。因此教师应分析偶发性科学活动的内容,并且根据活动的价值进行适宜的引导。例如有的内容很有价值,且与近期的活动主题相关,可以将该内容转化为集体教学活动,或者将其引入区角活动。这样既能发挥各类活动的特殊作用,又可共同促进幼儿的科学探究能力和科学情感、态度等各方面的发展。

案例 5-4

蚕宝宝

一天,牛牛早晨来园,一进班级,就神秘地对他的好朋友西西在嘀嘀咕咕什么,两人在一起讲了很久。石老师走过去一问,才知道牛牛在来园的路上遇到了隔壁班级的李想,李想手里拿着一只纸盒,里面放着几条白乎乎的虫子,他感到很奇怪,从来没有看到过这样的虫子。

石老师了解了情况之后,就告诉牛牛和李想,这种虫子叫蚕。第二天,班级的自然角里就出现了蚕。小朋友们都感到很新奇,大家一起开

▲ 图5-18 认识蚕宝宝

始照顾起了蚕宝宝。有一天,乐乐发现两只蚕宝宝在一起吐丝,于是唤来了好朋友们一起看,他们对此现象感到十分困惑,纷纷提出问题:"为什么它们会一起吐丝结茧呢?""结的茧会是什么样子的呢?""两只蚕宝宝在一个茧中会不会太挤打架呢?"……小朋友们纷纷说了自己的担忧。石老师鼓励大家每次自由活动时都去关注它们一下。第二天,奇特的茧结好了,十几天后,两只蚕宝宝都成功地变成了飞蛾,小朋友们终于松了一口气。

实践与应用

远足活动"田园之旅"①

到一个能让幼儿进行探究的新环境去郊游,幼儿可以将新环境中的动植物和过去他们在生物养育箱或其他环境中接触到的动植物进行比较,并由此了解新环境中的动植物满足自身需求的方式。

一、建议目的地

1. 可控的室内环境,如温室、花房、苗圃和植物大棚。

2. 室外的自然环境,如树林、木场、池塘和沙滩。

二、准备工作

1. 如果您打算带幼儿参观温室、苗圃或植物园,您得自己预先参观一下。如有可能,与这些地方的工作人员联系并商讨一下你们参观的目的。提醒工作人员了解3—5岁年龄段的幼儿是活跃的探究者,他们需要手把手的体验、短暂的演示以及提问的时间。

2. 如果您打算带领幼儿探究一个户外场所,您得自己预先参观一下,确保这个地方对幼儿的探究活动是安全的。事先应确定在旅行中是否需要采集生物。可以考虑带回一些物种以便在教室中观察和学习。如果你们收集小动物,需要做好携带物种与使用适当工具的准备,并最好在一两天后将小动物送回发现地。

三、旅行前

1. 考虑到幼儿在那个地方将怎样携带和使用探究自然的工具。

2. 安排一些成年志愿者加入到你们的旅行中。找一个时间与这些志愿者讨论一下旅行中可能会发生的事情、您希望幼儿做的事情、志愿者在这个地方能为幼儿的观察提供支持和帮助的方式。(例如,给志愿者演示如何使用自然学家的工具,给志愿者一张问题列表,这些都将对幼儿有重点地进行观察有所帮助)

3. 考虑在参观地把幼儿召集到一个特定的地方,例如开满花朵的苗圃中、流入池塘的小溪边。建议幼儿寻找特定的东西。(例如,"小溪中是否会有百合呢"、"这温室里是否很热")您也可以考虑让幼儿寻找两种东西之间的差别。(例如给温室植物浇水的方式,或者停车场附近花的不同种类)

4. 在幼儿对您选择的这个环境中的很多东西都感兴趣时,您需要给他们确定一个重点。您可以问幼儿一个或两个问题,并用图表和文字记录他们的一些猜测。你可以提出下列类似问题:

---

① [美]英格里德·查鲁福、卡仁·沃斯. 与幼儿一起探究自然[M]. 张澜、熊庆华,译. 南京师范大学出版社,2005,9:145—148.

（1）苗圃、沙滩、树林湿地与我们的生物养育箱、公园、游乐场有什么不同？

（2）我们将会看到哪些种类的新动植物？在这些地方我们能看到很多动植物吗？它们都是一样的吗？

四、旅行过程中

1. 让每个教师和成年志愿者负责一个小组。鼓励幼儿像自然学家那样做事，请幼儿做下列事情：

（1）近距离观察。

（2）使用手持透镜和笔形电筒。

（3）描述动植物（如毛毛虫或松树的数量）。

（4）通过绘画，记录观察结果。

（5）如果可能的话，收集一些东西。

2. 提醒幼儿注意您提到的问题和事情。通过下列类似提问促进幼儿思考：

（1）温室与我们的生物养育箱有什么不同？

（2）这些昆虫会在哪里呢？

（3）它们会找什么吃呢？

（4）你看到了哪种新的植物？

（5）它们的叶子是什么形状的？

（6）哪种植物的树皮不同于我们过去看到的树皮？

3. 记录幼儿的所见、所做和所说，这样有利于您日后在教学活动中帮助他们讨论和分析这次旅行。如果您有相机，最好在幼儿观察时给他们拍照。

五、旅行后

1. 和幼儿就你们所看到的内容进行一个简单的交谈，可以提出下列类似问题：

（1）这次旅行活动中你最喜欢什么？

（2）你看到了什么？听到了什么？闻到了什么？

（3）这次参观有什么特别之处吗？

2. 拿出绘图和艺术材料，鼓励幼儿就这次旅行进行创作，简要记录幼儿的故事。

3. 第二天，或当旅行照片洗出来之后，通过反思幼儿的观察图、录像带、录音带、照片和展板等，来讨论这次旅行中观察的重点。可以通过下列类似问题来把握幼儿的思维：

（1）你注意到这种植物（动物）的什么部分？

（2）你知道它是怎么满足自身需求的吗？

（3）它与我们的生物养育箱中的东西一样吗？差别在哪儿呢？

（4）你知道这只动物吃什么吗？你为什么会得出这样的结论？

（5）这种植物开过花吗？你为什么这样认为？

（6）沼泽、沙滩、温室与我们的生物养育箱有什么不同呢？

（7）我们的蜗牛能在那里生存吗？你为什么这么认为？

4. 在图表上用图画和文字记录幼儿的想法。

分析 ┈┈┈┈┈┈┈┈┈┈┈┈┈┈┈┈┈┈┈┈┈┈┈┈┈┈┈┈┈┈

远足活动"田园之旅"方案是一个在进行一系列科学探究活动之后的延伸活动。该方案从"建议目的地"、"准备工作"、"旅行前"、"旅行过程中"，到"旅行后"都做了比较细致的计划。例如对幼儿在旅行过程中，可以做的而且应该做的探究活动有如下建议：近距离观察；使用手持透镜和笔形电筒；描述动植物（如毛毛虫或松树的数量）；通过绘画，记录观察结果；如果可能的话，收集一些东西。又如在旅行过程中，对教师可以提出哪些问题引发幼儿的思考也提出了建议。

但是这个方案又不是一个非常具体的计划，而是一个远足活动的建议。我们在学习时可以根据自己的想法，以及该方案中的建议，制作一份更为具体翔实、可操作的计划。

 课后作业 ┈┈┈┈┈┈┈┈┈┈┈┈┈┈┈┈┈┈┈┈┈┈┈┈┈┈┈

作业1

根据所在区域的具体情况，完成以上"田园之旅"活动方案的可操作计划。

（1）选择所在区域附近，适合幼儿活动的"田园"。如果所在地为农村，也可选择附近具有科技含量的"田园"进行设计。

（2）将每一个环节的内容都考虑清楚，包括：应该怎样组织活动？在活动过程中可以带领幼儿观察哪些内容和如何提问？需要准备一些什么探究材料和工具？对幼儿事先应该如何进行相应的教育和心理准备？在活动结束后可以有哪些后续活动？

（3）作业可以由小组共同完成或个别完成。

作业2

分析活动方案。

（1）对照《3—6岁儿童学习与发展指南》有关内容，仔细阅读以下"保健茶"的活动教案。

(2) 分析"保健茶"的活动,除了使幼儿在科学探究方面得到发展以外,还有哪些方面也能得到发展,为什么?

(3) 根据活动方案所述内容,分析该活动是由哪些活动形式构成(集体教学活动、区角活动等)?

"保健茶"活动

一、活动目标

1. 了解保健茶的作用,能有目的地选择原料配制保健茶,并通过数字、符号进行记录。

2. 感受配制保健茶的乐趣,乐意根据自己和他人的需要配制保健茶。

二、活动准备

1. 幼儿在区角活动中已了解了各种常见的保健茶。

2. 实物:干菊花、橘皮、枸杞子、冰糖、桂圆、绿茶包、红枣、金银华、山楂、莲心、干柠檬、胖大海。

3. 其他材料:

(1) 有盖的杯子、一次性杯子、小茶杯若干;

(2) 保温水桶两个。

(3) 记录表(表中配料可以是用图画表示的)。

表1　我喜欢的保健茶

我喜欢喝的保健茶		
配料	数量	味道
干菊花( )		
橘皮( )		
枸杞子( )		
冰糖( )		
桂圆( )		
绿茶包( )		
红枣( )		
金银花( )		
山楂( )		
莲心( )		
干柠檬( )		
胖大海( )		

表2　客人喜欢的保健茶

客人喜欢喝的保健茶		
配料	数量	味道
干菊花( )		
橘皮( )		
枸杞子( )		
冰糖( )		
桂圆( )		
绿茶包( )		
红枣( )		
金银花( )		
山楂( )		
莲心( )		
干柠檬( )		
胖大海( )		

三、活动过程

（一）观察讨论，了解保健茶的功用

1. 了解生活中人们常喝的保健茶。

你知道谁爱喝保健茶？喜欢喝什么保健茶？他们喝的保健茶有什么功用？

2. 观察各种保健茶原料，了解名称和作用。

（1）看看这些配制保健茶的原材料，你认识吗？

（2）它们分别是什么？一共有几种？

（3）这些原料有什么功效呢？（可结合图片介绍）

3. 尝试根据不同的需要配制保健茶。

（1）老师的这杯保健茶里为什么放这么多的胖大海呢？

（让幼儿了解老师泡的这杯保健茶的主要作用是保护嗓子）

（2）你们想不想也来泡一杯保健茶？你泡的保健茶要选择哪些材料？有什么保健作用？

4. 学习记录配制保健茶的原材料。

如何让别人知道你配制的保健茶用了哪些原材料呢？看看记录表里有哪些内容？第一列（第二列、第三列）里的是什么？怎样记录？（分别用打√、数字和图符表示）

小结：第一列是配制保健茶的原材料，在你需要的材料后面打个（√）；第二列是记录这种配料所用的数量，可以用数字表示；第三列是请你记录下你配制的保健茶的味道，可以用图符表示。

（二）第一次泡茶，尝试配制记录

1. 明确配制任务和要求。

（1）两个小朋友泡一杯保健茶。

想一想你们要给谁泡保健茶？这杯茶有什么保健功效？

（2）两人分工协商，一个记录一个放材料。

2. 幼儿制作，教师指导。重点观察：

（1）幼儿能否分工合作完成任务？

（2）幼儿的记录情况，在记录中有什么问题？

（3）提醒幼儿泡茶时注意安全。

3. 交流讨论，分享经验：

（展示幼儿的记录表）

（1）他们泡的保健茶用了哪些原材料？这杯保健茶有什么保健功效？

（2）同一种保健功效的茶为什么味道会不一样？

小结：保健茶有主材料和辅助材料，要突出保健茶的主要功效就要多放些主材料。还可以根据每个人的口味，添加一些辅助材料。

(三)延伸活动

调查一下你们的家人需要怎样的保健茶,然后为他们配制一份适合他们的保健茶送给他们。

资源链接

1. [美]丽兹·普拉斯特,里克·克拉斯特钦斯基著,徐海幈译,世界上最好吃的科学书,南方出版社,2011 年 9 月。

2. 贺小霞,幼儿园多元化远足活动初探,早期教育(教师版),2010 年 Z1 期。

3. 郑秋菊,"让教育回归本性,把课堂回归生活"——幼儿园散步活动的教育效益,中国学前教育研究会 2012 年论文征集和评选活动。

4. [美]克奈尔著,郝冰译,与孩子共享自然,中国城市出版社,2013 年 6 月。

5. 博比克著,郎淑华译,美国科学问答丛书:日常生活中的科学,上海科学技术文献出版社,2016 年 1 月。

6. 孟瑾,杨丽萍,小小美食家——幼儿园炊事活动,南京师范大学出版社,2014 年 5 月。

7. 徐琰,"科学先生,您好!"——论中班科学元素在一日活动中的缤纷呈现,科技展望,2017 年第 12 期。

8. 陈金鼠,幼儿一日生活中科学教育的随机性,好家长,2019 年第 21 期。

9. 公燕萍 ,吴振东,"野外科考活动":幼儿园科学教育活动新途径,陕西学前师范学院学报,2019 年第 6 期。

6

第六单元
集体教学活动的设计
与指导

　　本单元首先对集体教学活动的内涵、结构以及一般的组织实施进行了阐述。集体教学活动是指面向全体幼儿的活动，其组织形式，可以根据活动内容及班级的实际情况、幼儿的具体条件，以全班或分组的形式进行。集体教学活动的结构包括了引起动机阶段、主要活动阶段和综合阶段三个环节。集体教学活动的组织实施根据这些环节进行。其次，本单元对集体活动的设计进行了讨论。设计就是对科学教育活动的各个要素进行处理，从而形成特定的相互关系的过程。在制定科学教育目标时，优先要考虑的是幼儿已有经验水平，然后是采用一些具体的方法来确定目标。在设计集体教学活动内容以及主题方面的关键，是要选择适合开展集体学习活动的内容，另外还要注意活动时所用的材料和环境，教师应在科学教育活动前准备好安全、充足又能激发幼儿探索兴趣的材料，设计幼儿科学探究的理想环境。

困惑与问题 ···

● 小向是位刚毕业不久的新教师,她认为集体教学活动对幼儿来说非常重要,是幼儿科学教育中不可或缺的一环。可是当她准备真正要去设计和实施时,她觉得她对集体教学活动充满了困惑:怎样才能做好一次科学活动呢? 这是小向目前急于解决的问题。

● 张华是一位幼儿园的男老师,原先毕业于理科专业,因为对幼儿教师的向往,当了一名幼儿园的男老师。他想将在学校学的专业知识用于科学教育,可是,从哪下手呢? 他的指导教师对他说:"首先要了解幼儿的已有经验,才能准确定位活动目标。"张华也陷入了迷茫中。

● 朱雅婷是一位毕业一年的教师,她已经对一般的集体活动有了一些了解,并且已经独自设计教案、实施科学集体活动。可是她碰到了新的问题:当她对幼儿提出一些她认为重要的问题时,幼儿要么不能回答,要么就按照自己的想法回答,完全不在她预先的设计中,她该怎么办呢?

基础理论 ···

一、 集体教学活动概述

小练习 6-1

1. 请阅读以下内容。

"幼儿的知识经验可以分为两类:第一类是比较简单的知识和技能,幼儿在与成人的日常交往中,在生活、游玩、参观、劳动中就可以自然而然地获得;第二类的知识技能比较复杂,此类知识虽然在幼儿的知识总量中只占很少的一部分,但对其发展具有重大影响,而且只有经过专门组织的教学才可以掌握。"[1]

2. 问题:

(1) 小组讨论,每个小组举出适合/不适合集体活动的内容各 5 个。

(2) 全班交流,并说说理由。

(一) 集体教学活动的涵义

所谓的集体教学活动,顾名思义,它是指面向全体幼儿的活动。而科学教育的集体教学

---

① 李季湄,冯晓霞.《3—6 岁儿童学习与发展指南》解读[M].北京:人民教育出版社,2013,3:268.

活动,就是教师根据幼儿科学教育的目标和任务,有计划、有目的地选择课题,决定学习的内容、学习的方法和技能,并创设相应的环境,提供合适的材料,面向全体幼儿开展的活动。简单地说,**是在教师指导下开展的集体性的科学教育活动**。例如,在认识"磁铁"的集体教学活动中,教师预先选择课题内容,设计活动方案,准备相应的材料,即磁铁,以及可以被磁铁吸住的和不能被吸住材料,例如铁钉、木块、插塑、纸片、小布片、不锈钢杯子、棉花、回形针等,并在教师的指导下以一定的步骤开展科学探究活动。其目的是将教师精选的内容,让幼儿在比较集中的时间段内进行学习。

由此可见,集体教学活动是在教师预先计划好的、确定一个统一目标的前提下开展的,教师在整个活动中起了重要的作用。从根据幼儿的情况确定目标,精心选择内容,创设环境,准备材料,到组织、实施活动计划的整个过程,都离不开教师的指导作用。虽然教师要考虑到每个幼儿的不同情况、因人施教,但因为是集体教学活动,因此更关注的是每个幼儿都参与到预先设计好的活动中来。

集体教学活动的组织形式,可以根据活动内容及班级的实际情况、幼儿的具体条件,以全班或分组的形式进行。采用全班集体活动的形式,除了应考虑活动场地条件,是否能让每个幼儿都有活动的余地及充足的材料,同时还要考虑在活动中对不同能力水平的幼儿应有不同的要求。因为集体教学的公平性,只有在教学过程中充分照顾到幼儿的个体差异时才能真正体现。而分组活动的形式,则可按幼儿年龄或发展水平情况来定,有时也可根据学习内容的要求而采取分组形式。分组活动又可分为分组同时进行和分组轮流进行两种形式。分组同时进行是指将班级幼儿分成若干小组,各小组在同一目标的前提下进行科学学习,其探究的内容或操作方式可有所不同,教师分别予以指导。分组轮流进行往往是因为受到材料、场地、师资等条件的限制,教师先后对两个以上小组的科学探究活动进行指导,幼儿交替地参与活动。另外,在开展集体教学活动的过程中,也并不排斥个别幼儿活动形式。总之,不管采用以上哪一种活动形式,都要保证让每一个幼儿都参与教师计划好的活动,并且力求全班达成预先确定的活动目标。

集体教学活动的形式保证幼儿掌握最基本的科学知识经验,以及学习一些方法和技能。

▲ 图6-1 大家一起来画树

▲ 图6-2 比一比:谁的纸桥载物多

并且集体教学活动由于是在教师直接指导下的科学学习，因此学习的效率比较高。另外，在集体教学活动中，通过同伴间的相互交流和启发，能使幼儿分享共同学习的成果，体验共同学习的快乐，培养如何与同伴合作、和别人进行讨论、倾听别人的意见等在其他组织形式中不能获得的好习惯。

（二）集体教学活动的结构

教育活动的结构是指一次教育活动的基本组成部分以及各部分的顺序和时间分配。活动结构受到教育活动内容、活动方法、活动对象等因素的制约，是教师、幼儿、教育信息三因素多种组合的不同表现。在确定活动目标以后，教师应对整个活动过程有个大体上的安排，这样可以使活动展开的线索清晰，更符合教育规律，最终使幼儿在有条不紊的安排下开展活动。简单地说，活动过程应考虑包括哪几个步骤，通过这些步骤，最后达成什么目标，这就是活动结构的安排。

科学探究活动有其一般规律，它有四个互相联系的步骤。第一个步骤是引起注意，或者说是提出问题，即开始关注要研究的问题，引起了探究的动机。第二个步骤，想知道答案，包括：是什么、是怎么样的、为什么会这样、怎么来的、还会怎样等。既然想知道答案，那就先要假设，这是第三个步骤。假设是利用已有的知识经验，以及当前的问题提出假设：是什么样的、为什么会这样、采取什么方法可以知道等，诸如此类。紧接着，根据假设去寻找答案，或观察，或实验，或收集资料，以获得对假设的验证。第四个步骤，将所获得的结果，以及获得结果的过程，与别人分享和交流。幼儿的科学探究活动虽然简单，但也包含了以上几个步骤。

集体性科学活动是以集体活动的组织形式开展，一次集体活动的开展有其大致的时间限制，上述所谈到的科学探究活动，是指人对科学事物、科学现象探究的整个过程，而不仅仅是一次性的活动。因此，集体性的科学活动根据其探究的不同阶段、科学对象的不同性质，就可以分为不同的类型。有人认为，集体性科学活动主要分为四种类型：观察认识型、实验操作型、科学讨论型和技术操作型[①]。无论哪一种类型，其主要活动过程一般都要经历以下三个阶段，即具有以下三方面的结构。

第一阶段，引起动机阶段。幼儿学习科学的先决条件，就是必须对所探究的对象有兴趣。幼儿有了活动的动机与心理准备，才能促使他们积极主动地去学习、探究和发现。在集体性科学活动中，这个阶段也可称为导入活动阶段。这个阶段活动开展得成功与否，往往会影响活动的整个过程。在这一阶段，教师首先应注意这个环节的目的，是为了引起幼儿的学习动机，而不是真正的开始探究。因此时间上宜短，在短短的两三分钟内即应进入第二阶段。为引起幼儿的学习动机，这个环节应安排有趣的活动。根据幼儿的心理特点及一般的心理规律，新奇、变化的事物容易引起他们的注意，使幼儿的注意力集中于活动内容上。其次，在这一阶段中的活动只有一个目的：将幼儿的注意力、学习积极性导入课题。例如，在小

---

① 张俊.幼儿园科学教育[M].北京：人民教育出版社，2004，8.

班"认识五官"的活动中，教师一开始便说："小朋友，看看老师放在桌上的是什么？（小镜子）请小朋友照照镜子，看看自己的脸上有什么？"短短几句话，符合幼儿心理——照镜子，马上就导入了活动的课题——认识五官。

▲ 图6-3 照镜子，认识五官

第二阶段，主要活动阶段。这个阶段是整个活动过程中最重要的阶段，占时也最多，大多数的活动在此阶段中展开。在这个阶段中，教师要安排如何让幼儿活动，用什么方法活动，教师如何提问，如何出示教具等。在这个阶段中，如果是探究活动，教师首先要让幼儿提出假设，然后再进入观察或实验。特别要注意的是，问题可以由教师提出（也可由幼儿提出），但假设必须由幼儿做。同时，在这一阶段，教师首先要考虑的是如何使这个过程中的每一个步骤、每一个活动都有序。幼儿的活动要有序，如果是观察活动，那么应考虑引导幼儿先观察对象的什么方面，再观察什么方面，其他活动也是如此；教师出示教具要有序，先出示什么，再出示什么；教师的提问要有序，先提什么问题，再提什么问题，等等。其次，教师的提问、幼儿的活动都应有趣，能激发幼儿的学习兴趣，并能始终得到保持。再次，所安排的活动要有变化。教师的提问要有变化，例如，"认识五官"中的提问，在问到五官的作用时，不能全用同一种问法："眼睛（鼻子）有什么作用？"可改变一下提问的方法或者语气，可以问："眼睛用处真大，那么眉毛呢？""眼睛、鼻子、眉毛、嘴巴用处都很大，那么，耳朵不要可以吗？"活动的节奏要有变化，各个活动有详有略，突出重点，解决难点。最后，这些活动都应是通过启发引导，使幼儿获得科学经验，发展各方面的能力，而不是灌输注入式。例如，通过引导幼儿去发现自己得出结论；通过教师的提问、启发，深入观察，获得科学概念等。

第三阶段，综合阶段，也可称之为整理阶段。在主要活动阶段过程中，幼儿已经获得了丰富的经验和深刻的体验，这时需要教师引导幼儿发表自己的见解，进行讨论与交流、评价等活动。在这个阶段中，首先要考虑如何让幼儿整理小结，提升经验。对于中班、大班的幼儿来说，可考虑让他们自己整理小结；而对于小班、中班的幼儿，或者认识对象较复杂、内容较多的事物，则可采取分段整理或教师整理的方法。不管用什么方法整理，时间都要短一些，对于幼儿来说，经过前两个阶段的活动，到此时精力已不够，注意力也开始分散。因此，不适合再用大段的时间。当然，这里所说的整理小结，不限于运用语言整理小结，还可以运用其他形式，例如用图像表现、动作姿势等进行。在时间上也可灵活掌握，有时可以让幼儿休息一会儿再进行交流或整理，有时候可以即时进行。其次，综合阶段往往既是这一个活动的结束，又意味着下一个活动的开始，或者只是这一个活动的暂时结束，因为幼儿园的科学教育活动是一个连续体，每一次的集体活动是这个连续体的一个点。因此，教师一般会安排一些延伸活动，导入幼儿的再活动。例如，将本次活动的实验内容放到区角活动中，导入幼儿的再实验；又如教师布置一些再观察任务等。总之，应有一个开放性的活动结尾，使幼儿始终保持强烈的求知欲望。

（三）集体教学活动的实施与指导

▲ 图6-4　让幼儿自由、自主活动

集体教学活动是在教师指导下开展的活动。集体教学活动的指导，可从以下几方面入手。

1. 创设良好的心理环境

宽松、和谐的心理环境是幼儿学科学的必备条件之一。幼儿在这样的人际氛围中，没有任何压力，愿意尝试各种活动，活动更容易取得成功。许多心理学家指出，安全、自由的集体气氛是幼儿创造力得以表现的必要条件。在科学探究活动中，幼儿用各种方式进行探究，这也是一种创造活动。在努力的探究学习中幼儿感到自己被他人所理解。必须避免消极的和谴责式的评价，因这种评价常使人产生被威胁感。科学活动，特别是集体性科学活动过程中的这种"心理自由"、"心理安全"十分重要。营造一种使幼儿有"心理自由"、"心理安全"感的心理环境，幼儿便没有任何压力，愿意尝试各种活动，更容易取得成功。创设良好的心理环境可以从以下几方面着手。

（1）给予幼儿信任，提供机会

教师和其他成人要给予幼儿应有的信任，提供充分的机会，让幼儿能够自主、独立地进行科学探究活动。教师的信任对幼儿尤为重要，这种信任是幼儿培养、增强自信心的基础，而自信心又是发挥幼儿创造性所不可缺少的因素。

（2）应减少不必要的规定

在活动中，应尊重幼儿，允许自由表达、自由探究。过多过细的限制，会使幼儿因为害怕违反各种规定而紧张、焦虑，甚至压抑。

（3）延迟评判，或者拒绝评判

所谓的延迟评判，就是在幼儿做一件事，或说出一种想法之后，不急于或不对他的言行做出评判或结论，而是让他处于一种自然发展的状态。例如，教师提问："有什么办法，让传到管子里的声音被更多的人听见？"幼儿可能有多种回答：管子分叉、管子开洞、让声音出来、管子上的另一头拔掉等。教师并不在每个幼儿回答后即时做出评判。拒绝评判能给幼儿带来心理安全的感觉。试想，如果幼儿一有想法就遭到评判（当然也包括表扬），或者想到一种探究方法就遭到制止，新的想法就不会紧接着出现，原来的想法本身也不会变得深入。不恰当的评价就是给孩子的思维划定框架。

（4）对幼儿表示诚恳的支持

赞扬、奖励是常用的方法，但也不能一味地这样做。当幼儿的探究活动出现了某种问题，并且幼儿对其状况不满的时候，如果教师一味地赞扬，是不合适的，而应给予恰当的评价。但要注意，评价不应让幼儿产生自己能力不足的想法，而应指明其现有的表现并未发挥他的真实水平和应有的潜在能力,这样才能激发幼儿的求知欲和继续探究的行为。

2. 明确任务,引起兴趣,导入活动

指导幼儿进行集体教学活动,从一开始就应明确活动的任务,激发幼儿的兴趣,使幼儿在好奇心的驱使下积极地投入到科学探究活动中去。教师在进行导入活动时,应注意简短、有趣、有指向性。导入活动对于整个活动过程的开展很重要,成功的导入活动未必导致整个活动开展得成功,而不成功的导入有可能成为一次混乱活动的开始。教师要以对科学活动的热情,生动而简短的谈话,或以启发提问、儿歌、谜语等引起幼儿活动的兴趣和愿望,明确活动目的和要求,将幼儿的注意力集中到活动对象上。如果是在活动开始时出示了活动对象,要让幼儿对对象的整体观察片刻。不要以过多的语言分散幼儿的注意,打扰幼儿的观察。更不要制止幼儿的自由讨论和交谈,而要注意倾听、观察幼儿的言行,以便有针对性地引导幼儿观察。

▲ 图6-5 幼儿自由讨论

▲ 图6-6 不打扰幼儿活动

3. 引导幼儿运用多种感官、多种方法进行感知、操作

在集体教学活动中,教师的重要角色在于刺激、引导,而不是示范正确反应、说明知识,也不是纠正错误反应。当幼儿遇到问题时,教师的重要工作是安排情境或提出问题,以暗示幼儿注意线索。给予正确答案可能无法说服幼儿,幼儿只有在自己的经验中才会被说服。幼儿是通过自身探究活动学科学的,因此,应重视幼儿自身的活动。

在集体教学活动中,教师应指导幼儿运用多种感官去感知客观事物。客观事物的特征是多方面的,在幼儿探究时,应尽可能地让他们看清观察对象的全貌。这就需要指导幼儿运用自己的各种感官来感知事物多方面的特征,使幼儿能比较全面地认识事物。通过视觉器官感知物体的形状、颜色、大小、高低;通过听觉感知物体的声音;通过嗅觉感知物体的气味;通过触摸觉感知物体的轻重、手感、温度;通过味觉感知某些物体的味道等。教师还应允许和支持幼儿用他们自己的方法进行操作感知,比较发现,引导幼儿从多种角度去思考问题,从而获取答案。

4. 使幼儿真正成为学习的主体

在集体教学活动过程中,应发挥幼儿的主动性、积极性和创造性,使幼儿真正成为学习

▲图6-7　让幼儿自由发挥

的主体。教师可用启发性的提问、少量的指令来代替强制地灌输知识，引导幼儿充分进行各种感知操作、讨论等活动。允许幼儿在一定的范围内，根据自己的生活经验、自己的意愿、自己的步骤和方法进行学习；允许幼儿为探究需要而移动位置；允许幼儿结伴合作探究，或与同伴交流自己的发现、想法；允许幼儿提出不同的问题或者要求教师提供更多的材料……在活动过程中，教师要尊重幼儿，成为幼儿的好朋友，当好幼儿学科学的合作者、指导者、材料的提供者。同时，教师还要根据活动过程中幼儿不同的表现，调整指导，而不是用一种方式指导不同水平的幼儿。例如，在"有趣的石头"活动中，教师既对每个幼儿有基本的要求——采集不同的石头，观察、描述石头，又为幼儿留有余地。鼓励、指导能力强的幼儿在自己的发展水平上，

用自己的方法，在不同层次上思考、理解石头的多样性；帮助能力弱的幼儿观察、描述石头。幼儿在活动过程中，会有一些新的想法、意愿，应允许他们进行。对于大多数幼儿需要的、有教育价值的想法，应给予支持和鼓励。

5. 引导幼儿学习用各种方式进行表达与交流

幼儿科学学习的目的并非将成人的知识堆积在他的记忆中，而是培养成长的动力，作为后继学习的基础。伴随着科学活动，幼儿会产生好奇、猜测、感动及欣赏，这些都为幼儿的表达提供了丰富的材料。而幼儿也乐于将自己的发现、感受、体验表达出来，相互交流，相互补充。因此，在幼儿充分探究的基础上，引导幼儿用各种形式表达、交流自己的发现，描述操作的过程、方法和结果，是集体性教育活动的重要部分。

在集体教学活动中，教师引导幼儿表达的形式可以是多样的，可用语言、姿态、绘画、造型、音乐、律动等，也可以运用故事、戏剧、智力游戏等。幼儿表达的内容也是丰富多彩的，可表达自己的经验（包括感知觉、运动觉、内部感觉和情绪体验）；也可表达自己的发现和创造；还可以表达自己感知操作的方法过程和结果。例如，在"认识水果"的活动中，幼儿说："我吃了香蕉，可没吃到种子，没有种子，香蕉是怎么种的呢？"这是幼儿在表达自己的发现和疑惑。又如蜗牛爬在手臂上的感觉是"痒痒的"、"黏黏的"，这是幼儿在交流他们的经验和感受。

6. 要注意结束活动的时间及方式

集体教学活动有一定的时间限制，当活动达到了一定目标，幼儿的活动也达到一定的高潮时，可以考虑活动的结束。首先，为了不挫伤幼儿探究的积极性，以及考虑到幼儿的年龄特点，活动不要突然结束；其次，教师可采用多种方式结束活动，如简单小结、传递某些幼儿不可能通过自己探究得到的知识、安排继续学习的任务等；再次，可安排一些延伸活动，让幼儿继续探究，如让幼儿在科学桌或活动区继续活动，提出一些新的问题，让幼儿思考、探究等；最后可以指导幼儿一起整理活动材料，培养幼儿良好的科学探究的习惯。

二、 集体教学活动的设计

小练习6-2

部分活动环节的教学模拟(微格教学)

1. 教师选择或学生自定某一科学内容主题,例如"我们的小手"、"有趣的影子"。

2. 将全班分为若干小组(10—15人一组),每个小组对这一内容的某一方面进行设计,例如活动的方法、活动中的提问等。

3. 各小组轮流进行教学模拟,全体学生与教师进行讨论与点评。

集体科学活动的设计,就是对科学教育活动的各个要素进行处理,从而形成特定的相互关系的过程。即对科学教育活动的基本要素,包括目标、内容、教材、学习活动、媒介、时间、空间和环境、教学方法等,按一定的方式进行编制和处理。科学教育活动设计根据其操作性和具体化的不同,可以分为不同的层次。这里的科学教育活动设计是指具体教育活动层次的设计,是根据已经拟定的计划或目标,对某一具体科学教育活动进行的设计。

(一) 活动目标的设计

活动目标的设计是集体教学活动设计的初始环节,它是教师根据幼儿科学教育总目标、该年龄阶段的目标、幼儿身心发展的特点、班级幼儿的实际水平,并结合本次活动内容的具体特点,对幼儿提出的全面、恰当的要求。在理论上,这些要求应在幼儿活动结束时都能达到。

在制定科学教育目标时,首先要考虑的是幼儿已有的经验水平,其次要采用一些方法来确定目标。

1. 了解幼儿已有的经验

幼儿在学习本单元内容之前已有的经验是什么,这一点对制定活动目标、开展活动是非常重要的,因此首先要了解幼儿已有的经验水平。教师在引导幼儿学习科学时,必须为幼儿学习科学提供一个教学情境。这个教学情境是能够反映出他们已有经验的,以使活动一开始幼儿就能较快地辨别将要学习的内容,并用已有的经验,来解决教学情境中展示的问题,帮助自己学习新的知识。例如,在学习有关"电"的知识时,幼儿以往对电的了解,主要是从家庭生活中经常使用的电器来认识的,而这些电器是通过电路而获得电的,却是大部分幼儿所没有的经验。但是,对手电筒等使用电池的小电器却不同,大部分幼儿都有有关的经验,甚至有的幼儿还会拆、装电池,使得电动玩具能发动。通过了解幼儿对"电"原有的经验,准备情境化的教学,可以确保知识与技能的转移是直接的,并且是与幼儿经验相关的。当探究对象所带来的是幼儿在他人帮助下能够解决的问题,他们就有可能去积极地投入、表达他们

▲ 图6-8　通过电动玩具创设"电"的学习情境

的想法,利用自己原有认知结构中的有关经验,去同化和索引当前学习到的新知识,从而赋予新知识以某种意义。例如,在幼儿已经知道鸟类是卵生的时,再认识一种未知的鸟类时,就能了解这种鸟也是卵生的。如果原有经验不能同化新知识,则要引起顺应过程,即对原有认知结构进行改造与重组。

其次,教师要了解幼儿已有概念中可能的错误之处。虽然,幼儿已有的经验是学习科学的基础,但是,从另一方面来看,在进行科学学习时,幼儿头脑中已已有的经验或知识是普通的生活知识,而不是科学知识,要将这些知识或经验转化为科学知识和概念是不容易的。因为原有的生活概念,必然对幼儿建构那些与其有很大差异的科学概念产生负面的影响。当然,在幼儿阶段,我们并不要求幼儿掌握严谨的、真正的科学概念,但是,教师仍应了解幼儿对所要探究对象可能具有的错误概念,即对所要探究的对象可能具有的迷惑甚至于错误之处。例如,因为看见过或者了解了小鸟生"小宝宝",所以认为所有的动物都以卵生的方式繁衍下一代。教师如果能事先知道幼儿因为没有正确的引导,而自发形成的错误观点,才有可能因此采取对策,制定活动目标,设计科学活动与经

▲ 图6-9　"小宝宝"都是从"蛋"里出来的吗?

验,确保幼儿在科学概念不是直接可观察时不会有自我建构错误观点的机会。

其三,教师还应了解幼儿对学习对象已有的日常生活用语。日常生活用语容易造成幼儿观念上的混乱。可以采取一些办法,检查日常生活用语与规范化用语间可能的差异点。例如向幼儿清楚地指出两者之间可能的混淆之处,在一日活动的任何时候,都确保规范化用语的使用。例如"蒸汽"这一概念,很多幼儿会以"水蒸气"这一日常生活用语来描述,教师如果预先能了解两者之间可能的混淆,就能帮助幼儿学习时避免这一不规范用语的运用。

2. 确定合适的目标

(1) 活动目标应着眼于幼儿的发展

活动目标的制定应适应幼儿已有的发展水平。集体教学活动的设计是为特定的幼儿群体设计的。制定目标的基础是对幼儿的了解,只有在对幼儿的认知水平、兴趣、个性特点各方面都有充分了解的基础上,才能设计目标。在设计活动目标前,首先应分析本班幼儿的特点,然后再将科学教育活动学期或日计划中的目标具体化,以此作为确定目标的主要根据之一。在此基础上,考虑目标的筛选与确定。一般来说,作为班级教师,对于班级幼儿的大多数情况还是比较了解的。因此,要把重点放在与本次活动内容相关的知识、技能、情感态度

上。例如"光和影子"活动内容的重点是在其关系上，那么探究光和影子的关系就成了活动的主要目标。

（2）活动目标的内容和要求，在方向上应与阶段目标、终期目标相一致

整个幼儿阶段的科学教育目标可以分为三个层次，即科学教育的总目标（或称领域目标）、科学教育活动阶段目标（或称各年龄目标）和科学教育的活动目标。从理论上看，这三个层次的目标应该形成这么一种态势，即若干个科学教育活动目标的积累，便构成了阶段目标，若干个阶段目标便构成了终期目标。每一项活动目标的实现，都是向阶段目标、终期目标迈进一步。为了体现这一点，在具体制定活动目标时，就要根据幼儿的年龄和发展水平，注意由浅入深、循序渐进地提出目标，使幼儿从具体到抽象、从直接到间接地获得科学经验，发展各种能力，并形成相应的情感和态度。当然，这种向上一级目标的达成，不是一朝一夕的，而是一个渐进的过程。

（3）活动目标的内容应包括科学知识经验、科学方法能力、科学情感态度三个方面

科学知识经验是指科学经验的获得、初级科学概念的学习，包括通过活动，使幼儿获得哪些经验，形成哪些初级科学概念。例如，通过活动，能使幼儿了解动物的种类、外形特征和生活习性与人类的关系等。科学方法能力是指在科学探究活动中，使幼儿哪些能力得到发展，形成哪些技能，学习哪些方法。例如培养幼儿细致观察的习惯及能力，帮助幼儿用语言表达自己的观察结果等。又如学习运用典型特征观察法，对某种动物进行较细致持久的观察等。科学情感态度包括幼儿情感态度及个性品质的培养。例如培养幼儿关爱小动物的情感，培养幼儿对科学小实验的兴趣等。

▲ 图6-10　爱护动物，可以从饲养开始

▲ 图6-11　实验好玩才能引发孩子的兴趣

无论是从幼儿身心发展的角度，还是活动内容特点的角度看，都不可能在个别、几次活动中包含各方面的目标。但是从科学探究活动的程度来分析，即使是最简单的活动也具有各个方面的价值功能。每一个活动目标可以有所侧重，但不能偏废。虽然在实践中，可以看到一些幼儿园教师并不将每条目标都以文字的方式写下来，但实质上，在教师的脑中，仍有各方面的要求。如果真正是只注重某一方面的目标，而忽略了其他方面的目标，即使是在一次活动中是这样，也是不应该的。

（4）在具体撰写活动目标时，其表述应明确具体

第一种是行为目标。所谓的"行为目标"，指的是一种用可以具体观察或测量的幼儿行为来表示的，描述的是对教育效果的预期。换言之，教师在活动后，能通过幼儿的行为表现，看到目标的达成程度。行为目标的特点是目标中表述的行为教师能够观察与测量到。例如"能将杯子按材料进行分类"、"能说出小兔的主要外形特征"等。行为目标具有操作性强、容易评估等特点。但是有些内容是很难用行为目标来表述的，例如幼儿科学情感发展方面，无法在一次活动或几次活动中实现，更难用行为目标来表述。第二种是表现性目标（或非行为性目标、一般性目标）。所谓的"表现性目标"，指的是一种非特定性的、较广泛的目标。表现性目标并不明确幼儿在学习后会产生什么行为，而就学习的主题或情境，幼儿围绕它展开个性化的各种反应。它往往描述的是一种学习者身心的一般变化。例如"乐意探究"、"喜欢吃蔬菜"等。表现性目标虽然和行为目标不同，无法非常明确地看到幼儿行为的变化，但是因其目标表述的宽泛性，比较适合表述中期、长期的目标。其次，表现性目标可以用来表述难以用具体行为来表现的情感态度方面的目标。

在活动目标的撰写中，具体采取什么形式的目标，这取决于所要解决的具体问题。如果是能用行为表现的内容，例如重点放在基本知识和基本技能上的内容，一般可以采用行为目标的表述方式。如果是不能用行为表现的，或者是逐渐发展的内容，例如发展幼儿解决问题的能力、鼓励幼儿的创造精神、培养态度等，表现性目标的形式就比较合适。

行为目标有三个基本要素，即核心的行为、行为产生条件、行为表现的标准。在行为目标的撰写中，要根据以下三个标准撰写：核心的行为是期望幼儿能够做到的行为表现，可以描述幼儿做的结果或产物，往往用一个操作性动词来表示，例如"指出"、"比较"等。行为产生条件是行为表现所需要的条件或背景，例如"在室外"而不是"在室内"或其他场所。行为表现的标准是衡量学习者的行为表现可接受的程度，例如"能说出两种水的重要性"，这里的两种，就是标准。也就是说，幼儿能够说出两种水的重要性，就说明他达到了目标，但是如果只说出了一种，虽然也是说出了，但是仍属于未达到目标。

根据这三条标准，在撰写行为目标时应注意三个方面：首先，目标中要说明具体的行为，即学习后幼儿能做（说）什么，要将这些内容明确地陈述。目标的陈述往往是一个动宾结构的句子。例如，"能在教师的启发下，说出水的重要性两种"。句子中后面的"水的重要性"是内容，一般来说，宾语部分的内容与活动的具体内容有关，这一点相对比较好掌握，只要按活动内容细目安排就行了。而"说出"就是行为。其次，目标中还要说明产生上述行为的条件，即学习者表现行为时所处的环境、人、设备、时间等因素。例如，"能在教师的启发下"，就是条件。再次，目标中要指出评定上述行为的标准，即作为学习结果的行为可接受的最低衡量依据，这些依据可以是精确度、时间、完整性等。例如上例中的"两种"便是标准。

表现性目标表述比较宽泛，相对好掌握一些。但是也常常会遇到这样的情况，在描述幼儿的行为时，教师常用的术语往往会产生各种解释，如目标一：发展幼儿的观察能力；目标二：教师指导（创造条件、引发）幼儿学习……目标一所带来的问题是，我们无法了解在这样

的活动中,幼儿的观察力是否有了发展,而且这一条目标是放在任何年龄、任何活动都不能算错的。撰写的目标应该是明确的、具体的,尽量避免用含糊的和不切实际的语言陈述目标。例如,还是以观察能力为例,从程度上,至少有初步、继续、进一步之分。从内容上,也有观察习惯、观察方法之分,而观察方法又有细致性、顺序性、目的性、理解性等。从观察类型上,有比较观察、个别观察之分(案例6-1)。目标二所带来的问题是,目标陈述的不是幼儿的行为,而是教师的工作或行为。在这样的目标指引下,教师只要指导了、创造条件了,也就完成任务了。因此,活动目标应该从幼儿的角度去表述,指明幼儿通过学习应该达到的发展。

> **案例 6-1**
>
> ## 陀螺转转转(中班)
>
> 1. 设计思路。
>
> 　　幼儿园走廊内放着的风车,幼儿经常会用小手去触摸,他们对转动的物体特别感兴趣,很满足于让风车转动起来。于是教师在科学探索角里增加了陀螺的制作,让幼儿能够制作陀螺,感受转动的乐趣。在幼儿的观念里,陀螺就是圆圆的,不同形状的纸片转动起来的形状是什么样的呢? 于是在这个活动中,教师先让幼儿充分地感知圆形纸片转动后看上去的变化,然后再让他们动手去操作,去探究发现各种形状的纸片制作成陀螺后,转动起来是不是就是原来该纸片的形状。幼儿在活动中自己猜一猜、做一做、试一试以后,不仅感受了转动的乐趣,同时也观察到了很多有趣的现象。教师希望通过这个活动,让幼儿了解到不同的纸片在快速的转动后看上去都是圆形,同时让幼儿体验探究的过程,感受探究的乐趣。
>
> 2. 活动目标。
>
> (1) 在实验中发现各种形状的纸片在快速转动时都会呈现出圆形。
>
> (2) 感受"转动"的乐趣,初步发展比较观察的能力。

(二) 活动内容的设计

　　活动内容的设计,是指针对已选内容确定学习范围和深度,应和第三章中的"内容选择与编排"相区别。活动内容有时也被称为"内容与要求"。具体地说,活动内容的设计,是在已确定学习内容以后,针对内容本身,确定应该或可以让幼儿了解的内容有哪些方面。例如,已经确定在班级(大班)中进行"电的用处大"的集体教学活动,活动内容的设计要考虑的有:向幼儿介绍哪些有关电的知识,包括电的哪些性能、哪些用处以及与电有关的其他哪些知识(如安全用电)等;通过活动可以让幼儿发展哪些能力,或学习什么方法;在活动中可以培养幼儿的什么样的情感或态度等。

　　在活动内容的设计方面,很容易与活动主题的选择相混淆。一般来说,主题的选择(或设计）在先，然后才有具体内容的设计。在主题选择方面，集体教学活动的一个关键，是要选择适合开展集体学习活动的内容。科学活动中的许多内容，都不一定适合集体性的活动，而是适合个体，或者三三两两的探究活动。在一个主题单元活动的开展过程中，有一些环节是需要全班幼儿，或者是小组幼儿进行集中探究、相互启发、共同学习的。有时候也需要教师对集体进行指导，或者总结。活动内容的设计可从以下几个方面入手。

1. 有助于幼儿获得最基本的科学经验、能力和情感态度的内容

▲ 图6-12　兴趣是最好的老师

集体教学活动一般是以集体活动的方式进行的，即要求全班幼儿在教师的安排下，集体性地开展活动。集体性质的教育活动的特点，就是要求所有的幼儿都必须参与到活动中来，因此，所安排的内容范围应该是最基本的、最具代表性的内容，包括知识经验、能力方法和情感态度，以及在此指引下的幼儿行为的培养，各方面都是如此。

最基本的、最具代表性的内容，应该是绝大多数幼儿感兴趣的、有需要的内容。兴趣是最好的老师，不仅是幼儿，即使是成人也是如此，当我们面对的是我们喜爱的东西时，学习起来绝不会感到劳累。世界著名的情绪研究专家依扎德指出："兴趣对思维和记忆的功能联系是如此的广泛，以至在缺少它们时，对智力发展之濒于险境的危险不亚于脑组织的损伤。"[1]在活动设计时，必须要充分考虑到幼儿的兴趣和需要，将这些内容转换成活动的内容。而且幼儿感兴趣的内容中，有不少蕴涵着丰富的教育价值，教师要善于分析、发现。虽然幼儿的兴趣与需要是十分重要的内容，但是，并不是所有的内容都是从幼儿的兴趣和需要而来的。还有一些内容，从幼儿的长远发展来看是必要的，但是并不是所有的幼儿都感兴趣。因此，将科学领域中的一些内容转化为活动内容，也是活动内容的设计中需要关注的方面。例如，同样是关于"土壤里有什么"的主题，一般幼儿会对土壤里的昆虫等小动物感兴趣，但是对土壤里腐烂的树叶、沙子，就不如对动物那么感兴趣了。而这些土壤里的物质也是可以让幼儿了解的内容。

在设计最基本的、具有代表性的内容时，往往会忽略了能力方法、情感态度方面的内容。这些方面的内容和知识经验同样重要，甚至于超越了知识经验的重要性。需要说明的是，这样的说法并不是代表了知识经验不重要，而且目前确实有从一个极端走向另一个极端的倾向，即忽视了知识的学习，这也同样是需要纠正的。能力方法的特性之一就是"问题性"，也就是说，它们只有在解决问题的过程中、在实际"做"的过程中才会出现并活跃起来[2]。情感态度是伴随着活动过程而产生的体验，类似的体验积累得多了，就形成了有关的情感和态度。情感和态度不是教师教出来的，而是潜移默化的结果。

---

① 孟昭兰. 人类情绪[M]. 上海：上海人民出版社，1989，6：351.
② 冯晓霞. 幼儿园课程[M]. 北京：北京师范大学出版社，2001，8：53.

2. 容量合适的内容

内容的容量问题,在活动内容的设计中经常会被忽视。我们现在是以一节活动为单元来考虑容量的问题。容量的合适与否,有时并不能很明显地表现出来,但是经常会在活动设计中发生。内容的容量表现在两个方面:一个方面是内容的不足,另一个方面是内容的超载。在一个科学活动中,满足于让幼儿把玩一些物品,或者是设计了许多不同形式但却是指向同一内容的活动,这些内容虽然一遍又一遍地在进行,却是没有意义的,只是低水平的重复。例如,让幼儿进行多次"沉与浮"的实验,但是每一遍都是同样的要求,让一个小组的幼儿一起进行,只是准备的积塑、积木的颜色不同而已。没有任何思维上的挑战,幼儿也没有自己思考的需要和机会,最后,幼儿会对科学活动兴趣索然。内容不足的原因,有时候是因为简单照搬教材的内容,而不考虑幼儿园所在地区的特点,以及幼儿的已有经验;也有时候是因为没有很好地把握幼儿的年龄特点。这些都会使所设计的活动内容容量不足,造成低水平上的重复。例如让一个生活在海边的孩子反复地观察一种鱼。事实上,孩子早就对这种鱼非常熟悉了。

▲ 图 6-13 注意活动的难度设置

内容的超载是现在活动设计中比较明显的,甚至于严重的问题。其实不仅是活动内容的超载,而是整个幼儿园课程内容的超载,在这里,我们不对课程内容的超载进行探讨,仅就活动内容的超载进行一些分析。活动内容的超载表现为两点:一是容量过大。在一节集体活动时间内,从小班的 15 分钟左右到大班的最多的 35 分钟,幼儿是疲于奔命,从一个内容转换到另一个内容,其结果是幼儿什么也没有学到,反而浪费了时间。如果在有限的时间内无法完成预定的内容,教师就将时间延长,将幼儿的游戏时间、自由活动时间都变成了集体活动时间。二是难度过高,内容的设计超出了幼儿所能接受和理解的程度。幼儿在无法理解的情况下,只能运用死记硬背的方法来将需要学习的东西记住。运用这种方法学习的结果,只能是记住一些概念、名词,至于能力方法、情感态度的发展,就大大地被削弱了,甚至会因为被动的学习,而产生对学习的厌恶感。

避免内容的不足和超载,一是要把握幼儿的年龄特点,了解幼儿不同年龄阶段所能够学习和应该学习的内容,避免过难过深的内容出现。二是要了解达成活动目标的核心经验是什么。集体教学活动,它是目标指引下的集体性的科学活动,内容设计时,就应该考虑为了达成这些目标,哪些是核心经验,其他的都不需要,或者说是不重要。例如在科学活动"手的大小"中,其目标是让幼儿学习测量手的大小的方法,而不是了解手是有大有小的。在活动中,通过幼儿自己的讨论与实验,对两种方法进行了验证并得出了结论。三是要了解幼儿已有的经验,不要进行无意义的重复。但是这也并不是说幼儿已经历过的事物不可以引入内容中。对于幼儿生活中经历过的事物,要进行扩展、整理和提升。同样是关于鱼的主题,如果教师考虑到幼儿已有的经验,可以让幼儿将几种鱼进行比较。在比较活动中,虽然幼儿对这些鱼已经比较熟悉，但是比较活动可以使幼儿学习观察方法，学习了解鱼的一些平时不被注意的细微方面，也使幼儿在细心、耐心等方面得到培养。

（三）活动材料与环境的设计

活动时所用的材料和各种环境是幼儿科学教育的外部条件之一，教师应在科学教育活动前准备好安全、充足又能激发幼儿探究兴趣的材料，设计幼儿科学探究的理想环境。

1. 材料的设计

（1）目标

材料的设计是在活动目标确定以后才考虑的问题。要考虑选择哪些材料以达到既定的目标并配合活动内容。整个活动中所出示的材料，都必须围绕活动目标，不要有任何多余的材料出现。例如，为了使幼儿能仔细清晰地观察蚂蚁的外形特征，就为幼儿选择设计了装蚂蚁的小盒子，盒子的上面是用玻璃封住的，既便于幼儿观察，又防止蚂蚁爬出；盒子的边上又钻有细细的透气孔，使盒子里保持氧气；另外还为幼儿准备了放大镜，可以清楚地观察蚂蚁。又如在"床下取物"的活动中，为了让幼儿用亲身体验了解有什么材料可以取到床底下的物体，教师就准备了各种材料，如吸管、扭扭棒、报纸等（图6-14）。这些活动材料的准备为幼儿的活动成功乃至达成目标提供了保证。有些活动材料确实很吸引人，确实能吸引幼儿的注意力和兴趣，但是在活动中并不是必须的，因为一些过于花哨的材料，容易使幼儿分心。幼儿会因为过于注意材料本身而忽略了探究活动，这样的材料就需要教师"忍痛割爱"，以免影响活动效果。

▲ 图6-14　床下取物

（2）兴趣

选择、设计具有趣味性的活动材料，能激发幼儿的好奇心和探究欲望，增强活动效果。具有趣味性的材料特别适合较小年龄的幼儿，也适合刚参与探究活动的幼儿。事实上，任何一套好的材料都能适用于不同年龄或能力悬殊的孩子们。如在"会滚的轮子"中，教师设计了缺少一个或两个轮子的拖拉玩具，活动时一拉牵绳，该拖拉玩具便东倒西歪，不能往前，幼儿在大笑之余，也直观地感受到了缺少轮子的不便，体验到了轮子的作用。

（3）数量

充足的材料是科学活动开展的保证，特别是供幼儿操作的材料，更应保证足够数量。材料充足与否,直接影响到幼儿探究过程的进行,影响到幼儿科学经验的获取。数量足够的材料可以减少幼儿的等待、闲逛和攻击性行为,提高幼儿学习科学的积极性和效率。要为幼儿提供数量充足的材料,并不是意味着给予幼儿的材料越多越好,也不是说每样材料的数目必须和幼儿人数相等。应根据活动的具体性质,确定材料数量与幼儿人数的比例关系。一般认为,操作性、实验性的活动需要每个幼儿一份材料,例如,在"有趣的玻璃片"活动中,应为每个幼儿准备一份包括凹、凸、平三片玻璃和一幅与玻璃片相应大小的图片在内的活动材料。有的活动可以几个人或小组共用一份材料,例如在"认识鲫鱼"的活动中,每组有一份包括鱼缸、活鱼、鱼食等在内的材料。而有的活动可以全班一份材料,例如,认识家用电器中的常用家用电器。全班共用一份材料的情况,一般来说是属于不宜让幼儿进行操作的(如安全因素)或材料本身不易搜集的。

(4) 典型

在准备材料时,还必须考虑到其具备的典型特征。通过特征鲜明的,并且能直观地感受到的突出事例,就能使幼儿在脑中形成表象,从而获得科学经验。例如菊花的品种很多,近年来,园艺家们也研究开发出了很多新的品种。有些菊花品种的外形、颜色与本来的菊花品种已相去甚远。在让幼儿进行观察时,特别是在进行集体教学活动时,就应先提供一般的具有典型特征的菊花。这些具有典型特征的菊花,也就是在幼儿周围环境中、生活中经常能接触到的,如白色菊花、黄色菊花等,而不应先让幼儿观察各种"奇花"。以后在参观花展,或是第二次活动中,在让幼儿了解菊花还有许多新的品种后,就可以让幼儿观赏多种不同的菊花了。当今由于科技的发达,反季节植物很多,因此需要特别注意这一点。

2. 环境的设计

这里的环境设计是专指物理环境的设计。物理环境是幼儿学习科学的一个重要因素与条件。从这一点来分析,环境的空间大小、安静程度、温度、通风、湿度、干净与否都会在一定程度上影响幼儿的学习。很多科学活动可以也应该在室外进行,如观察树木的活动、种植活动等。应该说,大多数的有关植物、气候的课题都适宜在室外进行。有些课题可以在室外进行,也可以在室内进行,如有关动物的课题,应根据实际内容及气候情况加以选择。在天气

▲ 图6-15　种植活动适宜户外

▲ 图6-16　物理活动适宜室内

晴朗、动物比较大型的情况下，适宜在室外进行，而一些诸如鱼、虫、龟等小型动物，相对可以在室内进行。有些内容则适合在室内进行，如物理方面的内容，包括一部分人体的内容等。因为物理的内容往往以实验的方式进行探究，需在比较安静、没有大风的情况下进行。而一些与雨、雪、冰、雾等有关的课题，则应选择在相应的天气情况下进行。无论是在室外还是在室内活动，都应选择在安静、干净、空气清新、无污染的地方进行，在这样的环境中可以使幼儿静心地进行探究，学习科学。

（四）活动过程的设计

科学教育活动过程是为实现教育目标而对教育内容的具体展开，以及教育方法的具体运用，是整个集体教学活动的核心环节。所以，集体教学活动过程的设计，也就成为整个设计中的关键。换言之，目标设计是否到位、内容选择确切与否，都在活动过程中体现出来了。教师在设计活动过程时，特别应注意从活动目标出发，去考虑过程的各个步骤。

1. 导入活动的设计

导入活动的目的在于"导"，导出幼儿的学习积极性，将幼儿的注意力导入活动课题。教师在设计导入活动时，可以考虑以下几种方式。

（1）利用多种物质材料

科学教育活动往往为幼儿准备了丰富的物质材料，这些材料会引起幼儿的求知欲望，教师可以利用这些材料来导入活动。例如，利用实物、图片、模型、可操作的材料等。这时，教师只要辅以简单明了的说明、提问或指令，幼儿就能很快地随着教师的设计思路进入科学活动过程。

（2）利用各种文学艺术作品

文学艺术作品为幼儿所喜爱，活动的导入阶段也可根据需要利用儿歌、谜语、歌曲等文学艺术作品作为导入的方法。例如，利用谜语"远看像只鸟，近看像只猫，晚上捉老鼠，白天睡大觉"，来导入认识猫头鹰的活动。

（3）利用情境表演

情境表演是向人们推广科普知识常用的一种方法，后又被引入幼儿科学教育活动。例如，活动开始，由几名幼儿表演一段情境，引出一个疑问，或提出一个问题，然后由全班幼儿针对这个问题进行假设、讨论、实验、观察，来解决或回答这个问题。

（4）利用环境设置

教师预先布置一个可以引出课题的环境，然后带领幼儿进入这个环境，由此导入活动。例如，在一个门窗紧闭的屋子内，放入一锅冒着热气的肉汤，幼儿一进入这间屋子，纷纷说"好香、好香"，教师就问大家："闻到些什么气味，你们怎么知道的？"由此引出用鼻子闻到香味，教师就马上提出了认识鼻子这个主题。

（5）利用直接指令或提问

有时也可以利用直接指令或提问，开门见山式地开始活动。例如在认识交通标志的活动中,教师一开始就问:"马路上有各种各样的标志,你认识哪些标志?"有时也可利用直接指令,如在观察蚂蚁的活动中,教师带幼儿到花坛边,提出要求:"仔细地找一找,看看哪里能找到蚂蚁?"利用直接指令或提问的方式,一般比较适合于中班、大班幼儿。

以上几种方法应根据具体活动内容来灵活选择,可用一种或两种方法。但不管是使用什么方法,都应从幼儿已有的经验入手,这样才能使幼儿比较自然地进入活动主题。

2. 幼儿活动的设计

活动的设计是至关重要的,没有幼儿的活动,科学教育的结果一定是失败的。幼儿年龄小,他们还不会自己独立地学习科学。因此,教育活动的设计应强调教师的外部推动。同时幼儿是一个发展的能动的主体,任何外在教育环境都必须通过幼儿主体的努力,才能促使幼儿发展。因此在科学教育活动的设计中,要把幼儿放到主动发展的位置,变思考教师如何教为思考幼儿如何学,从研究幼儿入手,设计幼儿学科学活动,引导幼儿发展。幼儿在科学学习中的活动包括身体动作和脑的活动两方面。身体动作又包括动口在内,同时,动口又是动脑的外在表现和结果。所以,幼儿科学教育活动要努力改变"教师讲、幼儿听,教师做、幼儿看,教师教、幼儿记"的消极被动的学习模式,充分地让幼儿动手、动口、动脑,主动积极地去活动、去探索、去发现。

(1) 操作活动

操作活动就是让幼儿充分利用周围环境、各种设备材料,进行各种尝试,获得直接的体验与感受的活动。例如,在小班"有趣的鸡蛋"的活动中,教师设计了以下的操作活动:为孩子收集准备了许多碎海绵、沙子、碎布、各种各样的瓶子、盖子、油泥、珠子等,让幼儿操作探究:"怎样让鸡蛋站起来?"孩子通过操作,让鸡蛋站在沙子里、油泥里、瓶口上……以此了解鸡蛋的形状。又如案例6-2。

案例 6-2

各种各样的电池(中班)

在"各种各样的电池"的活动中,教师为幼儿准备了各种各样的电动玩具及各种规格的电池,让幼儿自己装电磁,玩玩具。幼儿通过自己的观察、摆弄、操作,了解装电池的地方及电池的大小配对,装电池应注意的问题等,从而引导幼儿了解电池的作用。幼儿的操作过程就是一个学习发展的过程。孩子们在运用这些材料操作的过程中,还发现了电池有不同的型号:7号、5号、2号等。电池还标有"＋"、"－"符号。孩子们通过几次的操作、思考后找到了装电池、玩电动玩具的窍门,同时也增强了对科学探究的兴趣。

幼儿是在动手操作、动脑思考的活动中学习和发展的。教师在为幼儿设计科学活动时,要特别考虑该活动是否能使幼儿动手操作。有些内容是不容易让幼儿动手操作的,我们应想方设法让幼儿操作活动起来。例如,在"认识眼睛"的活动中,一般来说,很难让幼儿进行

操作活动,但教师可以通过"照一照"——用镜子照眼睛;"画一画"——用纸、笔画眼睛;"比一比"——和小朋友比较一下;"找一找"——找脸谱上的眼睛有没有画错;"改一改"——脸谱上如有画错的地方就改一下等各种办法进行操作。

动手操作的活动要反复多次,让幼儿在多次操作、反复感知思考的基础上认识事物、了解自然规律,例如案例6-3。

案例 6-3

认识电（中班）

在"认识电"的活动中,教师设计了三次不同类型的操作活动,让幼儿通过不同内容的操作,了解电的作用。

第一次,让幼儿自己玩一些家用小电器(电吹风、录音机等)或电动玩具,了解怎么玩,发现了什么。

第二次,让幼儿试一试电是否真的能让东西发光、发热、发声或使机器转动。

第三次,再次让幼儿操作,这次操作主要是让幼儿玩一下没有操作过的东西。这样,才能使幼儿充分感知、经历科学发现的过程。

操作活动的形式是相当多的,小实验、小制作、采集、记录、种植、饲养、测量、分类等都是有趣的操作活动。教师要考虑在整个科学教育活动过程中幼儿的操作活动,提供充分的机会以及工具、用品、材料等,尽量让每个幼儿都动起手来。

(2) 讨论活动

讨论活动就是把教学内容中的重点、难点和幼儿的疑点作为问题向幼儿提出,或由幼儿自己提出,让幼儿七嘴八舌地讨论,互相补充,互相启发,充分思考,发展幼儿的思维能力和语言表达能力。以往的科学教育活动,过多地用一问一答式的教学模式。曾有人作过这样一个调查统计:在一次集体性活动中,最高的发言人次为六七十人次,人均回答两次,但做进一步的分析,发现其中有些幼儿回答三四次,甚至四五次,有些幼儿却一次也没有回答。所以他们虽然在一起学习,而实际参与活动的机会是不均等的。这样一问一答式的教学模式,减少了幼儿发言的机会,降低了幼儿的智力活动的密度。要改变这样的状况,讨论是很好的办法。讨论可以让幼儿人人动口,给每个幼儿更多的说话机会,无论幼儿处于何种水平,都可以得到发展。当教师把有关内容的重点、难点、疑点作为问题向幼儿提出后,先不急于让幼儿回答,而让幼儿互相商量、七嘴八舌地参与讨论。例如,在"洗涤剂"的活动中,当幼儿了解了有各种各样的洗涤剂后,教师提出问题:"工人叔叔为什么要生产出这么多不同的洗涤剂?"然后让他们随意分组讨论,每个孩子都积极地参与讨论,在充分讨论的基础上得出结论:工人叔叔生产出这么多的洗涤剂,是为了使我们洗东西干净、方便、省力。

（3）发现活动

发现活动是不把答案直接告诉幼儿,而是创设环境,准备材料,组织各种活动,带领幼儿寻找答案,让幼儿多动脑的活动(案例 6-4)。幼儿科学教育的主要目标不是获取知识,而是激发兴趣,陶冶情感,发展能力,学习探究的方法。教师的注意力不应只放在学习"结果"上,而应注重学习过程,让幼儿亲历科学家的发现过程。在教师精心设计的科学活动过程中,活动、尝试、观察、比较分析、概括,再找出答案,这是思维的体操,是培养幼儿兴趣和能力的重要途径。

案例
6-4

棉花（大班）

在主题为"棉花"的集体教学活动中,教师并不是直接指导幼儿去得出棉花有何特性的结论,而是通过为幼儿准备各种材料,即棉花、小瓶子、小盆子(内装有水、剪刀等各种材料),然后鼓励幼儿用各种方法来玩棉花,试一试有些什么办法来玩棉花:将棉花塞在小瓶子里,将棉花撕一撕、吹一吹,将棉花放在水里玩一玩;比一比哪个小朋友玩棉花的方法多。在玩的时候让幼儿想一想:你发现棉花是什么样子的。幼儿通过撕棉花、吹棉花,往空瓶里塞棉花,往有水的盆子里放棉花等活动,发现棉花能吸水、有弹性、很轻、能用手撕开等的特性。

所以在科学教育过程中,凡是幼儿能想的就让他自己想,凡是幼儿能做的,就让他自己做,尽量设计一些能让幼儿多动脑、多思考的活动,使其体验发现者的自豪,学习探究方法。

（4）记录活动

记录活动就是幼儿用图画、符号、数字、照片,甚至是简单的文字等多种适宜的形式,将自己在科学活动中的想法、计划、问题、所获得的经验、设想和感受,以及在探究中运用的方法和过程等记录下来,以进行表达表现、与同伴或成人交流的活动。在设计科学活动时,应该考虑儿童可以在哪些环节进行记录,应该引导他们用什么方式进行记录,以及记录些什么内容。

首先,应安排一定的时间给予幼儿进行记录。记录一定是在探究的基础上进行的,只有当儿童在对探究的事物有所了解时,在运用了自己能理解的方式进行探究时,对自己的探究结果满意时,他们才会有记录的意愿。这就提醒我们,在幼儿进行探究时,一定要留给幼儿充足的时间才能使他们将自己的想法等记录下来。其次,要提供一定物质条件。例如给予纸张和画笔,或者表格等,以及其他可供儿童记录的工具。再次,要创设宽松自由的心理环境,耐心倾听他们的心声,理解他们记录的内容,使记录真正成为培养儿童探究兴趣的手段,养成幼儿严谨、科学的态度,同时,也使得教师能了解幼儿内心的想法。

以上各类活动是从不同角度来阐述的,各类活动之间有交叉,如发现活动也可以同时是操作活动。另外,这几种活动也没能穷尽科学教育过程中幼儿的所有活动,如除了动手以外,还有身体活动等。

3. 活动方法的设计

在设计科学教育活动时,活动方法的设计是很重要的一环。它既包括教师教的方法,也包括幼儿学习的方法。前面我们已经介绍了各种不同的科学教育方法,在具体的科学教育活动过程中,这些方法一般都是配合使用的。

在科学教育过程中,教师既要反复研究每一次科学教育活动的目标,还要对各种教学方法加以比较,从中选择对实现教育目标最为有效的一种或几种方法来使用。一般说来,设计活动方法时应考虑以下几个方面。

(1) 根据活动目标设计方法

科学教育的方法是教师为实现科学教育目标而采取的方法,它是为活动目标服务的。而在每次科学教育活动过程中,具体的活动目标又是不同的,因此就应采用不同的活动方法。例如,在介绍新知识时,教师可以安排一些观察、实验的方法,同时还可穿插一些信息交流的方法。在幼儿已掌握了一些知识内容的基础上,就可以采用巩固知识能力的方法。例如,采用游戏的方法来复习巩固等。又如在以发展分类能力的目标指引下,就应采用分类的方法进行活动。

(2) 根据活动内容设计方法

科学教育内容具有广泛性的特点,涉及自然科学的许多学科领域,各部分的教育内容具有不同的性质,这对方法的选择和运用具有一定的制约性。从总体上看,科学教育多采用实物观察、小实验、种植与饲养等方法。从具体内容看,有关动植物、人体的内容多用观察的方法,有些植物、部分动物包括人体,可用实验的方法;动植物又可用饲养、种植的方法;非生物的内容多用观察、实验、测量、分类的方法。总之,针对各种不同的内容,都必须考虑不同的活动方法。

(3) 根据本班幼儿的特点设计方法

从总体上说,前面所介绍的各种教学方法之所以成为科学教育中常用的基本方法,是因为它们既体现了教学的普遍规律,又符合幼儿的年龄特点,能为幼儿所接受,在实际工作中也是行之有效的。此外,还应看到,各种方法之所以构成一种独特的方法,是因为它们所采用的基本手段(直接感知、语言交流、动手操作等)各不相同,这些不同的手段对幼儿的经验基础、认知能力有不同的要求。要使各种方法在使用时能达到预期的效果,就必须考虑幼儿的实际水平能否适应这些方法的需要。一般认为,幼儿年龄越小,直观的、游戏的方法越重要,随着年龄的增长,以语言为主要手段的方法可以适当增加;同时,年龄越小,在一次活动过程中采用同一种方法的时间要越短,因为年龄幼小的幼儿注意力不易长时间集中。幼儿的科学经验基础不同,在运用方法时,也要有所区别。在幼儿对某些知识已有一定基础时,可以采用信息交流等间接的方法;在幼儿对知识或现象缺乏感性认识时,应尽量运用直观的手段。在设计方法时,还要注意班级特点,如幼儿的知识水平差异、思维灵活性、表达能力等。总之,要从幼儿的实际出发设计方法。

▲ 图 6-17 年龄越小，游戏的方法越重要　　　　▲ 图 6-18 注重班级幼儿特点，也要注重个体差异

（4）根据幼儿园设备条件设计方法

由于各地区、各幼儿园的地理环境和物质条件有差异，教师在设计方法时，必须因地制宜，从幼儿实际出发，选用切实可行的而且行之有效的方法。例如，农村的幼儿园和城市的幼儿园环境条件就有不同。农村的幼儿园，可充分利用周围的自然条件，进行实地参观、观察、种植、饲养等以认识环境；而城市幼儿园对一些诸如城市交通、现代建筑等内容的认识也可运用实地参观的方法，而对一些田地、饲养场等自然的了解，有时只可通过挂图、投影、视频等方法进行。同样地区的幼儿园各种活动条件也不尽相同，有的幼儿园设备较齐全，使用实验方法时得心应手，而有的幼儿园设备仪器很少，教师就必须从实际出发，自制必要的教学用具，或设计其他的方法。当然，有些环境条件是靠人去创造的，教师应积极创造条件，以便更多地设计那些适合幼儿的、效果明显的方法。

（5）各种方法应结合使用

根据教学论的基本观点，教育活动既然是幼儿认识周围世界的一种特殊形式，就必然受到人类认识规律的制约。心理学在研究人类的认识过程时，既分析了人类对客观世界的认识需要通过感知、记忆、想象、思维等由简单到复杂（即由感性到理性）的种种活动，又指出这些活动从来都不是单独存在，而是互相联系不可分割的。这就要求我们在设计方法时，不能把各种着重于进行感知促进记忆的、发展思维或想象的方法孤立起来使用，只有把多种方法配合起来使用，才能更好地完善整个认识过程。例如，外出参观（观察方法）可以使幼儿直接接触周围环境，获得丰富的感性印象，却因客观环境中干扰的因素太多，致使幼儿得到的印象比较零散。信息交流的优点在于帮助幼儿加深印象，巩固知识经验，但它在幼儿没有一定经验基础的情况下，是无法使用的。另外，在一次活动过程中，如果单纯使用一种方法，也会使幼儿感到厌烦，注意力难以持久，最终达不到预期目标。各种方法除有自身特点外，它们之间还有着互相渗透的关系，不能截然分开。例如，在运用观察法的过程中，离不开教师的提问和幼儿对观察结果的回答，即离不开信息交流中的谈话的方法。又如在小实验过程中，也离不开观察法的运用。因此，在实际活动过程中，只有把各种方法结合起来灵活地运用，才能保证活动目标全面达成。

4. 教师语言的设计

教师的语言对科学教育活动起着至关重要的作用。在科学教育活动过程中，教师的语言主要表现在讲解、谈话和提问上。关于教师的提问，我们将在下一点中进行专题讨论。为使教师的语言发挥应有的作用，设计教师的语言时应注意以下几点。

（1）教师的语言应有明确的目的性

教师的语言要围绕科学活动的目标来进行，把幼儿的注意力始终集中在活动的目标上，使科学教育活动过程始终保持应有的意识水平。例如，组织幼儿观察季节特征时，教师应抓住季节与动植物的变化、人们的服装以及自然界变化间的联系和因果关系进行引导观察，不必去深入认识某一动植物的特征或描述人们的服装。

（2）教师的语言应具体形象

由于幼儿的思维具有具体形象性、情绪性和情景性的特点，在科学活动过程中，教师运用生动形象的语言，不仅便于幼儿接受和理解，而且还可以激发幼儿探究的兴趣和积极性。为使语言具有形象性，可以抓住科学物体与现象特征，选择幼儿易于理解的词汇进行恰当的描述。例如，在描述小白兔身上的毛时，可以说"小白兔身上的毛是雪白雪白的"。又如描述雨后的彩虹时，可以说"天空的彩虹真像一条七色的彩带"等。

（3）教师的语言应富于启发性

在活动中，教师所提的问题或讲解，能揭露事物的一定矛盾，能激发幼儿在解决一定的矛盾的过程中进行积极的思维活动。教师对于幼儿科学探究过程的指导，主要是通过提出有质量的问题实现的。教师的语言要抓住要害、逐步深入，要简单明确、难易适度，并且少用暗示的语言。如问："公鸡身上有什么？有点会飞的？"这个问题就有着极强的暗示性。另外，还要注意积极引导，避免用否定式的语言，如"你不知道吧，这缸里有什么"。总之，在科学活动中要多用开放式语言，少用或不用封闭式语言。

（4）教师的语言本身应有逻辑

这要求运用确切的语言，按照语法规则，层次分明，有条不紊，正确地表述，引导幼儿逐步地分析，达到概念明确，判断恰当，推理合乎逻辑。如果教师的语言或提问不合逻辑，幼儿就无法理解。例如教师在幼儿观察蚂蚁活动中的主要提问（案例 6-5）。

案例 6-5

"观察蚂蚁"活动中的提问

教师可向幼儿逐步提出下列问题：

"仔细地找一找，看看哪里能找到蚂蚁？"

"轻轻地捉一只蚂蚁看一看，它长得什么样？"

"仔细地看一看，蚂蚁在地上爬来爬去干什么？"

"蚂蚁的家在哪里？"

"蚂蚁发现食物后会做些什么？它用什么办法告诉同伴前面有食物？"

"蚂蚁怎样搬食物？怎样搬小的食物？怎样搬大的食物？"

5. 教师提问的设计

教师对于科学活动过程的指导，主要是通过提出有质量的问题实现的。有质量的提问能推进幼儿思考，促使幼儿去探究、去发现。科学教育活动中的问题主要有两大类：一类是理论性问题和操作性问题；另一类是封闭式的问题和开放式问题。

（1）理论性问题和操作性问题

根据解答问题需要的努力或操作方式的不同，可以将问题分为理论性问题和操作性问题。这种提法是由美国宾州大学教授 Aifke 最先提出的。

第一类是理论性问题。 理论性问题是一种需要高度的理论来解答的问题，或者是它的答案相当复杂，幼儿无法真正地理解。这类问题通常以"为什么"开头，例如问："为什么现在世界上没有恐龙？""为什么月亮是圆的？"这种答案只能用阅读的方法或请教专家来找出。无论是哪种方式，幼儿很少能从他所找到的答案得到什么收获，因为他们根本没有那种认知结构或经验背景去理解。虽然如此，但可阅读科学性读物充实这方面的知识，作为日后进一步深思或探讨的基础经验，或以其概括印象提供某种情感态度的基础。在整体科学素养的培养上，理论性问题仍有其价值。

第二类是操作性问题。 操作性问题是一种可以通过幼儿自身的操作来寻求答案的问题。这一类问题直接或暗示地指出，应该怎样利用科学材料去得到问题的答案。例如问："如果把纸放到水里，会发生什么事情？"解答问题的方式可以是让幼儿把纸放在水中试一试。又如问："蜡烛放在不同大小的玻璃瓶里燃烧，会有怎样不同的结果？"只要有这些材料，就可以试一试。幼儿可以通过亲自观察、实验等操作活动，对操作性问题找出答案。幼儿在操作过程中不仅形成科学经验，熟练各种科学过程技能，也可培养他们的科学情感和态度。

既然理论性问题幼儿难以回答，其答案是一种他们无法理解的科学道理，在活动中教师就要避免向幼儿提出理论性问题，而尽量地运用操作性问题。但是操作性问题在运用时，也需要注意它的适切性。操作性问题所涉及的是能力技能活动的层面，不是单纯的教师提问，然后幼儿回答，而是一种需要在活动过程中，通过幼儿自身的探究活动得出答案的过程。因此，在设计教师的提问时，要考虑在一个活动中，哪些环节是可以提出操作性问题的，因为一个操作性问题的提出带来的是一系列的操作与思考。

（2）开放式问题和封闭式问题

根据问题答案的性质，可以将提问分为开放式问题和封闭式问题。

第一类是开放式问题。 开放式问题是指问题的答案应具有开放性，一个问题可出现多种答案，答案不是固定的、唯一的。例如问："你怎么发现的？"每一个幼儿的回答会不一样，即使相似也不会完全相同。又如问："石头有什么用？"石头的用处有很多种，而不只是一个答案。在科学活动中开放式问题的功能表现在以下方面：①提醒探究发现："蜗牛吃什么东西？"②诱发预测："如果……你想会怎样？"③引导深入探究："为什么你认为天平那边会低下去？"④促进推理："说说看，为什么会这边感觉干，那边感觉湿？"⑤鼓励另一种尝试："想一想，你可以用什么办法，使蚯蚓从那一边爬出来？"⑥激发创造性思考："如果……将怎么样？"

⑦流露感情和价值："这项活动,你们最喜欢的是什么地方?"

第二类是封闭式问题。 封闭式问题和开放性问题正好相反,其答案虽然不一定是一个,但正确答案是固定的,是唯一的。例如问:"母鸡会游泳吗?""这种昆虫的名字叫什么?""刚才我们看到的是什么?"等等,这些问题的答案只可能是一个。虽然在科学活动中,教师大多会考虑如何提出一些开放式的问题,让幼儿能充分地、开放式地思考,而且有时甚至认为封闭式问题是错误的,是和注入式教育联系在一起的。但是,封闭式问题在科学活动中仍有其必要性。在科学活动中封闭式问题的功能表现在以下方面:①引导注意焦点:"哪一杯水最热?"②协助回忆所学:"你刚才最先做什么?""这些材料中,哪些被磁铁吸住了?"③回忆先前的观察:"豆子泡水一天后,和昨天一样吗?""哪一棵树比较高?"

▲ 图6-19 讲解是封闭式问题对应的常用教学方法

开放式问题和封闭式问题在科学教育活动中都有其各自的功能。封闭式问题是在直接指导一些主题内容、概念或过程中提出的,与之相应的教学方法包括讲解、说明和示范等。由于它们的解题空间有限,因此答案明确,可以预测。开放式问题不仅指向知识经验的获得,而且指向幼儿的操作活动,指向科学探究过程。在教师的启发性问题下,幼儿不仅需要回答问题,而且还能发现问题、提出问题,能促进幼儿的求知欲、思维能力和创造性的发展。但是所学的结果,却不易被预测和评估。虽然在现代科学活动中,比较强调以开放式的问题为主,但是封闭式问题得到解答后的追踪问题,也常是开放性的,例如问:"你怎么知道的? 你怎么发现的? 你能做给我们看吗?"这些问题往往是在"是什么"、"怎么样的"之类问题后提出的。特别对于幼儿来说,封闭式问题更有其必要性。为引导幼儿学习,应兼封闭式和开放式的问题。在学习过程中,两种问题配合使用效果才是最好的。

在教师的提问中,除了要注意用好不同类型的提问以外,在具体提问时,还应注意以下六 W 和一 H 事项:我要问的对象——是谁(Who),我要问的理由——是什么(What),我准备什么时间在什么场合问——何时(When)、何处(Where),我这样问的好处——为什么值得问(Why),以什么方式呈现问题(How)。最后一点是在确定以上几个方面后加以考虑的。另外在具体提问时,还应该要考虑到在一个集体教学活动中,提多少问题是适合的;所提的问题应该确定在什么层次:记忆、理解、应用、分析、综合还是评价;问题应该如何措辞,才能使幼儿清楚地了解。例如,对于幼儿来说,句子太长的提问,以及逻辑性不强的提问,都是不合适的。

6. 结尾活动的设计

幼儿科学教育活动应该在幼儿还未疲劳的时候结束,形式可以是多种多样的。如可以采用故事式结尾、游戏式结尾等。无论是采用哪种形式,教师都应该鼓励幼儿在集体活动结束后,继续在科学角、科学活动室、园地或家里等地方进行探究活动。因为集体教学活动是要受时间限制的,一般小班不超过 20 分钟,中班、大班不超过 30—35 分钟。但是幼儿的探究欲望是无止境的,所以集体性活动的结束应该是开放式的,一般多采用交代任务、鼓励幼儿继续发现的方式结束。

视频:影子(大班)

扫一扫,看视频

说明: 本视频是一个对影子进行探究的大班集体活动。其目标主要是使幼儿通过活动,发现影子的大小随物体与光源之间距离的变化而变化的有趣现象,并运用"近大远小"现象解决问题。教师在活动前进行了精心的设计,包括每一个提问和幼儿的操作,并且提供了有趣的、能激发幼儿积极探究的情节。在整个活动中,教师面向全体幼儿,自始至终有计划地推进幼儿的探究。幼儿在活动中,除了探究影子现象,也体验到了与同伴共同完成探究的乐趣。

🔍 实践与应用

造高楼(大班)

一、活动目标

1. 运用不同方法搭建高楼,探索搭得又高又稳的好方法,体验搭建的乐趣。

2. 在自由探索中,发展幼儿的预测与推断能力。

二、活动准备

木制积木、ppt、音乐、电风扇、标尺。

三、活动过程

(一)引起兴趣

1. 引导语:你知道上海有哪些建筑很高?(金茂大厦、东方明珠)

2. 你们想不想也来造一幢高楼?

(二)第一次尝试

1. 引导语:比一比谁的楼房高?

2. 自由搭建(10 块积木)。

3. 分享交流。

(1)共同用目测或标尺测量的方法比一比谁的楼更高。

(2)小结:积木竖着对整齐,搭的楼会更高。

(三)第二次尝试

1. 引导语:楼要牢固,不怕风吹雨淋,人们才能安心住进去。

2. 幼儿尝试搭建。

3. 分享交流。

（1）引导语：这次你们用了什么好办法让楼房变牢固呢？

（2）结合幼儿经验小结。

4. 验证牢固程度。

（1）引导语：是不是真的像你们想的那样牢固呢？哪一幢高楼会更牢固？

（2）教师用电风扇进行大风实验。

5. 结合实验结果小结。

6. 观看图片（图片1：有柱子的楼房；图片2：四面突显墙体的房子；图片3：宝塔形的房子）。

（1）引导语：你们都验证了那么多的好方法，那么我们的工人叔叔使用了什么好方法？

（2）小结：柱子多更牢固；前后左右都有墙，更牢固；下面大，上面小更牢固。

（四）第三次尝试

1. 引导语：你们可以用这些好办法，也可以用另外的办法，造一幢又高又稳的楼房。

2. 幼儿再次尝试搭建。

3. 分享交流。

（1）共同用目测或标尺测量的方法比一比谁的楼更高。教师用电风扇进行大风实验，比一比哪幢大楼又高又稳。

（2）小结：结合幼儿经验小结，地盘面积大，材料多，更稳固。

四、延伸活动

1. 布置各种各样房子的版面，引导幼儿观察特殊的建筑，如中国馆（外观下面小上面大），思考其搭建的方法。

2. 在区角游戏中创建"建筑工地"的建构游戏，鼓励幼儿继续探索搭建又高又牢固的房子。

分　析

造高楼的活动，是大班的活动内容。该活动源于幼儿对建构游戏的喜爱。幼儿在建构游戏中，房子建得高一些就会倒塌，针对这一现象教师设计了这一活动。旨在引导幼儿围绕"造高楼"的主题进行探究活动，发展幼儿的预测与推断能力。

教师设计了两人一组小组，提供每组数量相同的积木，让幼儿合作自己去探究高楼不倒的秘密。孩子们通过探究了解了怎样使楼搭建得更高的办法,并且前后三次进行了尝试,每次的探究活动都有新的要求。最后,幼儿通过自己的尝试,使自己的"高楼"搭建得又高又稳。

在整个探究活动中,既有幼儿的操作活动、发现活动,还有幼儿的讨论交流互动。并且通过"问题-预测推断-验证-交流-结论"的探究过程,不仅使幼儿获得了新经验,更使幼儿亲历科学发现的过程。幼儿在探究中认识自然事物与现象,形成受益终身的学习态度和能力。

 课后作业

作业1

分析题。

1. 阅读以上"造高楼"的案例,其中运用了哪些具体的科学教育的方法?

2. 想一想这些方法是否可以用其他方法代替,为什么?

作业2

观摩与分析活动。

1. 观摩幼儿园小、中、大年龄班的集体科学教育活动各1—2节,然后进行讨论,并做见习记录。

2. 听取执教教师和学校指导教师对所观摩活动的评析,以对集体科学教育活动有更深的印象。

作业3

设计活动。

1. 全班选择一个主题,然后以小组为单位,根据集体教育活动设计的要求,撰写一份完整的科学集体教学活动的教案。

2. 在小组设计的基础上,进行全班讨论,然后各小组根据讨论内容修改教案。

3. 请若干名学生进行试教,全班进行分析点评。

资源链接

1. 李季湄,冯晓霞主编,《3—6岁儿童学习与指南》解读——在集体教学活动中使用《指南》,人民教育出版社,2013年3月。

2. 洪素云,3—6岁儿童学习与发展指南背景下对科学集体教学活动的思考,福建教育,

2014 年第 Z3 期。

　　3. 陈琼,幼儿园科学领域活动的有效性分析报告,科教文汇(下旬刊),2013 年第 2 期。

　　4. 赵丽婷,探究幼儿园集体科学活动组织存在的问题及解决策略,新校园(阅读),2018 年第 1 期。

　　5. 史王平,有效开展幼儿园科学探究集体教学活动之我见,陕西教育(教学版),2019 年第 Z1 期。

　　6. 吴马利,幼儿园科学领域集体教学活动游戏化组织措施,中国少年,2019 年第 6 期。

7

第七单元
活动区中科学教育的设计与指导

通过活动区进行科学教育是幼儿科学教育的一种重要的途径与方式。活动区中的科学教育有两类：班级活动区和室外园地，两者之间在空间上有不同，但在设计与指导上有相似之处。班级活动区又包括科学活动区和自然角，而室外的园地除了一些绿化、沙水池以外，主要包括种植角、饲养角和气象角。活动区域是幼儿自由探索和发现的场所，在与科学相关的不同区域中，幼儿可以自主选择活动内容、活动材料、活动方式，按自己的兴趣，根据自己的学习特点与进程进行科学探究和游戏。本单元分别通过对班级科学区、园地的涵义与意义，班级活动区的设计、组织与指导，种植角、饲养角和气象角的管理等方面对内容进行了阐述。

● 陈丽已经是一名即将踏入幼儿园工作的准教师，她为了尽快地熟悉工作环境、进入角色，争取尽早成为一名合格的幼儿园教师，最近一直利用各种机会在幼儿园实习。可是，她最近遇到了难以解决的问题：她将大多数的精力放在集体教学上，可是她的师傅王老师却说，活动区的活动对于孩子的成长非常重要，可是怎么进行呢？特别是科学区的活动，更使她感到头疼。把什么材料投放给孩子探究呢？陈丽实在搞不懂。

● 午饭后，陈丽在幼儿园的室外散步，发现在屋后有一片小菜园，里面种了各种蔬菜，而且每一块小菜地种的蔬菜还不一样。陈丽还看到菜园里有不少杂草，她就卷起袖子想走进去拔草，这时来了一位幼儿园的园丁师傅，他阻止了陈丽，说是要和小朋友一起拔草。陈丽又纳闷了，园丁师傅自己不拔草，还不让她拔，是为什么呢？

📚 基础理论

活动区中进行的科学教育包括三种类型，第一类是指在班级中所设立专门的科学活动区，也称班级活动区。第二类是指在其他活动区域中的科学教育，如益智区、音乐区、美工区、表演区、语言区等。第三类是指在幼儿园内专门设置的种植园地和饲养角（统称园地）等。本教材主要针对专门的班级科学活动区（含自然角），以及园地进行讨论。

一、班级活动区设计与指导

教室里的自然角

1. 将全班分为若干小组。

2. 每个小组设想三种可供在教室内饲养或种植的内容，例如土豆发芽。

3. 根据设想准备材料，并进行种植或饲养。

4. 全班交流饲养或种植的体会，以及如何指导幼儿进行。

（一）班级活动区的涵义

班级活动区中的科学教育是指在活动室的区角内进行的科学学习活动。班级活动区包含的内容很丰富，不仅包括科学区、自然角中的科学教育，也包括美工区、角色游戏区、表演区、建构区等其他区域中的科学教育。例如,表演区中的影子舞,在幼儿表演的同时,也可以用投影在布单上的影子来让幼儿观察人的动作。本书主要针对活动区中的科学区(以下简称"科学区")和自然角进行讨论。科学区是指在班级活动室内为幼儿创设的、可以自由进行实验操作和科学探究的场所。自然角是指在幼儿园的室内、廊沿或活动室的一角,供饲养小动物、栽培植物、陈列幼儿收集的无生物及实验用品等的场所。

首先,班级活动区是教师为幼儿创设了宽松和谐的环境,提供丰富的材料和设备,供幼儿按自己的意愿和兴趣,从自己的发展水平出发选择活动的内容,决定学习的方法。例如,在一次活动中,有的幼儿选择了放大镜和各种种子,他们运用放大镜比较各种种子的不同;有的幼儿选择了电珠、电池和电线,他们在做会发光的小电珠的实验。在这样的活动中,幼儿的探究活动比较自由,教师除了为幼儿创设条件、设备外,也可做少量指导,特别是当幼儿在探究过程中发现了问题、遇到了困难时,教师可做启发帮助,提出一些思考性的问题,鼓励他们继续探究。

其次,班级活动区是根据幼儿自己的意愿和兴趣来选择并进行操作的,所以更能激发幼儿学科学的积极性与主动性。当幼儿发现了自己从未注意到的科学现象,或是问题得到圆满解决时,能让幼儿充分感受到自己的能力或成功的喜悦,引起再探究的愿望,并能因此增强幼儿的自信心,发展他们良好的个性品质。活动区还有利于幼儿独立能力和交往能力的培养。由于这种活动形式往往以幼儿个人选择为活动方式,幼儿是通过独立操作来完成任务的,所以,在这样的不断的独立操作、积极探究、获得发现、表达交流的过程中,培养了幼儿的独立能力。活动区又是自由宽松的活动,可以三三两两地与同伴商量、合作,进行操作及交流各方面的信息,幼儿在这样的活动过程中,学习了如何合作,如何交流、表达,这对发展幼儿的交往能力及社会适应性都有很大的促进作用。《指南》指出:"引导幼儿根据常见物质、材料的特性和物体的结构特点,推测和证实它们的用途。如:带轮子的物体方便移动;不同用途的车辆有不同的结构,等等。"

再次,班级活动区没有固定的组织形式。根据幼儿的意愿及活动的需要,有的是以个别形式进行活动,有的是以几个同伴或小组的形式进行活动。至于他们究竟是和谁一起进行科学探究活动,完全是根据他们自己的意愿。

(二) 科学区活动的设计与指导

根据对班级活动区性质的分析,可以了解在班级活动区中,教师主要是进行间接指导,为幼儿创设环境、提供材料,并在活动过程中给予必要的支持与指导。但这并不等于说,教师在活动前不需要对班级活动区中的科学教育进行设计、任其自然。而正相反,班级活动区同样要求教师进行精心设计,只是设计的重点与角度有所不同而已。需要说明的是,班级活动区的设计,因为其特点的关系,往往是从一个时间段去考虑活动设计,即班级活动区设计不能如同集体科学教学活动那样,以一次活动为时间单元。一个时间阶段的长短,要根据班级所在幼儿园的情况而定。

1. 科学区的设计

（1）活动目标的设计

设计科学区活动的目标时，应特别注意以下几个方面。

▲ 图 7-1　对某些有特别需要的幼儿，可以有针对性地设计目标

第一，根据幼儿个别情况设计目标。 科学区的特点，是幼儿在活动中具有较大的自由度和灵活性，可以根据自己的兴趣和需要，从自己原有的水平出发，用自己的方式进行选择与探究。根据这些特点，科学区没有全班统一的活动目标，也没有如同集体科学活动那样的每一次活动都有明确目标。教师往往只为幼儿提供、准备各种科学活动所需的材料和设备，创设时间和空间，营造科学探究的气氛。但是作为教育活动，它必定是有目标的，只是这个目标比较笼统、宽泛，是方向性的目标。例如，在某个阶段中，侧重点是培养幼儿科学探究的兴趣，但究竟培养幼儿对哪些具体事物或者探究活动的兴趣，幼儿的这种兴趣水平如何定位，教师一般就无法给予确定。在这样的活动中，教师可以在对幼儿观察了解的基础上，有意识地特别对一些幼儿进行重点的指导，这些幼儿大多是需要特别关注的。如有些幼儿各方面的发展比较好，还有些是有特别需要的幼儿等，教师可以针对这样一些幼儿的特殊情况，设计具体的目标。例如，班上新来了一名幼儿，从未上过幼儿园，或刚从其他幼儿园转来，教师可根据他的情况进行专门的设计。

案例 7-1

让橡皮泥浮起来

今天，老师在美工区投放了橡皮泥，鼓励小朋友捏出各种有趣的小动物。小明拿起一块橡皮泥，来到自然角的鱼缸边。老师急切地走过来询问："你想喂鱼吗？"小明说："我想让橡皮泥漂起来。"老师提出了建议："老师给你再打一盆水，咱们别打扰小鱼行吗？"小明欣然接受，开始了自己的实验。

他把橡皮泥团成球放进水里，沉下去了。

他把橡皮泥压成薄薄的饼状放进水里，又沉下去了。

他把橡皮泥搓成细长条放进去，还是沉下去了。

他停下来开始思考……

这次，他把橡皮泥扯成一粒一粒的放进水里，结果还是沉下去了。

他开始环顾四周，看见了昨天折的小船，想了一下。

这次，他试着把橡皮泥做成了小船的形状，橡皮泥终于浮在了水面上。

他高兴得跳了起来，跑向老师报告他的成功。

第二，根据活动情况设计、调整目标。 科学区的另一个重要特点，就是需要教师事先为幼儿准备各种设备和材料，供他们进行科学活动。这些材料和设备的准备当然不是无依据的，而是根据活动目标、幼儿的探究兴趣和需要而来的。目标的设计既要根据每一阶段活动的总体目标，又要根据前几次活动的具体情况来确定和调整，即本阶段活动目标的提出，往往是建立在前几次活动结果基础之上的。教师在科学区过程中，应仔细观察幼儿的活动，观察幼儿在活动中的需求，了解幼儿对材料的兴趣；观察幼儿在探究活动过程中的情况，包括他们探究的方法、发生的困难，幼儿之间的互动情况，以及幼儿的个性差异、情感态度特点、认知水平等，以不断地寻找幼儿学习的最近发展区，对他们提出进一步的发展要求。

> **案例 7-2**
>
> ## 透过平的玻璃看到的东西是怎样的？
>
> 　　辛老师在班级的科学区中投放了凹和凸的两种透镜，并且配备了一些可以透过这些透镜看的小图片和小玩具，幼儿很喜欢。辛老师注意到经过几次活动后，部分幼儿对透镜发生了浓厚的兴趣，他们发现了凹镜和凸镜的不同，而且每次活动结束时，还不肯放弃探究。但是过了一段时间，幼儿的兴趣似乎减弱了。有一个幼儿向辛老师提出："透过平的玻璃（幼儿是与凹和凸的玻璃相比而提出的）看到的东西又是怎样的呢？"辛老师觉得幼儿的问题很有意思，据此，辛教师调整了活动目标，提出了"让幼儿玩平、凹、凸三种玻璃，并比较其异同"的目标。

　　总之，科学区中的活动目标是清晰的、有序的，但是非即时的。

（2）活动内容的设计

　　科学区活动可以根据场地大小、材料的丰富性等条件进行内容设计，还可以结合班级的活动主题来设计。科学角的场地面积相对较小，设置的内容就不宜太多，在品种上也要考虑某些占地较多的内容不宜摆放。但无论是怎样的场地，以及是否与活动主题相结合，科学区的内容设计一般可归为以下几类。

　　操作实验类 操作实验类的内容是可供幼儿自己实验、操作、观察、探究的材料、物品。这些物品是幼儿最喜爱的内容，也是科学区活动中最关键的内容。

　　第一，常见的物体和各种材料：水、沙、黏土、布、纸和纸板、木、橡皮泥、颜料、塑料、金属、岩石或石、植物的秸秆等。

　　第二，可运动型材料：小汽车、球（各种材料的）、木板或塑料做的表面粗糙程度不同的可供物体滑动的斜坡和轨道、小推车、滑轮及轮子、杠杆设备等。

　　第三，反映能量形式的：光、热、电和磁等。光，如各种镜子（平面镜、三棱镜、凸面镜、凹面镜等）、各种透镜（凸透镜、凹透镜）、调配颜色、三色镜、变色陀螺等。热，如酒精灯、蜡烛、小块铁板、小铁棒或小勺等。电，探索电路的材料有会亮的电珠、手电筒、电池、电线、曲别针、铁片、木片等；探索摩擦生电的材料有玻璃棒、木头、塑料梳子、皮毛、丝绸、碎纸屑等。磁，如磁铁、铁钉、铁砂、曲别针等；非铁制的发亮的材料，如各种扣子、金属或金属丝等。

第四，反映自然力的各种材料。浮力，如水及容器、可沉浮的各种材料（如塑料的小鸭子、木块或其他的木制品、海绵等）；重力，如斜坡、可滚动的各种物体，如车、球。

第五，有关动植物的材料。①动物。当地常见的各种动物，如鱼、蟹、龟、昆虫、兔子、鸡、鸭等，以及捕捉和饲养用具。②植物。供儿童观察和探究的各种植物，使儿童感知到植物种类繁多。不同种类的根、不同种类的茎、不同的花、不同的果实；提供不同生长条件下的植物，如不同的土质和养分、不同的阳光、不同的温度、不同的水分，使儿童发现植物生长的条件；各种种子以及儿童种植和护理所需要的工具，如花盆、盒子及各种容器、浇水用具、小铲子、小锄头、小耙子、小镐头等。

▲ 图 7-2　剪刀、胶带等基本工具

制作创造类　制作创造类的内容是指，制作创造类的内容是提供可供幼儿自己制作各种物品所需的各种材料，供幼儿根据自己的对自然事物的已有经验，进行制作创造。制作创造类的内容需要提供各方面的材料。第一方面是某一种制作所需的特殊的材料，幼儿可以用这些材料来进行制作创造，获得各方面的经验。例如下面罗列的各种材料。

① 各种玩具制作（科学玩具）：例如制作风车、小电话、科幻画等。

② 标本制作：例如树叶标本、种子标本、花的标本、昆虫标本、树叶画等。

③ 陈列品制作：例如萝卜小猪、螺蛳壳小鸡、黄瓜鳄鱼等。

④ 木工活动：木条、锤子、钉子、木胶、螺钉、绳子等。

⑤ 各种建筑活动材料：做水车、风车、降落伞、陀螺等的用具和材料等。

第二方面是一些基本的工具，是可以用于各种制作创造活动的、一些必备的通用材料。比如：安全护目镜；探究时避免弄湿用的工作裙或罩衣；放大镜；各色毛线、各色纸张、可再利用的材料：包装纸、鸡蛋盒、塑料小瓶、一次性餐盘；剪刀、尺等。

▲ 图 7-3　各色毛线

观察阅读类　观察阅读类的内容主要是适用眼睛观察，不宜用手摆弄操作。一般用于让幼儿进行科学阅读，也有的是用于让幼儿用眼睛观察。

各类模型、标本、实物。模型有大地球仪、地图拼图，还可制作各种模型箱，如海底世界、森林里的野兽、鸟的家、猿人生活、南极、北极等。模型箱的制作可在一面为玻璃的大木匣里，用背景图、玩具和废旧材料制作模型，组成

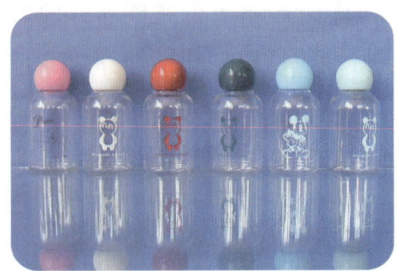

▲ 图 7-4　各色可爱小塑料瓶

各种场景。标本如各种动物、植物的标本。这些标本大都是无法让幼儿触摸的,只能用眼睛观察。实物为各种有关的真实物体。

科学阅读材料。可用于科学阅读的内容有图书(图7-5)、音像资料等。如科学画丛,各类科学图书、录音故事、视频等。科学阅读的各类材料,可以结合活动主题安排,也可以独立安排。科学发现鼓励幼儿接触真实的事物,但是不可能将整个自然界都带到活动室里来。在这里,幼儿可以学习通过资源性的材料来扩展知识。

(a)　　　　　　　　　　　　　　(b)

▲ 图7-5　科学图画书

科学玩具类　科学玩具类的内容大多为购买的玩具成品。目前市场上有很多新颖的科学玩具,这些玩具有的是利用一种科学原理建造并进行游戏的,也有的是建造的材料比较新颖。如电动玩具、机动玩具、声控玩具、遥控玩具、磁性玩具、学习玩具、拼插玩具、其他玩具(如水车、电子琴、哈哈镜)等。

(a)　　　　　　　　　　　　　　(b)

▲ 图7-6　科学玩具

除了以上的内容分类以外,由于当前幼儿园课程基本是以主题的方式开展,教师在设计科学区活动时也应该考虑与主题的结合。在设计内容时可以根据内容与主题的关系来设计内容，例如，在"我们的城市"进行过程中，在科学区中投放了"搭建高楼"的各种材料。另外，在幼儿园通常会根据科学领域的主要经验来设计内容，比如：沙、水、石头；空气和风；声音；电和磁；运动和力；光与影；宇宙；植物等。

装电筒照影子（大班）

案例 7-3

材料：手电筒零件；小帐篷里悬挂着的动物玩具（图7-7）。

玩法：幼儿将零件拼装成手电筒后，钻进帐篷用手电筒照看影子，比较影子的大小、长短、清晰程度等。

提示：幼儿用自己制作的工具进行游戏，有很高的积极性和成就感。

▲ 图7-7 装电筒照影子

多米诺骨牌（大班）

案例 7-4

材料：长方形积木或其他相似材料（图7-8）。

玩法：选择一种材料玩多米诺游戏，图形自选。

提示：当幼儿学会基本方法后，教师可鼓励他们设计较复杂的图形，推倒的骨牌越多越好。

▲ 图7-8 多米诺骨牌

拧螺丝（小班）

案例 7-5

材料：大小、粗细、长短不同的螺丝做成底板；各类螺帽。

玩法：寻找配对的螺丝螺帽，逐一拧紧。

提示：让幼儿接触更多的自然真实的材质，帮助他们走进生活。教师可根据幼儿游戏情况决定材料的多少、难度的大小。

▲ 图7-9 拧螺丝玩具

案例
7-6

汽车下山坡（中班）

　　材料：五根铺有不同材质的滑道（有砂纸、毛巾、塑料等）；五辆相同的小汽车玩具；记录用的纸和笔（图7-10）。

　　玩法：幼儿将小汽车从不同滑道上滑下，观察哪辆车开得最远，比较不同材质摩擦力的不同，并进行记录、交流。

　　提示：也可提供相同材质的滑道，引导幼儿通过垫高滑道的坡度来感知滑坡斜度对汽车行驶远近的影响。

▲ 图7-10　不同材质的滑道

案例
7-7

动物笼子（小班）

材料：纸板箱做的笼子框；回形针、彩色纸条、麦管段、珠珠等。

玩法：选择各种材料编织动物笼子，如串麦管和珠珠、黏纸圈、回形针等。

提示：材料大多废物利用，幼儿在寻找材料时会在生活中有新的发现。

（3）活动材料和设备的设计

　　科学区活动中材料和设备的设计是关键，科学区活动的特点之一，就是幼儿通过教师提供的材料来探究。在设计材料和设备时，除了在性能上有安全可靠等要求外，还应考虑以下几个方面。

　　材料的生活性　《纲要》指出："科学教育应密切联系儿童的实际生活进行，利用身边的事物和现象作为科学探索的对象。"幼儿已有的生活经验是探究未知的基础，因此在科学活动中我们要为幼儿提供日常生活中经常碰到的、感知过的或触摸过的材料，由此引发和保持幼儿对材料的探究欲望。另外，教师要引导幼儿做有心人，与幼儿一起随时随地收集身边易得、卫生、安全的可利用物品，还可以积极争取家长的理解、支持和主动参与，家人共同寻找材料，使幼儿探究材料更为丰富。

神秘的布袋

　　教师为了发展幼儿的感知觉及观察能力，拟进行"神秘的布袋"的活动。因此，为幼儿提供了自制的"神秘袋"——一个布料柔软、袋口能收缩的小布袋，并在布袋内放入幼儿生活中常见的、气味较强、触感较明显的物品，如苹果、小铃铛、毛巾、积木、刷子等材料。然后让幼儿通过以下活动：将手放进布袋中；将鼻子凑近布袋口；一拿起布袋摇一摇，引导幼儿尝试运用不同的感官去探索、发现、猜测布袋内的物品，并讨论使用不同感官猜测物品的感受。这样，幼儿运用各种感官与材料产生了共鸣，体验到了成功的乐趣。而其中使用的材料，都是幼儿生活中常见的东西。

　　材料的结构性　科学材料中的结构，意思是指材料在被使用时能揭示自然现象间的某种关系。有些关系是内在的，例如磁铁、铁块、镍块和铜块集合到一起就有了一种结构，磁铁和铁、镍能发生相互作用，和铜之间却不发生相互作用。我们在操作这些材料时发现的这一现象的概念，就是磁铁的特性。也有一些外在的、强加上去的关系，例如一块木片、一张纸片、一根橡皮筋，这些东西不能相互发生作用去揭示任何自然现象，它们相互之间的关系没有什么形式。根据这样的理论，在选择给予幼儿操作的材料以期达到学习目标时，就需要考虑：将一堆材料放在一起让幼儿探究，这些材料是以什么样的方式组合在一起的呢？这些材料能揭示科学上什么重要的概念？材料必须组成和概念有关的结构，它们还必须有吸引力，这样才会给幼儿一种参与进去的欲望。当然，这意味着这些相互作用的现象的形式，必须是幼儿有能力发现得了的。教师在给幼儿投放材料时，一定要根据设计的内容，选择相应的主体材料和辅助材料，让幼儿学习运用这些材料来尝试解决问题。例如，在"漂亮的羽毛"的活动中，其中有一组材料是这样准备的：纸袋、各种各样的羽毛，另外一些物体，如贝壳和树叶。幼儿会将自己的一袋羽毛用各种方式分类：如漂亮的羽毛和不起眼的羽毛等。

　　材料的层次性　层次性是指以小步递进的形式选择由易到难的内容与材料。幼儿思维的发展是循序渐进的，材料的提供要适宜幼儿的发展特点，体现难易的层次递进，使幼儿在阶梯状的材料中逐步提高各项能力。提供有层次性的材料能引导幼儿选择适合自己能力的材料，慢慢地从一个较低的层次发展到另一个相对高一些的层次。那么就要求投放材料时在难易度上体现出层次性。在适合幼儿的发展水平基础上，考虑幼儿的"最近发展区"，使不同水平的幼儿能够选择到适合于自己的材料及方法进行操作和探究，有效地促进每一个幼儿在原有的基础上得到发展。随着幼儿年龄的增长、经验的丰富，操作活动材料中的自主性可以逐渐减少，以增加难度。所以，应尽可能为幼儿提供体现由浅入深层次递进的材料。

案例
7-9

分类活动"插花"

为了让幼儿学习按一维、二维、三维的特征进行分类,金老师在科学区中设计了"插花"的游戏。为了达到目的,金老师按以下的顺序投放(塑料)花朵的材料:

(1)根据花茎的粗细不同,投放花心大小不同的花朵;

(2)根据花茎的粗细、长短的不同,投放数量不同、花心大小不同的花朵;

(3)根据花茎的粗细、长短、颜色的不同,投放花心大小不同、数量不同及颜色不同的花朵。

这一系列活动材料由浅到深,由易到难。幼儿通过操作材料,使学习和探索不断走向深入,并建立起持久的学习和探究的兴趣。

材料的丰富性 材料的丰富性是指要为幼儿的选择性科学活动提供种类丰富和数量充足的材料,这样可以给幼儿提供较多的选择机会,并有效地减少幼儿无所事事、相互间争执等现象,同时也为他们根据自己的需要选择材料提供物质基础。一般来说,一个科学区内可提供不超过四至六个种类的材料(当然这还是应以幼儿园的面积大小等具体情况而定),每组材料以三或四份为宜。如果材料种类过多,也会造成幼儿因为新刺激过多而不断变换内容的情况。每组材料保证一定的数量,还能使幼儿进行相互交流,获得有关活动方法、活动对象结果等各方面的信息,进而使自身的探究活动不断深入,并能较持久地维持对该活动的兴趣。需要注意的是,新近投入的材料的数量一般要稍多一些,因为幼儿会对最新的材料关注较多,流连的时间也会较长。如果新投入的材料过少,则不利于幼儿的选择。

投放相同的材料,会对幼儿的思考有了一定的限制。让幼儿跳出限制,利用同种材料去发现不同问题,找出不同方法,这就为幼儿独特的思考提供了机会。

案例
7-10

神奇的蔬菜、花朵

为了让幼儿获得从植物中可以提取颜色的经验。蔡老师为幼儿准备了各种不同的蔬菜和花朵等植物。在活动中,让幼儿用不同方法将植物中的颜色取出来。幼儿经过思考后,纷纷提出自己的方法:用石头敲打、用水泡、用纸擦,以亲手操作验证。在这个活动中,蔡老师提供的植物本身就有各种蔬菜和花朵;提供的工具也有水、石头、纸张、各种容器等。通过投放相同类别的材料,幼儿不仅从中学到了提取出植物中颜色的多种方法,更学习到从不同角度去思考的学习方法。

给幼儿提供多种材料,让幼儿去解决同一问题,也能为幼儿提供产生与众不同思维的机会。

让蛋浮起来

案例
7-11

在"让蛋浮起来"的活动中,教师提供了鸡蛋、杯子、纸板、纸、木板等多种材料让幼儿操作。活动开始时,幼儿把蛋直接放入水中,结果蛋沉了下去。这时他们纷纷想办法。有的把蛋放在塑料板上或泡沫板上,再放入水中;有的把蛋放入酒杯、竹桶中,用酒杯、竹桶的浮力将蛋浮在水面;还有的幼儿发现把蛋放在泡沫板上容易滚落水中,又用纸团包住鸡蛋,再放在泡沫板上,使蛋浮在水面上。最后孩子们在教师投放的材料中发现把蛋放入浓盐水中,也会使蛋浮起来时,真是兴奋极了。

在这一活动中,教师提供各种材料,幼儿通过对多种材料的操作,尝试去寻找解决问题的办法。最后了解了各种不同的让蛋浮起来的方法,不仅调动了幼儿的兴趣及其探索欲望,也为幼儿在活动过程中不断发现问题,产生求异思维提供了机会和条件。

2. 科学区活动的实施与指导

科学区是幼儿学科学的重要途径,在科学区角活动中,教师的指导可从以下几方面入手。

(1) 创设良好的心理环境

良好的心理环境是指幼儿学科学的良好心理氛围,是进行科学区活动的前提。教师应提供大量的实践机会和各种教育活动,支持他们按自己的兴趣去参与探究活动;鼓励幼儿大胆探究,大胆表达自己的想法和做法,"真诚地接纳、多方面支持和鼓励幼儿的探索行为。"[1]肯定、鼓励幼儿点点滴滴的进步;教师经常以同伴的身份和幼儿一起进行科学探究活动,让幼儿感受到教师对他们的关心和爱护,使师生间的关系变得积极融洽。在这平等、和谐的气氛中,幼儿的学习就会无拘无束,使其主动性、创造性得以发挥。

在科学区活动中,教师对幼儿要进行有的放矢的指导,对幼儿求异行为的思维加以鼓励和赞扬。鼓励他们的幻想,鼓励答案中表现出来的首创性、多样性,让幼儿们在仔细观察和热烈的讨论中得出结论,从而体验成功的快乐,找到自己在活动中的位置。

---

[1] 摘自《3—6岁儿童学习与发展指南》.

沉与浮

　　大班的科学区活动时间到了,一些幼儿在玩"沉与浮"的活动。他们为了让浮着的物体沉下去,沉着的物体浮起来,互相商量、讨论、尝试,最后他们想出很多办法,借助其他物品能使沉着的物体浮起来,浮着的物体沉下去:石头压在木头上;小钉子放在泡沫板上;瓶子里装满水沉下去……幼儿在自己尝试的过程中,找到了解决问题的办法,高兴得手舞足蹈,心理上得到了极大的满足,体验着成功的快乐和喜悦。在这样的氛围里,幼儿会不断地产生灵感,创新的火花会不断地喷发出来。在这个过程中,教师并没有去干扰或者所谓的指导幼儿,教师始终在一旁观察。当有个别幼儿中断了探索将眼光看向教师时,教师只是微笑地点点头,没有任何的惊讶、疑惑甚至责备的神态。幼儿则在这样无拘无束地氛围中,自始至终沉浸在探索活动中。

　　总之,在科学区活动中,教师应积极鼓励幼儿探究的精神:为幼儿营造宽松和谐的学习氛围,鼓励他们大胆发表自己独特的观点,启发引导幼儿了解事物的不确定性,培养他们既能听取别人的意见,又能主动发现问题,并努力寻求解决问题的方法和途径的能力。

(2) 让幼儿自由选择活动内容和材料

　　在科学区活动中,摆放在幼儿面前的是丰富多彩的活动内容。由于活动内容的丰富性,以及材料的多样性,就使得幼儿的自由选择成为可能。在活动过程中,应让幼儿真正地按自己的兴趣和意愿、自己的水平和需要来选择活动内容与材料。当然,在这样的选择中,一定会有一些情况发生:某些内容没有幼儿选择;而有的内容,特别是新投放的内容选择的人比较多。教师可采取各种方法进行调整,如新投放的材料幼儿选得多,可采取暂时轮换的方法;无人选择的材料可及时撤换或由教师进行一些指导。但不管怎样进行调整,都应尽量满足幼儿的需要,符合他们的自主选择及探究的意愿。

　　科学区的各种材料,应以一种开放的方式呈现。在这种呈现方式下,幼儿有更大的自由选择和自主操作的可能性,他们可以根据自己的意愿和兴趣,选择自己喜欢和乐于操作的各种材料。同时,面对相同的材料,幼儿可能会以不同的方式操作、发现和感受到事物不同的特点和关系。例如,在活动"不同的声音"中,教师提供塑料瓶和可放在瓶中的东西:黄豆、回形针等材料,引导幼儿分辨声音的不同。但幼儿的探索兴趣很高,不满足于现有的材料,此时教师就要及时引导幼儿在"百宝箱"中自由寻找、选取自己需要的材料,幼儿在自由选择了不同的容器后,在探究的过程中他们有了新的发现。将相同的物品放入不同的瓶罐中,将不同的物品放入相同的瓶罐中,将不同数量的物品放入瓶罐中,摇摇瓶发出的声音各不相同。由于新材料的加入,使幼儿的探索活动进一步深入了。允许幼儿按兴趣自选材料实验,也就是允许幼儿尝试失败。幼儿自己用自选材料操作,有的实验成功了,有的发现实验失败了。

实验失败了,却引起了幼儿新的思考:放哪些东西可以产生好听声音,哪些不能,为什么? 这样的失败对教师和幼儿而言应该说是一种成功。值得注意的是,教师应对幼儿操作各种材料可能出现的情况都应有充分、明确、清楚的预想,以便在幼儿需要时给予适宜的支持、帮助和引导,使他们能按自己的设想,将活动顺利开展下去并有更多的发现。

（3）观察了解、及时指导幼儿的活动

在幼儿参与科学区活动的过程中,教师应随时关注他们的操作情况,耐心观察、了解他们的需求和水平。一是要看整个活动环境是否能激发幼儿的活动兴趣,材料是否适合不同水平的幼儿。二是要看个别幼儿的探究情况,如需要、态度、个性等,针对个别幼儿提出问题或要求。教师对幼儿提出问题或要求,是激发幼儿探究欲望和引导幼儿深入探究的重要因素。例如,在玩磁铁时,教师可先提出:"请你试试看,磁铁有什么用?"当遇到幼儿不能耐心仔细地去探究时,教师也可进行提醒:"你是不是把所有的东西都吸过了? 找找看,有没有漏掉的?"但并不是对所有幼儿都提同样的问题,要根据他们的不同情况有的放矢地提问。

案例 7-13

三个孩子的科学活动

▲ 图 7-11　三个孩子的科学活动

一天,科学区的一个角落,三个孩子在玩"水瓶喷喷乐"的游戏,他们分别是小张（男孩）、小樱（女孩）和晓玲（女孩）。他们用透明的饮料瓶装了一些水,将盖子盖上。然后将可弯吸管的一边插在瓶盖的中央,一边连在另一个瓶子的盖子中。再用手动打气筒来将空气打入管子中,这样来了解瓶中的水与空气之间的关系,应老师则在一旁观察（图 7-11）。

应老师观察到,在整个活动中,小张始终是一个主角,一直不停地变换材料和玩法,想让第一个瓶子中的水能通过空气的压力进入到另一个空的瓶子中;小樱是处于一个辅助者的地位,当小张需要取用一些材料,或者要用到水的时候,小樱会很及时地递上;而晓玲则是一个旁观者,从活动开始,一直到结束,她一直在旁观看,时而还会因为其他区角传来的声音而分散了她的注意力。

应老师觉得,之后她要关注小樱和晓玲,特别是晓玲,而且要运用一些方法使她投入到探究活动中。

在活动过程中,有的幼儿会遇到一些困难,有的幼儿则会对教师提出问题。教师对幼儿

的提问做出的不同反应,会对幼儿探究活动产生不同的影响。教师不应直接把问题的答案或解决的方法告诉幼儿,更不能代替幼儿完成;也不能对幼儿的问题不做反应或不提供帮助。应先肯定幼儿的成绩,再鼓励他继续尝试或用提问去引导他,这样来使幼儿通过自己的进一步探究去解决问题。

(4) 指导幼儿遵守活动规则

在科学活动中,制定相应的活动规则是很有必要的。应让每个幼儿都了解活动规则,并在每次活动中提醒他们去遵守。例如,要求幼儿在活动时保持安静,不影响同伴的探究活动。又如,提出互相谦让和轻拿轻放实验材料的要求。这些活动规则应一直坚持,并可以作为活动结束时评价的内容之一,以保证科学区活动的顺利进行。要求幼儿遵守规则,也可以运用一些办法。例如,对于一些材料较少的活动,可以利用一些标识来控制人数,区角前小脚的数目、椅子的数目都是控制人数、培养幼儿遵守规则的办法。

(三) 自然角的设计与活动指导

自然角是指在幼儿园的室内、廊沿或活动室的一角,供饲养小动物、栽培植物、陈列幼儿收集的无生物及实验用品等的场所,是幼儿开展选择性科学活动的地方。幼儿园每班都应设置自然角,在自然角放置的大多是幼儿周围的生物和非生物,例如适合室内生长的植物、易于照顾的小动物,以及各种形状的贝壳,幼儿收集的螃蟹壳、石块、种子等。由于自然角就在幼儿的身边,幼儿可以随时开展活动,所以深受幼儿喜爱,同时也是教师最可利用于科学教育的场所。

1. 自然角的设计

自然角的设计和科学区的设计有所不同,自然角中摆放的物体,因为其会有生长变化,一般时间都相对较长。所以所谓的设计,是指内容选择与材料投放,可以从以下几个方面考虑。

(1) 丰富多样

自然角可呈现自然界物种的丰富性和变化的多样性。幼儿好奇心强,喜欢新奇的事物,自然角要能引起幼儿持续的兴趣与关注,除了适时摆放生活中常见的水果、干果和蔬菜实物和标本,种植一些矮小的花草,养殖某些小动物之外,在中班以上,还可就某一内容进行细化或拓展,以增加更多的自然物。如盆栽的种类可选择常绿、落叶、草本、木本和藤本等植物类型;还可展示不同质地的土壤、石块、贝壳及蟑螂、菜青虫等常见昆虫的虫卵或蛹,昆虫的不同生长阶段和休眠状态;也可拓展各种特色树叶(包括病态的树叶)、枯枝、老根及反映生物之间关系的生态瓶和相关图片等。不断变更的新奇之物,有助于吸引幼儿的观察兴趣,感受身边自然之物的奇妙和多样性,达到幼儿对自然界各种事物感性认识的丰富性,进而提高思维的概括性和灵活性。

(2) 季节条件

自然事物的特点之一就是根据季节和气候会有变化。幼儿对季节气候变化的了解,需要以具体事物为依托，通过自然角可以创设认知季节的具体情景，突出季节的感知特点，从而帮助幼儿认识季节的一般特征。虽然，由于科技的发展，现在无论是水果、蔬菜，甚至于花卉，其季节性已不明显。但在设计自然角时，仍应选择具有幼儿园所在地典型季节特性的动植物来体现四季的变化。例如，春季是万物复苏的季节，可以选择开放的桃花、迎春花，正在萌芽的落叶植物（如小桑树等），正在孵化的蚕、处于生长初期的蝌蚪等；夏季是动植物繁盛的季节，可选择知了、茉莉花、太阳花等动植物；秋季是收获的季节，可多收集向日葵、牵牛花、蒲公英等各种具有明显秋季特征的果实，以及各种落叶、昆虫；冬季可摆放圣诞树、水仙花，以及一些种子的发芽（室内温度较暖和的情况下）等，让幼儿更直观地感受自然界所蕴涵的变化规律，同时也使自然角中的各类生物生长得更好。

在自然角中的一些非生物则不受季节的影响，例如岩石、贝壳等。

（3）特点显著

幼儿并处于具体形象思维阶段，对事物的认识带有极大的无意性，只关注那些表面的突出现象，而往往会忽略反映事物本质的现象。除了通过丰富的材料，让幼儿感受自然界的多样性和丰富性之外，自然角还要尽可能选择富有可变性的材料，尤其是变化明显的动植物，才能更好地吸引幼儿观察的注意力，确保观察的持久性，进而引导幼儿认识事物的本质特征，提高幼儿感知和探究的兴趣和能力。一般可选择季节性变化显著的材料、生长周期短的生物或动植物生长变化明显的时期，如速生树种、植物的幼苗阶段、生长发育迅速的昆虫；种子的萌发，春天昆虫、蜗牛等动物的苏醒、繁殖和活动状态，夏天空心菜的扦插和生长过程，冬天水仙花的生长和随后花苞的绽放等。选择具有明显变化的材料可增强自然角的新颖性、趣味性和可观察性。同时，还应注意摆放尺、放大镜、镊子、温度计、日历，记录本等各种观察记录的工具和辅助材料，使幼儿更好地感受自然界及其变化的规律。

（4）比较差异

《指南》指出，"支持、引导幼儿学习用适宜的方法探究和解决问题"，要提升自然角的作用，发展幼儿的观察、比较、分类等探究能力，自然角不仅要具有丰富性、可变性，还应注意其内容的差异性，即物体之间具有不同的地方，以供幼儿观察和比较。例如，种子在不同条件下的发芽实验（图 7-12），可分别采用不同的品种、介质（如水、沙或土壤）、温度和水分等条件进行实验，把相同的植物分别栽种在土、水、棉花和沙土里，观察同一种植物用不同种植方式产生的不同生长情况。在这个过程中，幼儿能天天观察到它们的变化，了解它们的生长过程，并把过程记录下来，从而激发幼儿主动观察以及探索的欲望和兴趣。"引导幼儿在探究中思考、尝试进行简单的推理和分析，发现事物之间明显的关联。"[①]感知影响植物萌

▲ 图 7-12　种子在不同条件下的发芽实验

① 摘自《3—6岁儿童学习与发展指南》.

发和生长的条件,为幼儿提供更多探索、发现、比较、思考的机会,以活跃幼儿的思维,让他们不仅感知事物表面的、外部的联系,还能逐步理解各种现象及其因果关系,激发幼儿的求知欲。

(5) 自然美观

自然科学是美丽的,科学的美无处不在。大自然本身就是和谐的、美丽的,在设计自然角时,应十分关注这一点,即应该符合幼儿的审美需要。首先,自然的就是美观的。在自然角设计时,应充分利用各类自然物体,体现自然科学的特点。让幼儿尽量在真实的、自然的环境中接受科学教育,使幼儿尽可能多地拥抱自然,"亲近自然,喜欢探究"①。例如,带领幼儿一起采集树叶,把树叶放在自然角里进行观察比较和分类,既是幼儿自己的收集物,又将自然带到了室内。其次,各种自然物体有其色彩、形状、大小等外观上的特征,例如粉红的花朵、嫩绿的叶子。在设计自然角的内容时,自然角中植物摆放的颜色搭配、高低的错落有致、动植物的动静交替等,都是应该注意的方面(图7-14)。

▲ 图7-13 采集树叶并归类

▲ 图7-14 自然角

(6) 幼儿为本

在设计自然角时,应处处以幼儿为本。例如,自然角架子的高低,不能置放太高,应在幼儿的视线以下,让幼儿能看到,便于幼儿观察、照顾。自然角中应尽量地利用一些自然物,但又要保证幼儿的安全与健康。年幼儿童因为其生理与心理的特点,在接触这些物体的时候,需要非常的小心,否则很容易造成一些不必要的伤害。自然角是以自然物为主,一些自然物体会带有对幼儿有害的物质,例如一些有害的植物,包括直接会对幼儿身体造成外伤性伤害的和有毒性的植物。在自然角中饲养的小动物,也应检查该动物是否有传染病,患有传染病的动物就不能饲养。另外,还应选择管理方便的动植物,例如选择生长较快的,对生长条件要求不高的植物,以及一年四季都可饲养的金鱼、水养植物等。

不同年龄班的幼儿有不同的特点,自然角还应按幼儿的认识水平,采用合适的内容、材料。小班幼儿年龄小、认知水平低,可以安排一些形态大一些、易认识的事物,如乌龟、水仙等。而中、大班则可以多安排些养殖的和能反映大自然规律、能进行比较的东西。例如养

---

① 摘自《3—6岁儿童学习与发展指南》.

蚕、养蝌蚪、种子发芽实验等。各个不同年龄的班级还可以互换内容、材料，或互相参观，交流经验。

2. 自然角的实施与指导

（1）重视幼儿的主动参与和探究

要培养幼儿对自然角的兴趣，提高自然角在科学教育中的价值，就应当重视幼儿的参与性。自然角的内容，不仅是可以通过幼儿的观察进行认识与了解，更应当让幼儿具有动手操作的机会。要考虑幼儿的兴趣和愿望，尽可能留下空间让幼儿自己种植和饲养，鼓励幼儿参与选择和收集材料，支持幼儿验证自己的想法；在可能的情况下，允许幼儿将乌龟等动物在教室内外放养，或轮流带回家饲养。只有充分发挥幼儿的主动性、积极性和创造性，才能使自然角在培养幼儿的科学素养方面发挥应有的作用。在创设自然角的过程中，不能让幼儿只是"看客"，而是要充分调动他们的积极性、主动性，让他们多参与。例如，可以让他们每个人都种一盆植物，这样一来，每个人对自己的那盆植物都非常珍爱，以后无需老师提醒，他们会天天去照看自己种的"宝贝"，比一比谁的长得好、谁的不好，并学着用笔记录。幼儿在与自然角的接触中，逐渐丰富了知识，学会了科学的观察方法。可以说，观察、照料自然角是幼儿在幼儿园生活的一个重要内容。

（2）重视教师的启发和引导

在自然角活动的过程中，不能因为幼儿对于自然中的动植物有一种天生的喜欢，就忽略了教师的作用。应重视教师的支持和引导，以引发幼儿的探究活动。教师应随时关注自然角的变化，把握时机积极引导，适时提出富有挑战性的问题来挑战幼儿的认知。通过各种不同层次的问题，使幼儿的主动探究进入真正的积极思维状态，进而引导幼儿操作、思考、并验证自己的想法，以促进幼儿主动建构活动。此外，教师还应通过自然角不断关注幼儿的兴趣点、兴奋点和疑问点，将它们作为增设自然角内容的依据或作为主题活动延伸的内容，还可适时引导幼儿将探究活动延伸到大自然。充分发挥教师的主导作用，才能提升自然角的作用，使自然角的作用得到更充分的体现。

（3）结合活动进行观察记录

自然角活动过程中的观察记录，有助于培养幼儿的探究兴趣；在尊重客观事实的基础上得出结论，养成严谨、科学的态度；能发展幼儿各方面的能力：语言表达能力、交流合作能力、形象表达能力等；可以让教师了解幼儿的想法等。在使幼儿积极参与自然角活动的同时，应引导幼儿采用适当的方式做好观察记录。教师可以为每位幼儿准备观察手册，让他们观察、照料自然角，把在自然角观察到的动物、植物的生长情况及时进行记录。幼儿可以将前后不同时期记录的同一事物进行比较，或者将同时观察到的不同现象进行比较，并记录下来。在幼儿观察记录的基础上，有意识地为他们提供交流的机会，培养幼儿的交流能力，既弥补了集体教学的不足，又能使幼儿获得经验的过程更具体、更生动，记忆更深刻（图 7-15）。

（a）

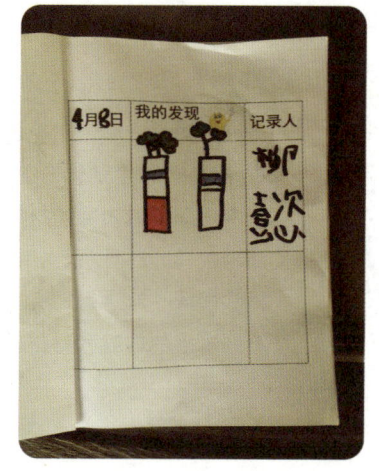
（b）

▲ 图 7-15 观察手册

（4）做好自然角的日常管理

自然角的内容应根据科学教育的计划、季节变化及其他条件经常变换内容。一般应采取部分变换的办法。例如，秋天可收集秋天的花卉、水果、蔬菜，秋天成熟的庄稼及各种种子；采集树叶制作标本，捕捉秋虫，制作秋虫标本。自然角的布置可以和幼儿共同商量，征求他们的意见，充分发挥幼儿的主动性、积极性。

要重视让幼儿参与自然角的管理，设立兴趣小组、值日生制度等。教师可以指导幼儿清扫、喂食、换水、整理，使幼儿在参与中加深对科学的了解和喜欢。

幼儿园放假期间，可安排幼儿把自然角中的动植物带回家去照料。其他东西可暂时收藏起来，到假期结束再重新安排。这样既使幼儿看到动植物生长的连续性、完整性，也培养了幼儿认真负责的态度。

▲ 图 7-16 照料自然角的植物

▲ 图 7-17 让自然角成为幼儿认识自然的窗口

总之，只有根据幼儿的兴趣、需求和认知特点，充分挖掘自然角的教育价值，让幼儿在探究中分享彼此的经验与成果，在认知、情感、社会经验等方面进行积极的交流、互动，不断引导幼儿提升经验，才能使自然角真正体现出对幼儿建构过程的支持。

视频：科学活动区（小班）

扫一扫，看视频

说明：这是一组小班的班级科学活动区的视频。活动区活动从本质上讲，它是一种个别化的学习。从视频中可以看到，教师为幼儿准备了各种不同的科学探究的内容和材料，有不少材料是教师或教师和孩子共同准备的。在活动中，幼儿可以根据自己的兴趣、需要和能力水平进行选择，同时也可以选择和同伴一起进行探究。教师并不对活动进行直接指导，更多的是通过提供不同水平的内容和材料来进行间接指导。

二、 园地的设计与指导

小练习 7-2

如何规划园地

1. 问题及要求：某新建幼儿园需要创建一个室外的种植园地，请思考如下问题：

第一步：按照你所在的地区，适合种植哪些植物？

第二步：从中选择出适合幼儿种植的植物。

第三步：按照一年四季的季节特征，将你选择出的植物进行区分，即做一个一年的种植规划。

第四步：将做好的规划保存好，在学习本单元之后进行对照并修订。

2. 可以小组讨论，也可个别练习；可以在预习本节内容的基础上进行练习。

（一）园地的涵义

幼儿园园地是指幼儿园房舍以外的场地，从广义来说包括环境的绿化、美化，以及草地、花坛、种植园、动物饲养角、水池、沙箱、气象角等。幼儿虽然很多时间都会在活动室内度过，他们会在活动室的各个区角内进行科学探究活动，也会在教师的指导下到科学发现室进行活动，但是幼儿园的每一个地方，甚至于角落都可以成为幼儿学习科学的场所，可以被科学教育所利用。以下仅就种植园（角）、饲养角和气象角进行阐述。

1. 种植园（角）

种植园是指在幼儿园室外，选择适合的地点设置一块或多块土地，供幼儿种植蔬菜、花卉、农作物所用的地方，所以经常也被称作"小菜地"（图7-18）。自然角虽然也能种植一些短株的植物，但是绝大多数的植物，特别是一些农作物就无法在自然角里用土栽培。有的园地是供一个班级的幼儿所用，全班幼儿集体种植一片蔬菜；有的园地虽然也是以班级为单位，但是每个幼儿自己种植一株植物，并且始终照顾它。

▲ 图 7-18　小菜地

▲ 图 7-19　对植物的照料可实行"包干制"

2. 饲养角

饲养角是在幼儿园室外的一角,设置一些小屋或小棚,供幼儿饲养动物所用的地方(图 7-20)。幼儿活动室内的自然角由于受到场地及其他原因限制,只能饲养少数几种小动物,例如饲养小蝌蚪、金鱼、蜗牛等,无法饲养一些诸如小兔、小鸡等幼儿喜爱的但是体型稍大的动物,这些就必须放在饲养角里饲养。

3. 气象角

在条件许可的幼儿园常常设置一个简单的气象角。气象角是供幼儿对气象要素进行观测和对

▲ 图 7-20　饲养角

有关物象的观测,让幼儿了解天气状况的场所。千变万化的天气,会吸引每一个好奇的幼儿,通过在气象角的活动,可以让幼儿了解天气及天气变化的状况、天气观测的顺序,并培养幼儿对气象科学的兴趣和熟悉天气预报的内容。

幼儿园园地不仅是为幼儿在园舍外学习科学创设了良好的条件,可以使幼儿在接触自然事物和现象中积累有益的直接经验和感性认识,引导幼儿在探究中思考,发展探究能力。而且,幼儿在园地与大自然直接接触,可以随时在园地里为植物浇水、除草,闻着花草的气味,用手轻轻触摸,可以给动物喂食物,这些都无疑会给幼儿带来无穷的乐趣。在园地里活动,还给幼儿带来了新鲜的空气、明媚的阳光,使幼儿得到良好的成长发育。

(二) 幼儿园园地的管理

幼儿一天中的很多时间都会在园地上度过,园地日常的管理工作就显得十分重要。无论是绿化地带,还是沙坑,或者是种植园、饲养角,首要的应该保持园地的清洁卫生,应定期进行清扫。因为园地的内容不同,其具体的管理也有所不同。另外,园地的利用以及幼儿在园地中的学习探究,可以结合第四单元"幼儿科学教育的方法(下)"中种植与饲养的内容进行学习与理解。

1. 种植园地

(1) 选择园地

幼儿园室外场地一般不会很大，所以应尽可能选择一片空地来建立幼儿的种植园地（图7-21）。现在许多新建幼儿园都会在设计建造时，就预留空地作为幼儿的种植园地。这一片空地应该是阳光充足、排水方便、距离水源相对较近的地方。园地的土质宜疏松、肥沃为好。如果达不到如此条件，可以人为进行加工，使土质适合植物的种植。种植园地的大小可以根据不同的幼儿园的具体情况而定，例如场地大小、班级多少、幼儿园的空间布局等。可以是将各个班级的场地集中在一片地方，如果室外空间相对较小的幼儿园，也可以考虑将种植角分散在各班的周围，也可以利用分散在全园的边角地带进行种植。在设置园地时，还应该考虑到幼儿的年龄特点，将种植园地建造得具有趣味性。从形状上考虑，可以将园地建造成圆形、三角形、正方形、长方形、多边形、梯形等多种规则和不规则的图形，既使幼儿感到有趣，也便于幼儿辨认。

（a）　　　　　　　　　　　　　　　　（b）

▲ 图7-21　种植园地

(2) 师生共同管理

种植园地是为幼儿创设的，它的建立和活动的开展，都应以幼儿为主体。在建立园地时，教师应和幼儿一齐动手，例如开辟园地、整理园地、选择种植的内容等。在园地上，教师根据植物生长规律，指导幼儿进行如浇水、除草、施肥、剪枝、松土等活动，使植物能健康生长。幼儿园所种的树木、花草，应有专人负责进行照顾、管理。对幼儿种植的蔬菜等，教师应认真负责地组织幼儿参加浇水、除草等力所能及的活动。也可建立值日生制度，组织幼儿轮流负责。在周末或假期，应采取各种措施保证动植物的生长、存活。

(3) 根据需要调整内容

种植园地的内容及布局可进行适当调整。园地内种植的植物应根据季节、幼儿观察的需要等条件的变化而变换。有变化的内容，可以激发幼儿的好奇心，引起他们探究的兴趣与愿望。例如，用盆花组成的花坛，在花卉种类和摆放的图案方面都可有变化：夏季可用鸡冠花、太阳花等，秋季可用菊花图案。

2. 饲养角

（1）饲养角的创设

小动物是幼儿极其喜爱的，在活动室的自然角内，幼儿也会饲养一些小动物，但是许多小动物必须在室外饲养，所以大多数幼儿园都会建立饲养角。饲养角一般选择在距离幼儿活动室稍远的地方，要求地势较高、阳光充足、空气流通，并且便于清扫。有些幼儿园场地较小，可以利用走廊、楼顶的平台等地方，放置饲养动物的笼舍。由于小动物的居住有一些特殊的要求，最好能建造一些小棚小屋，让动物们居住。这些小屋在造型上可设计得充满童趣，在色彩上可鲜艳一些。例如，卡通小屋里住着鸡妈妈和它的孩子们，蘑菇亭小屋内住着小兔一家。无论饲养角建造在哪里，都应考虑用水、排水的问题，以方便打扫。

饲养角里最重要的还是饲养的动物，在饲养动物时，应考虑到各年龄幼儿的特点，还可以结合课程、主题的需要，尽量选择一些活泼可爱、管理方便、幼儿能亲自照料的动物，比较多见的是饲养兔子、山羊、刺猬、小鸡、小鸭、鸽子及各种鸟类等（图7-22）。

▲ 图 7-22 饲养的动物

（2）师生共同管理

与种植园地相同，饲养角也是为幼儿创设的，它的建立和活动的开展，也应以幼儿为主体。在饲养角活动时，教师应和幼儿一起进行安排饲养场地、选择饲养的内容等。在饲养角里，教师应有计划地指导幼儿饲养动物。小班幼儿主要是拿些菜叶或草等食物来喂养动物。中班和大班的幼儿除了喂食以外，还可以参加一些打扫动物小屋的活动。无论是喂食还是打扫，其主要目的还是在于让幼儿在与动物的接触中观察、了解动物，以及培养幼儿对动物、对自然的情感。应经常对园地的建筑物或其他设备等进行检查，如有损坏应及时修复。例如，检查栅栏是否牢固，地面是否平整，以避免发生意外事故。

3. 气象角

天气状况每天都是幼儿以及教师、家长关心的话题，这些都无疑会给幼儿留下许多疑问，也会使幼儿自然而然地对天气情况感兴趣。在幼儿园建造一个小小气象角，就成为有条件的幼儿园经常选择的内容。建立一个气象角，首先是场地的选择和仪器的布置。应选择幼儿园周围空旷的一小块空地，地面种上草，然后安装好仪器。因为仪器的安装需要特别的知识和技术，以下介绍一些做法，仅作参考。

（1）场地的选择和仪器布置

选择周围空旷的一小块空地，地面种上草。仪器（自制）安装的要求如下：

① 高的仪器安置在北面，低的仪器安置在南面，以免被阴影互相遮蔽。

② 排列整齐，东西成行，南北相互交错。

③ 相邻的仪器保持一定距离。园内安置的风向标可用 3 米左右的竹竿，在顶端系上块绸布带（或自制风车）；雨量筒可用一只直径 20 厘米的圆塑料盆代替；蒸发器用一只直径 20

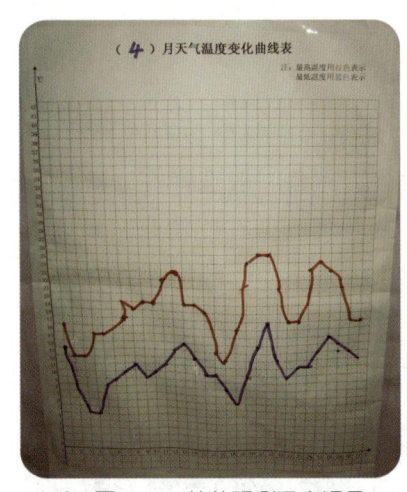
▲ 图7-23 幼儿观测温度记录

厘米的圆塑料盆即可;温度表应挂在室内不被太阳直接照射的地方。

（2）观测顺序和方法

温度观测 要求幼儿视线与温度表水银柱顶端保持水平,读出上面的刻度(只要求读出整数)。交代幼儿的手不要接触温度表的球部,不对着温度表哈气(图7-23)。

风的观测 站在风向标下,看看绸布带是否飘动,飘动就记有风,不动就记无风。再带领幼儿看看绸布带飘拂的方向,那个方向就是风的去向。

降水观测 有雨的日子里,只要把雨量筒(塑料盆)里的水倒入雨量杯中(雨量杯上面标注有D20厘米字样,即是与口径20厘米的雨量筒配套,可以直接读数),看看有多少毫米,并记录下来。

蒸发观测 在天气好的时候,事先在蒸发器中倒入一定数量的水(倒进去的水必须用雨量杯量一下并记录下来),第二天待幼儿把蒸发器中剩下的水倒入雨量杯里看看还剩多少,其余的便是蒸发掉的。

云的观测 带领幼儿观看云的颜色,基本掌握蓝天白云、灰色的云、黑色的云。要求观看云的形状,基本掌握朵云、层云、卷云。再带幼儿看云的高度,云在移动的便是低云,看到云离我们很远或看不出移动的便是中、高云。

（3）气象角的布置

一些动物和植物对天气变化的反应灵敏,可利用动物、植物的变化来预测天气。在幼儿园设置气象角可与自然角的活动结合起来。

动物 养金鱼、泥鳅。天气很好,且稳定少变时,金鱼在水下游得很平稳;如不停游动,并上下浮沉,反复多次,显得不安时,表示天气有转坏的可能;若长久停留在水面上,说明天气将继续阴雨;若时时向下沉,不时也浮到水面上,表示天气有转晴的可能。又如幼儿园的"动物园"内的鸡,傍晚迟迟不愿进窝,可能要下雨。

植物 种盆含羞草,预测天气变化。若用手摸一摸含羞草,叶子很快闭合下垂,但很久才恢复原状,说明天气晴朗;若手触含羞草后,叶子闭合下垂得很慢,而且恢复得很快,说明天气将转阴雨。

其他 盐钵在湿度大时会返潮,钵外表面上细小的水点儿增多而不明显增大,预示天气将转阴;如小水点儿不断增大,预示有雨,水点儿越大,风雨将越大;若盐钵外表面干燥,预示天气晴好。又如在湿度大时,石板、自来水管都会"冒汗",预示天气将阴有雨。

（4）气象角的有效利用

气象角建立后,要充分发挥其作用,使幼儿通过气象角的活动,感受大自然的变化。在利用气象角进行的活动中,应考虑到幼儿的年龄特点。对于小班和中班的幼儿,可以在教师

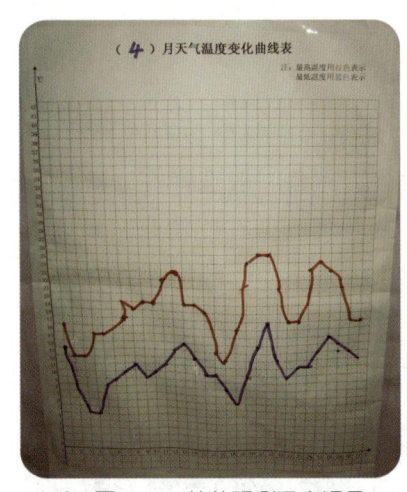

的指导下,根据气象角里观测出的天气变化,观察风力和温度的变化,使幼儿在活动中感受人与自然的关系,并且逐渐懂得应该随着天气的变化要增减衣服,了解一年四季温度变化的规律等。到了大班,除了可以在教师的指导下进行观察天气的变化以外,还可以让幼儿轮流在气象角里观测天气,并进行记录,掌握一些简单的观测和记录的方法,培养幼儿科学探究的技能(图 7-24)。

▲ 图 7-24 幼儿观测气象记录

实践与应用

鸡蛋浮起来

在"水"的主题活动中,通过一节关于浮力的集体活动,生成了"鸡蛋浮起来的"的个别化学习。我将有关的材料投放在科学活动区中,幼儿对不断加盐能让鸡蛋浮起来的现象十分感兴趣。在今天的活动中,莉莉和瑶瑶一起拿出了实验框,在透明的一次性杯子里倒上了水,放入了鸡蛋,鸡蛋一下子沉了下去,然后开始加盐,莉莉加了四五勺盐,一点反应也没有。她看了看边上的瑶瑶,瑶瑶每加入一勺盐便开始搅拌,等盐都融化了再倒入一勺。三勺盐下去,鸡蛋已经慢慢浮起来了。而自己的杯子底部,厚厚的一层盐和鸡蛋一起静静地躺在那里。"为什么,不搅拌盐鸡蛋就不会浮起来呢?"莉莉喃喃自语,并把问题记录在了记录纸上。

在交流的时候,莉莉向大家提出了这个问题。有的小朋友说是因为盐没有溶化,水还是水,鸡蛋只有在盐水中才能浮起来。有的小朋友说,盐溶化后变成一个个眼睛看不见的小颗粒,才能把鸡蛋托起来。我欣喜地发现幼儿各有自己的观点,于是抛出一个新的问题:"放盐进去不搅拌,实验真的失败了吗?时间过久一点,鸡蛋会浮起来吗?"大家纷纷觉得不会,那我们就用时间来证明,明天再看一看。

分 析

1. "鸡蛋浮起来"的实验中,因为操作方法的不同产生了截然不同的效果,说明莉莉小朋友还不知道要搅拌水中的盐让盐溶化才能使鸡蛋浮起来。

2. 在实验记录上,我们班的幼儿不仅做到了记录实验过程和结果,还会记录自己的问题,看来在记录上孩子们进步不少。

3. 从今天的交流中,可以发现幼儿已经感知了盐水能让鸡蛋浮起来的事实,但是怎么样的水才是盐水？盐放进水就是盐水了吗？显然不是这样。今天莉莉的操作引出了新的问题，那就是盐在水中自己会溶化吗？其实如果我们不用搅拌棒搅拌，食盐也会自己慢慢地溶化的，我将和幼儿一起再来尝试。

 ## 课后作业

作业 1

设计种植园地。

选择一所幼儿园，根据该园的实际情况设计一个种植园地，可在小、中、大班中任选一个，包括园地的开辟、种植内容的选择等。

作业 2

设计并准备材料。

请设计在科学区活动中所需要的材料，并谈谈设计这些材料的理由，具体要求如下：

(1) 内容：自定。

(2) 年龄：中班上学期。

(3) 种类与数量：不限。

作业 3

观摩幼儿园科学区活动。

观摩记录幼儿园的小、中、大班的科学区活动，分析：

(1) 小、中、大班的活动内容有哪些？

(2) 将活动内容做归类，小、中、大班各有哪些活动内容？

(3) 将小、中、大班的活动内容进行比较，是否能显示不同的层次？并讲明理由。

资源链接

1. 王微丽，霍力岩主编，幼儿园科学区材料设计与评价，中国轻工业出版社，2018 年 11 月。

2. 董旭花等，幼儿园自主性学习区域活动指导，中国轻工业出版社，2014 年。

3. 蔡志刚，童心玩科学：基于主题核心经验的幼儿园科学区活动，少年儿童出版社，2017 年 9 月。

4. 上海市教育委员会教育技术装备中心，玩不够：幼儿园科学玩教具配置和使用，少年儿童出版社,2017 年 6 月。

5. 顾伟毅,区角脑图——让幼儿园区角活动更有意义 操作篇(全 3 册),少年儿童出版社,2019 年 3 月。

6. 施燕,幼儿园科学区角活动材料设置三议,幼儿教育(教师版),2012 年第 11 期。

第八单元
幼儿科学教育评价

　　幼儿科学教育评价是以科学教育为对象,根据一定的目标,采用一切可行的评价技术和方法,对幼儿科学教育的现象及其效果进行测定,分析目标实现程度,做出价值判断的过程。幼儿科学教育评价的指标和标准包括两个方面的内容:一是对幼儿通过科学学习促进其发展状况的评价;二是对教师科学教育工作和效果的评价,包括对科学教育计划的评价和对科学教育活动进行的评价。明确了科学教育评价的内容和标准后,还需要采用合适的评价方式来具体实施,评价方式实质上也就是收集资料信息,包括如何将资料信息进行记录、并对之进行分析的方法。可用于幼儿科学教育评价的方式有很多种,目前常用的有观察法、访谈法、问卷法、测试法和作品分析法等。本单元对以上几种方式一一进行了阐述,并以幼儿科学教育中应用的实例对这些方式进一步做了说明。

困惑与问题 ••

● 秦老师刚调到大二班担任班主任，她对班级的很多情况都不熟悉，但是她发现大二班的孩子们对科学探究活动有很浓厚的兴趣。但是秦老师觉得自己只是一种感觉，并不能确定班级孩子是否真的在这方面特别有兴趣。秦老师觉得很困惑：我该怎么做才能科学地了解到孩子的真实情况呢？

● 小金老师知道通过活动区进行科学教育是一个很好的办法，于是他在班级中投放了一些材料"潜望镜"、"有趣的滑轮"、"摩擦起电"等。投放这些材料一段时间后，小金老师不知道这些材料是否真正适合幼儿的探究活动，也不太清楚该不该变换一些材料，和变换哪些材料。小金老师觉得应该通过评价来获得关于幼儿的这些信息，小金老师该怎么做呢？

● 小曾是个实习生，今天王老师交给他一个任务，希望他设计一份幼儿科学学习的评价计划。王老师将评价目标、内容体系都已经想好了，主要让小曾根据这些目标内容，确定评价的方式，但是小曾觉得很困难。

📚 **基础理论** ••

一、幼儿科学教育评价概述

小练习 8-1

你了解你的好朋友吗

1. 两位学生为一组，可自由组合，以互相之间熟悉为准，越熟悉越好。

2. 以"对自然事物现象的兴趣及好奇心"为主题，回忆对方的平时表现。

3. 从中选择出你认为最有价值的三件事，并做简单点评。

4. 与对方分享你对她的评价。

（一）幼儿科学教育评价的涵义

评价，是指判断事物价值的过程，而教育评价就是指对教育活动有关的各种要素的实态把握、价值衡量或价值判断。幼儿科学教育评价是幼儿教育评价的内容之一，隶属于幼儿教育评价，但在具体的运用上，又有其特殊性。幼儿科学教育评价，是以幼儿科学教育为对象，根据一定的目标，采用一切可行的评价技术和方法，对幼儿科学教育的现象及其效果进行测定，分析目标实现程度，做出价值判断的过程。例如，评价教师在进行科学教育时，是否把握教学原则、方法，以及科学教育活动的设计或指导是否适当等。又如在进行科学教育活动后,对幼儿学习科学情况状态、水平的了解等。教师和幼儿经过一番有关科学的教育或学习,都希望了解自己努力的成果和获得的价值,这种通过一定的科学方法与途径,多方面搜集有关的事实资料,再参照合理的衡量标准,加以比较分析、综合研究,而获得对结果的了解与价值判断的过程,便是科学教育评价。幼儿科学教育评价可以是全面的、综合性的。如对照目标,判断一个幼儿园或一个班级科学教育的各方面的水平;也可以是单项性的,如评价某个幼儿园科学教育计划制定情况、评价幼儿的科学素质总体或某方面的发展水平等。

(二) 幼儿科学教育评价的意义

幼儿科学教育评价有以下几方面的意义。

1. 评价是控制幼儿科学教育质量的手段

科学教育是在一定的教育目标指导下实施的。教育活动是否已达到目标所提出的要求,需要通过评价来做出鉴定。幼儿科学教育评价具有反馈功能,通过科学教育评价,可敏锐地发现科学教育过程中的问题与不足,并不断地加以修正,使科学教育的薄弱环节加强,从而改进科学教育工作。即幼儿园所制定的科学教育目标,选用的科学内容、方法、原则和教师对教育的实施,以及自身的知识经验等,是否与幼儿的年龄特点、知识经验、现有认知水平相适应。幼儿园科学教育是否达到了预期的效果,要通过对科学教育整个过程

▲ 图8-1 科学活动要与幼儿年龄特点等相适应

全面的测评、估量,才能做科学的了解。通过这样的了解,可以知道科学教育取得的成绩,进一步提高工作与学习的积极性;同时,也可看到哪些方面不足,从而进行改进。因此,可以说幼儿科学教育评价是一种反馈——矫正系统,可用来判断科学教育过程中的每一个步骤是否有效。如无效则必须及时采取变革措施,以确保科学教育质量。例如,通过了解幼儿园教师对幼儿进行科学教育的情况,发现该教师对科学教育的目标的理解有偏差,这时立即给予反馈,就可使该教师及时进行修正,以确保科学教育的有效、高质。

2. 评价是积累幼儿科学教育经验的重要途径

据前所述,评价可以发现科学教育中存在的问题,从而及时改进,以确保科学教育的有效、高质。与此同时,被验证是有效高质的各个具体的科学教育活动,又可作为日后科学教育的内容、方法、途径等选择的依据。例如,某幼儿园进行了"寻找阳光"的科学探索活动,通过评价、修正,最后确定了该活动的有效性,这样的活动方案就可作为经验保留、积累,在今后的科学教育中作为经常选用的内容。同时,也可作为经验向同行推广。对于教师本人来说,更是能保留经验,改进不足,使科学教育的质量不断提高。同时,也促进了教师专业化发展。另外通过这样的评价过程,幼儿园及教师积累了一定的科学教育的经验和资料,也可作为今后开展教育科学研究的依据。

3. 评价是改进幼儿科学教育的依据

众所周知，学校教育可以通过考核（测验、考试）来检查学生是否达到了教学目标，也可以此作为依据来对他们采取一些补救措施。教师还可以通过对考核结果的分析，找出自己教学的薄弱环节，而进行改进。幼儿科学教育不可能通过正式的考核来获知幼儿学习科学的情况，以及教师自身科学教育的不当之处。但可通过评价，对以上情况做逐一了解，然后以此为依据，对全班幼儿进行补救教育和对个别幼儿进行个别教育。

著名的教育评价专家泰勒（Ralph Tyler）指出，目标、教育进程和评价三者之间形成了一个"闭环结构"，他认为预定的教育目标决定了教育活动，而评价就是根据教育目标，对照实际的教育结果，找出教育活动偏离目标的程度，以便通过一定的改进措施更好地达成目标。目标是评价的依据，评价则是达到目标的一个重要手段。即教育评价不仅能够评价教育结果，更重要的是它能够为实施补救教育、个别教育，进一步调整科学教育活动提供依据。这一点十分重要，也就是说评价的最终目的不是为了鉴定所谓的好与不好，而是提高教育质量，如果大家都能在这一点上达到共识，那么评价过程就成为一种评价者与被评价者互动的过程。

总之，科学教育评价是幼儿科学教育中不可缺少的一个部分，它对于教师的教学和幼儿的学习两方面都是至关重要的。

二、 幼儿科学教育评价的内容和标准

小练习 8-2

一节科学教育活动的评价

1. 预先准备一个科学教育活动的视频。

2. 集体观察这个视频，并做记录。

3. 对这个视频中教师的表现做一评价。

4. 小组讨论，形成小组的意见。

5. 每组用一张大纸将评价结果写在上面。

6. 全班集中评价意见，讨论：

（1）各组之间的评价意见是否统一？

（2）为什么会有这些不统一的方面？

在幼儿科学教育评价中，对评价对象做出的价值判断，是以反映幼儿科学教育各有关方面的发展或质量目标为准绳的。例如，对幼儿科学探究能力发展的评价，要依据《纲要》中提出的"科学"领域目标。然而，这些目标的表述往往是非常抽象的，如《纲要》的第二部分"科学"领域目标中的第一条"对周围的事物、现象感兴趣，有好奇心和求知欲"，就是比较抽象、

概括的,很难直接用作评价的依据。因此,有必要把它们转化为更加精细、具体,可以通过实际的观察与测量,而获得明确结论的内容。这种转化过程,就是确定评价指标体系的过程。

评价的指标体系包括一系列的内容和标准。幼儿科学教育评价的内容是指对幼儿科学教育的哪些方面进行评价,也即评价什么。例如,是评价幼儿科学概念的形成水平,还是科学态度、情感的发展水平?是评价幼儿科学素质的发展水平,还是评价教师指导幼儿学习科学的水平?幼儿科学教育评价的标准是指对科学教育质量要求的具体规定,即针对内容怎么评价,或者说是评价的尺度。例如幼儿对季节的了解程度的具体划分。评价的内容与标准构成了整个幼儿科学教育评价的指标体系。关于评价指标体系的建构是个比较专业、复杂的过程,这里并不做具体的阐述。以下对评价内容进行介绍,可供参考。

幼儿科学教育评价包括两个方面的内容:一是对幼儿通过科学学习,其发展状况的评价;二是对教师科学教育工作和效果的评价,包括对科学教育计划的评价和对科学教育活动进行的评价。以下分别予以叙述。

(一) 对幼儿发展的评价

对幼儿发展的评价是指通过科学教育,对所达到的教育效果的评价,这种效果应体现在幼儿的身上,即幼儿的科学素养的提高。具体评价内容可根据《指南》所列幼儿"科学探究"各年龄阶段发展的典型表现。

1. 幼儿科学情感和态度的评价

这一方面主要评价幼儿对自然事物现象的好奇心、探索自然事物现象和学习科学的兴趣,以及幼儿关心、爱护自然和环境的积极情感和态度。

评价的内容包括:是否对周围环境中的新异刺激产生惊异,做出积极的反应,并能集中注意,感知、观察、操作物体,提出问题,寻求有关信息和答案。是否对自然界和科学活动感兴趣,是否喜欢观察、探索自然界,积极参与科学活动,谈论自然界和科学活动,并在活动中表现愉悦的情绪。是否关心自然界,爱护、保护动植物和周围环境。是否有初步的环保意识,并对生命充满崇敬和关爱。

2. 幼儿科学探究能力的评价

这一方面主要评价幼儿探索自然事物现象和学科学的能力与方法的发展水平。

评价的内容包括:幼儿是否了解各种感官在获取信息中的作用;是否学会使用感官的方法,及按顺序观察的方法。是否能在一组物体中,按照事物的一个或两个特征挑选出有关物体;是否能按照指定的标准,将给予的一组物体进行分类;是否能以自己规定的标准进行分类。是否能以观察的方法和非正式量具测量物体;是否能尝试用正式量具测量物体。是否能对一些物体进行比较、分析、抽象和概括;是否有遇事思考的习惯。是否能以语言、体态、绘画、塑造等手段,表达、交流科学探索活动中的发现、获得的经验和问题,以及探索的过程和方法等。

▲ 图8-2　以绘画表达观察发现

▲ 图8-3　体态和表情都是表达方式

3. 幼儿科学知识经验的评价

这一方面主要评价幼儿通过科学教育活动是否在探究中获得了相应的科学经验，是否在此基础上形成了一些初级的科学概念。

这一方面评价的内容是指幼儿是否获取了自然事物现象广泛的科学经验，或在感知经验基础上形成了初级的科学概念，可从以下几方面做评价：其一，是否具有常见的自然现象（包括季节、气象、理化等自然现象）及其与人类、动植物有关系的具体经验或初级的科学概念；其二，是否具有关于自然事物现象（有生命物质和无生命物质，包括人类自身）及其相互关系的具体经验或初级的科学概念；其三，是否具有与幼儿自己生活有关的科技产品及其对人类有影响的具体知识。

（二）对幼儿科学教育活动的评价

对幼儿科学教育活动的评价（即对活动本身的评价），可以说是对幼儿园及教师科学教育工作和科学教育效果的评价。虽然对科学教育质量的评价，可以通过对幼儿的评价来反映，但为了科学、准确地评价科学教育的效果，除了要对幼儿进行评价以外，还要对教师的科学教育工作（即活动本身）进行评价。这方面的评价主要涉及以下两个方面。

1. 科学教育计划的评价

完整的幼儿科学教育计划可以包括幼儿园的科学教育计划、班级科学教育计划、各年龄班科学教育计划、各班学期（月、周）科学教育计划以及科学教育活动计划等。各层次的科学教育计划的评价内容是有所不同的，一般来说，越上层的科学教育计划越概括，和幼儿科学教育的具体活动越有一定的距离，而越下层的科学教育计划越具有操作性，和幼儿科学教育活动越接近。但不管何种科学教育计划，都可从以下内容进行评价。

计划是否体现我国的教育方针和正确的教育思想，体现幼儿科学教育的总目标。计划能否贯彻全园、全班教养计划、课程计划的精神与要求。计划能否根据上一阶段科学教育的不足之处，提出本阶段科学教育的任务要求，体现出连续性和渐进发展性。计划是否分析了本班幼儿的具体情况，所提科学教育目标是否符合其年龄特点及实际水平。计划是否包括了全部的科学教育活动（专门的科学教育活动和渗透的科学教育活动），是否提出了重点培养要求，以及有关个别幼儿的教育内容，是否考虑与家庭教育取得配合。计划是否提出了完成科学教育目标的具体措施和方法，并对所采取的活动形式及完成计划的日期做出明确规定。计划是否能考虑到科学教育的特点及与其他领域内容的整合。

2. 科学教育活动的评价

科学教育活动的评价包括对活动目标、活动内容、活动方法、活动组织形式、活动选用的教育资源、活动中的师生互动关系等方面的综合评价。

（1）科学教育活动目标的评价

活动目标是指教师期望活动所达成的教育结果。评价活动目标应从以下几个方面来进行。

● 评价活动目标与学期目标、年龄目标以及总目标之间的联系是否一致。从理论上看，应该是每个科学教育活动目标的积累，便构成了阶段目标和终期目标，每一项活动目标的实现，都是向阶段目标、终期目标迈进一步。

● 评价活动目标与本班幼儿的实际是否相适应。每个不同的班级虽然在总体上符合该年龄阶段幼儿发展的一般趋势，但各有不同的实际情况。有时候某个活动目标被孤立起来看时，可能是合理的，但一旦和上一级目标及本班幼儿的实际情况联系起来看时，就有可能是不完善的和不合理的了。评价活动目标是否合理，一定要结合上一级目标和本班幼儿的实际水平。

● 在活动目标中是否包含了科学情感态度、科学方法能力、科学知识经验三方面的内容。科学教育的总目标包含了以上三方面的内容，在每个具体的活动目标中，也应有这三方面的要求。当然，每次活动的具体情况是有所不同的。例如，在了解现代科技的内容时，比较多地注重培养幼儿的科学情感、态度方面的目标，而在了解某些非生物（如石头、沙土）的特性时，比较多地注重培养幼儿的操作能力、探究能力，以及丰富科学经验等方面的目标。所以，每一次具体活动的目标是有所侧重的，但不能完全偏废。

▲ 图8-4　可利用孩子喜欢玩沙的特性培养其探究能力

● 整个活动的设计与实施是否围绕了活动目标而进行。活动目标确定以后，整个活动设计及实施应围绕活动目标来展开。例如内容的选择、教师提问的设计等。

（2）科学教育活动内容的评价

活动内容是实现活动目标的手段。科学教育活动内容的评价包括内容的选择和内容的设计两个方面。活动内容的选择是指从科学教育所涉及的内容范围中去选取合适的内容，活动内容的设计是指针对所选内容,确定学习范围和深度。评价活动内容应从以下几个方面来进行。

- 活动内容的选择是否与活动目标相一致。科学教育所涉及的内容、范围十分广泛,选什么内容的首要依据,便是根据目标来选择内容。

- 活动内容是否符合科学性。幼儿科学教育的目的是对幼儿进行科学素质的早期培养,因此科学教育的内容必须具有科学性。首先,科学性是指科学活动所给幼儿的知识应是准确的,应选取那些能被幼儿感知的、真实的、可靠的材料,有利于幼儿科学态度的形成。其次,科学性是指内容的处理是否突出重点、详略得当、难易适宜,并且能考虑探索对象的特点。

- 活动内容的选择是否符合时代性。科学教育活动的一大特点就是要反映科技发展成果,时代性极强。前两年还是最新科技成果的产品(或是对某地区幼儿来说是新产品),不多久就成为司空见惯的物品了,所以评价内容时要注意,该内容是否符合时代特征,是否增加了现代科技的含量。如同样是认识鸡、鸭,如果和养鸡场、科学饲养、人工孵小鸡等内容结合起来,就比单纯地介绍鸡、鸭要符合时代性。

- 活动内容的含量是否适当。每一个科学教育活动特别是集体活动,总有一个时间的限制,从幼儿的角度看,他们的注意力、兴趣性在一次活动中不会维持太久,评价内容时还要看该内容的分量是否适当,有无过多或过少的现象。

- 活动内容的来源是否考虑了来自幼儿的生活经验,是否能关注到幼儿的兴趣和需求,从幼儿的关注点中生成内容。

（3）科学教育活动方法的评价

科学教育活动方法既是教师为了完成科学教育任务,实现科学教育目标所采用的工作方法,也是幼儿在教师指导下学习科学的方法。活动方法使用得当与否,直接影响活动的开展,最终影响幼儿学习目标的达成。评价活动方法应从以下几个方面进行。

- 是否根据活动目标、活动内容及幼儿实际,选择与运用生动、直观、形象的活动方法。
- 在一次活动中,是否采用多种合适的方法。
- 是否根据幼儿园的环境和设备条件选择合适的方法。
- 活动方法是否能保证幼儿通过积极主动参与活动,并使他们得到发展。即不是教师灌输知识,幼儿被动地学习的方法。

（4）科学教育活动过程的评价

- 活动是否采用了多种科学教育活动的组织形式。要评价在活动中是否根据实际情况,考虑了集体教学活动、活动区活动和偶发性科学活动的结合;全班、小组、个人活动的合适组织及结合。

- 在活动过程中,是否考虑了因人施教的问题。每个班中总有处于两头的幼儿,在班级、小组、个别活动过程中,是否有为这些幼儿的专门设计与指导。

- 在分组时,是否考虑了人际关系以及幼儿的情感因素。换言之,小组活动或个别活动时，是硬性规定幼儿的分组，还是根据幼儿的意愿来分组。

● 在活动过程中，是否能随机调整预定的活动目标，并生成目标。是否能根据活动开展情况，做出方法、组织形式、提问等多方面的调整。

（5）科学教育活动结构的评价

● 活动结构是否严密，即活动是否组织紧凑、程序严密、环节交替自然有序，是否能有效利用时间。

● 活动的结构是否合理，即是否能根据幼儿活动和学习的规律，注意动静交替等。

● 活动中的每一步骤是否有效，即在科学教育活动过程中，每一步骤都应和达成目标有关，尽量减少和目标无关的环节。

（6）科学教育资源选择与运用的评价

科学教育资源（材料、环境）是幼儿科学教育活动达到预期目标的物质保证。教育资源选择与运用的评价应从以下几个方面进行。

● 是否选择了能达成科学教育活动目标、适合活动内容与幼儿实际的教育资源。如教育资源是否紧扣目标、是否有趣。

● 选用的材料是否适合于科学教育活动的展开，如提供的教具是否具有典型性，学具在数量上能否保证活动的进行。

● 选用的材料是否适合于幼儿操作。如材料的安全性、探究性，是否适合幼儿的体力与能力等。

● 活动过程中，是否最大限度地利用了材料所具有的功能。

（7）教师与幼儿互动关系的评价

科学教育活动中教师与幼儿如能处于良性的互动关系，就能从一定程度上保证科学教育活动取得尽可能的效果。教师与幼儿互动的评价应从以下几个方面进行。

● 是否正确发挥了教师的主导作用，如教师的提问是否得当、新奇、有启发，是否富有魅力及指导意义。

● 是否创造条件使幼儿成为活动的主体。如创造宽松的心理环境，鼓励每个幼儿积极探索，学习科学。

● 教师与幼儿在活动过程中的交往是否和谐融洽，是否积极主动地相互交往。如当个别孩子未能完成探索活动时，教师是采用鼓励，还是采用讥讽的语言与手段。

● 幼儿参与活动的态度如何。是主动积极地参与活动，还是被动地参与，甚或是成为旁观者。

以上以科学教育评价的内容为主线，阐述了幼儿科学教育评价的两大方面。除此之外，科学教育评价的每个内容，都有其层级标准。例如，评价幼儿分类能力的发展，可分六级标准去评定（表8-1）。

表 8-1　幼儿分类能力发展的评定表

分数\等级\幼儿	评分标准					
	0	1	2	3	4	5
	不会分类	会按一种特征分类	会按一种特征迅速分类	会按两种特征分类	会按两种特征迅速分类	会按两种以上特征分类
1						
2						
3						
4						

又如,评价幼儿科学知识经验可从三级标准去评定(表 8-2)。

表 8-2　幼儿科学知识经验的评定

项目	内容	等级标准	
自然知识	季节	2	能知道夏季或冬季的最明显特征(热、冷)
		4	知道四季名称和明显的季节特征
		6	知道四季的轮换顺序及和动植物的关系
	动物	2	能说出一两种常见动物的名称和主要习性(吃什么、怎么叫、长什么样)
		4	能说出数种常见动物的名称及明显的外形特征,并加以区分
		6	能把常见动物按家禽、家畜、野兽分类
	植物	2	认识常吃的蔬菜、水果名称各一两种
		4	认识常见的蔬菜、水果各两三种;区分花、草、树
		6	能将常见的水果、蔬菜分类;认识周围常见的花、草、树,并说出其名称

　　评价的每一个内容都可根据需要及实际情况确定由低到高的层级标准,以此评价一个幼儿园或教师的科学教育水平或幼儿的发展水平。

三、 幼儿科学教育评价的方式

明确了幼儿科学教育评价的内容和标准，还需要采用合适的评价方式来进行评价。这里所述的评价方式，是指收集资料信息的方法，也包括如何将资料信息进行记录的方法。可用于幼儿科学教育评价的方式有很多种，常用的评价方式有观察法、访谈法、问卷法、测试法和作品分析法等。

（一）观察法

科学教育评价中的观察法就是有目的、有计划地对被评价者行为进行现场观察或测量，并对观测结果做出评定的一种方法。观察法包括自然观察、情境观察、行为核对三种类型。

1. 自然观察

自然观察是评价者对幼儿在日常生活中、自然状态下的行为进行观察及评价的方式。自然观察法在幼儿科学教育评价中运用时，往往在观察前就明确好所需观察行为和事件的类型，观察时只需等候该行为或事件的发生，并做或详细或概括的记录。例如，下面一段记录说明了幼儿对待小动物的态度（案例8-1），用的是概括记录（轶事记录）的方法。

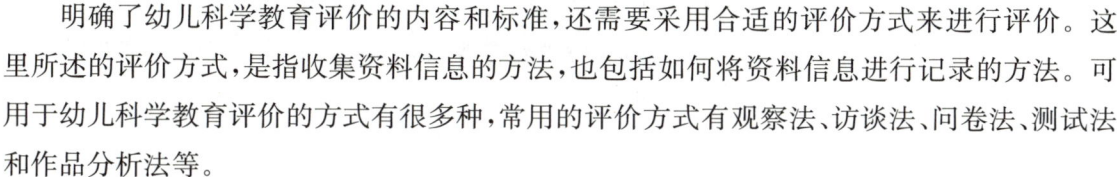

案例8-1

幼儿对动物情感的评价

案例：×月×日，×××，早晨来园，到自然角旁边，观察金鱼，喂金鱼，同时轻声说："小金鱼，你昨天晚上睡得好吗？想我吗？我可想你啦。"

分析：这段记录可以表明该幼儿喜欢小金鱼、关心小金鱼的感情。

自然观察的优点在于不受时间间隔的限制，只要事件一出现，便可随事件或行为的发展持续记录，可以经济有效地利用时间和精力。另外，自然观察由于是在幼儿自然的状态下进行观察和评价，所以幼儿基本不受干扰，或很少受到干扰，因此能收集到幼儿最真实的行为资料。但自然观察的不足也很明显：首先，自然观察时需要评价者进行详细的、如实的记录，对记录技术要求比较高，单纯用手工记录往往很困难，而且对记录者的文字表述的要求也比较高，需要记录者用准确的词语进行描述。其次，由于只记录选定行为的发生过程，所以有可能这些观察到的行为现象，在不同场合会有不同的意义。对于第一种不足，除了使用代码记录外，也可以结合现场摄录的办法。对于第二种不足，往往采用同时记录幼儿、事件发生的情境和背景的方法，以用来综合分析该行为的性质（案例8-2）。

案例 8-2

幼儿探究特征的评价

教师对幼儿的探索活动，有几个困惑的问题[①]：（1）幼儿的探索仅仅表现在主题活动中吗？（2）幼儿探索的天性"呼唤"教师做什么？（3）如何把幼儿探索的天性变成他们性格中的一部分？因为有这些问题，教师就去进行了观察，以下是这名教师的观察记录及观察后的思考。

片段一：

四岁的小金正在教室的一角玩沉与浮游戏。只见她把一个小盒放在水中，当小盒浮在水面上时，她就往小盒里装水，小盒慢慢地往下沉，最终沉到了水底。然后她又把小盒内的水倒出，使小盒重新浮在了水面上，接着她又拿了一个玻璃小球放在小盒内，观察它的变化……

片段二：

小金在妈妈的朋友家玩磁铁飞镖。在玩的过程中，她无意间把两个飞镖的顶端（飞镖的头）碰在一起，结果发现两个飞镖的头总是碰不到一起（互相排斥）。接着她将所有的飞镖头碰在一起，想看看会发生什么情况。然后她又分别将飞镖放在靶子的正面和反面，看看会有什么不同的情况发生。

片段三：

小金每天去幼儿园都要经过咸宁小区，小区内停着许多轿车。不知从什么时候开始，汽车轮子中轴的不同花纹吸引了她。每天，她都把自己的发现告诉妈妈，后来她还把不同的中轴花纹画下来。一开始，她是看到一个不同的就画下来，过了一段日子，她开始根据车辆品牌的不同进行分类后再画……

思考：

好奇、好摆弄是幼儿的天性，这种天性无处不在，无时不有。从上述三个片段中不难看出，小金对事物的好奇探索存在于任何场合，在教师创设的环境中会有探索行为产

---

① 施燕，韩春红. 学前儿童行为观察（第二版）[M]. 上海：华东师范大学出版社，2020，3：198.

生,在做客时会有探索行为产生,甚至在去幼儿园的路上也会有探索行为产生。为什么会这样呢?因为探索是人类认识世界的基本方式,人类正是在对未知世界的探索中获得发展的。对幼儿而言,探索就是玩,而玩是幼儿的天性。幼儿认识事物大多依赖直接经验,通过摸、看、闻、尝、听、抓、举等行为进行探究。幼儿通过摆弄实物来发现问题,并根据已有经验,运用初步的逻辑推理,来假设可能的情况、可能的结果和将要发生的事情。幼儿的认识能力就是在不断的试验、尝试中得到发展的。所以我们经常会看到幼儿在不断地摆弄物体,提出问题,继而进行下一步的探索。

既然探索是幼儿的天性,那么这一天性"呼唤"教师做些什么呢?首先,教师要创设情境,尤其是一种带有问题的情境,让幼儿在活动中提出问题,继而进行探索,解决问题,从而让他们的这种天性得以充分的发挥和张扬。其次,教师在日常的带班过程中要善于捕捉幼儿的无意识的探索行为,并帮助他们将这些无意识的探索行为变为有意识的探索活动。最后,在探索活动中,教师还应该对幼儿进行鼓励,耐心地倾听他们自己对探索活动的介绍,并积极地参与到幼儿的探索活动中。总之,教师要尽可能地让幼儿保持这种好奇、探索的天性,并使之成为一种稳定的心理品质。

需要进一步思考的问题:

(1)如何判断哪些行为是幼儿的探索行为?

(2)教师如何参与幼儿的探索活动,才能对幼儿的探索行为起保护作用?

2. 情境观察

情境观察是事先创设一种情境,以此引发评价者想要观察到的幼儿的行为,从而来测试评价幼儿发展水平的一种方式(案例8-3)。

> 案例
> 8-3
>
> **幼儿发现事物特征能力的评价**
>
> 1. 评价目的:了解幼儿在有任务/无任务情况下发现事物不同特征的能力水平。
>
> 2. 观察目标:幼儿能否在观察中迅速发现两个事物的不同之处,以及幼儿的这种观察是否受到任务的指引。
>
> 3. 评价方式:情境观察法。
>
> 4. 评价过程:
>
> (1)选择幼儿若干名(可以有不同年龄幼儿做比较)。
>
> (2)第一次:让幼儿同时观察一只小兔、一只小羊,但并不说明观察要求;5分钟后将动物藏起来,要求幼儿说出动物的各自特征与两者之间的不同之处。
>
> (3)第二次:先向幼儿提出要求,再次观察5分钟后,然后让幼儿说出两个动物的不同之处。用这种方法来评价幼儿的观察能力。

5. 评价结果：

(1) 两次观察效果不同。幼儿第二次观察的效果比第一次好。

(2) 说明幼儿在有任务要求的情况下观察效果比较好。

　　情境观察的优点是能够评价幼儿发展水平的不同层次，并且由于这种观察是在情境控制的情况下进行的，其观察效果较好，因此也被广泛地使用。情境观察也有不足，其不足就在于如何创设一个很好地体现评价目标的情境，这一点相对较难把握。

　　情境观察也需要评价者如实、快速地对幼儿的反应进行记录，在这一点上，是与自然观察相同的。

3. 行为核对

　　行为核对是在观察前依据所需观察的目标，确定观察内容，并制定一个观察核对表，评价者根据观察到的事件或行为，对照观察核对表中的各个项目逐条检核，并在符合的条目上做出记号，并进行评定的一种方式。例如，要对幼儿在科学活动室内的学习情况进行了解，评价者制作了以下核对表（见表8-3）。

表8-3　幼儿在科学活动室内学习水平的行为核对表

幼儿姓名＿＿＿＿＿＿　评价者＿＿＿＿＿＿　观察时间＿＿＿＿＿＿

观 察 内 容	能	不能
对一些生活中的科学现象感兴趣，常问有关的问题		
能运用各种感官感知物体特征		
能正确对物体分类		
喜欢探索各种材料		
能照顾活动室内的动植物		
模仿教师在活动室做小实验，尝试解决问题		
会做气象记录		
会观察动植物情况并用图像做记录，了解其变化发展情况		
能持续较长时间观察、探究		

　　核对表制作好以后，评价者对幼儿的活动进行实地观察，根据幼儿的行为表现进行检核。

　　如果要观察、记录多名幼儿的情况，可将以上表格改成下列表格（见表8-4）。

表8-4 幼儿在科学活动室内学习水平的行为核对表

姓名	项目														
	对科学现象的兴趣		感知物体的能力		对物体分类		喜欢探索		照顾动植物		做小实验		记录		长时间地观察	
	能	不能	能	不能	能	不能	能	不能	能	不能	能	不能	能	不能	能	不能
××××																
××××																

行为核对的优点是记录时较简便,只需要在每种行为的条目后面给出"达到"和"未达到"或"能"和"不能"等两种选择,而且因为是量化的方法,统计分析比较容易。其不足在于事先要决定所要观察的行为类型,抽取一定数量的具体行为,制成核对表,制表的工作耗时较多,也比较困难。行为核对的方式实质上也就是一种自然观察。只是自然观察是观察当时将幼儿所有的有关表现用文字全部记录下来,而行为核对的方式是预先制订表格进行现场核对而已。

以上各种评价方式一般都可用于对教师的指导科学教育活动的评价。例如,自然观察用于观察教师的教学活动(表8-5)。

表8-5 ××幼儿园科学教育活动记录表

教师		班级		日期/时间		年 月 日 —
活动内容						
科学教育活动记录						
分析与建议						
评价者						

又如,行为核对的方式用于教师的教学活动(见表8-6)。

表8-6　教师对幼儿偶发性科学活动态度的行为核对表

教 师 表 现	能	不能
幼儿在自由地活动时,教师能注意观察		
能发现幼儿的科学探索活动		
能提供必要材料供幼儿使用		
能与幼儿一起观察科学现象		
能与幼儿一起讨论		
当幼儿有疑惑时能及时给予幼儿一些解答或指导		
能向幼儿提出一些问题供幼儿参考		
能在幼儿感到困难时,鼓励幼儿坚持下去		
能支持幼儿将科学探索延伸下去		
教师_____　班级_____　时间_____　评价者_____		

对教师、家长及幼儿园的科学教育评价的方式,除了可以运用观察法以外,还可以运用诸如调查问卷、访谈等方式,这些方式均以提问、观察、检核的方式为基础,读者可以参照教育评价的书籍,本书不作一一介绍。

（二）访谈法

访谈法是通过评价者与被评价者当面问答,来获取信息的一种评价方式。一般比较多地用于认知范畴的评价,包括知识经验的回忆和能力的评价;幼儿对科学事实、科学概念的理解、回忆;解决问题的方法;等等。访谈法通常以提问、回答、讨论等形式出现。在幼儿科学教育评价中的访谈法有两种具体的类型。

1. 问题式

问题式是围绕一个或几个问题直接进行回答,即由评价者口头提出问题,被评价者回答的方式进行。问题式的优点是设计、使用比较简便。通过这种方式,能帮助评价者去诊断幼儿对科学知识经验的理解情况。例如,在观察冬季下雪后,提问幼儿:"你能用手接住雪花吗? 雪花到手上会变成什么呢? 为什么呢?"问题测试的缺点首先是耗时较多,也可能比较主观。其次对于同一个问题,幼儿回答会出现各种不同的情况,在这种情况下,会给事后评价带来一定的困难。

在设计和使用这种方式时,应该注意以下几个问题。

首先,设计的问题应当只为幼儿提供方向,而不给任何暗示或答案。避免过于抽象的问题或没有意义的问题。例如,公共汽车有什么用? 你喜欢青蛙吗? 为什么?

其次,在设计问题的同时,要考虑好基本的答案。即问题提出后,幼儿可能会有哪几种回答,怎样的回答是对的,怎样的回答是错了。例如"水烧开了会冒出什么"的问题,幼儿可能的答案会有以下几种:第一种可能的回答是"蒸汽",这种回答是正确的,是属于科学概念。第二种可能的回答是"水蒸气",这种回答虽然并不精确,但是属于日常生活概念,也是属于正确回答的范畴。第三种可能的回答是"白气",这一种回答就属于错误的概念,因为水开了冒出的不可能是白色的气,白气是"烟",而不是"气"。教师要事先考虑到幼儿可能的回答(也可作预测),然后根据目标给予相应的记分。

其三,对幼儿提问后,可以根据幼儿的回答,考虑是否需要追问。例如,在上例"水开了会冒出什么"以后,如果幼儿回答"是水蒸气"、"是白气"……时,可以追问:"究竟是水蒸气还是白气?"另外,要把幼儿回答的全部内容如实地记录下来,以便评测之用。也可运用录音的方法先将回答内容录下来,然后再转录成文字。

最后,有些评价活动不仅需要幼儿用语言回答问题,还需要幼儿用操作来完成一些指示,以了解幼儿是否掌握了这些知识经验或技能。例如,在进行了有关"光"的探索活动后,评价者请幼儿回答以下两个问题:"你能告诉我,光使房间里发生了什么变化吗?""指一指,房间里的光是从哪里来的(光源的问题)?"又如,在学习"制造盛水的容器"的活动后,请幼儿独立制作一个盛水的容器。

2. 情境问题式

情境问题式是指先由评价者设计一个需要思考的情境,然后口头提出问题,要求幼儿根据他们已熟悉的科学经验、事实,或科学概念来解释这个情境中出现的新现象。情境问题的方式是科学教育评价中经常使用的一种方式。一般来说,这种方式可以用图片和语言结合的方式来进行。

例如,调查者给幼儿看右面这幅图片(图8-5)。

▲ 图8-5 情境问题式评价图

图上画有一个大太阳,却又下着大雨,小女孩打着雨伞。评价者可以问幼儿:"图片中画的内容对吗? 有没有错误的地方? 为什么?"幼儿为了回答哪里有错误、为什么说是错误的,必须对已知的科学知识经验有一个清楚的了解,才能做出正确的回答。

还可以根据幼儿的不同年龄水平,设计不同难度的情境问题,例如以下情况(图8-6)就较上例复杂得多。

(a)　　　　　　(b)　　　　　　(c)　　　　　　(d)

▲ 图8-6 打乱顺序的情境问题式评价图

评价者设计了以上四幅图片,然后把事件发展的顺序打乱,呈现在幼儿面前。

可以提出下列问题:

(1) 这四张图片一样吗? 有什么不一样?

(2) 请你把这四张图片重新排一下,哪一张应该是第一张? 以下依次按第二张、第三张、第四张排列。

(3) 为什么你要这样排呢?

幼儿要将这四张图片按事情发生的顺序排列,就必须要了解鸟妈妈孵出小鸟的顺序:①鸟妈妈生出了一只鸟蛋(图 d)→②鸟妈妈生出了一窝鸟蛋,开始孵小鸟(图 b)→③小鸟穿破鸟蛋壳(图 c)→④小鸟孵出来了(图 a)。

情境问题式的优点在于这种方式可以了解幼儿是否真正获得了科学经验,或形成了科学概念,而且需要幼儿具有一定的解决问题的能力,以及将科学知识进行迁移的能力。这比单纯问题的方式要难。因为根据教师的提问,幼儿进行回答,可能只是幼儿利用机械记忆来回答。而情境问题式,则要求幼儿必须真正了解有关科学经验,并具有一定的迁移能力。情境问题式的不足之处,在于情境设计及准备比较困难,且因为每个问题都需要幼儿明白情境所包含的意思,因此耗时较多。

运用情景问题测试的方式进行评价时,首先应仔细设计问题的内容及图片,要将想要了解的有关内容蕴含在问题设计中。其次,这种方式在实施时,也需要详细、如实地记录幼儿的回答,这一点与问题测试中的做法相同。

(三) 问卷法

问卷法是由评价对象通过书面形式,提供给评价者有关被评价者个人行为和态度的一种方式。问卷是以一套问题询问某个人,评价者因为没有机会直接观察到被评价者行为的出现,所以就运用一套已设计好的问题,去询问某位有自然机会观察到被评价者的人。被询问者通常是和被评价者生活在一起或有比较多的接触机会的人,他们平常就有机会看到被观察者的这些行为,例如被观察者的父母、老师等。例如,教师(评价者)向家长(评价对象)通过书面形式了解幼儿(被评价者)的具体情况,就是运用的问卷法。

在幼儿科学教育评价中,这种方式主要用于询问家长、教师、园长等成人对被观察者的评价。问卷法是在询问的问题下,把可能发生的答案(行为)列举出来,并以"其他"作为最后一个答案,以避免所列举之疏漏。让填答者在适合的选项上打钩。问卷法虽然不如访谈法灵活深入,但是它的最大优点在于简便易行,能在比较短的时间内收集到较为广泛的资料,而且又便于整理和统计分析,因此,在向家长、教师进行评价时,往往会采用这种方式。

使用问卷法的关键在于问卷表的设计与编制。首先应该考虑调查题的形式,一般有问答题、填充题、选择题和排序题四种方式。除此之外,要根据评价的内容编写题目。以下是一份用于对家长的问卷表(表 8-7)。

表8-7 幼儿对科学的好奇心与兴趣调查表

1. 他(她)经常向父母(或其他长辈,下同)提出各种问题吗?
A. 很少　　　　　　　　B. 有时　　　　　　　　C. 经常
2. 他(她)是否曾向父母提出过以下各类问题?(在提过的问题旁打"√")
①动物　②植物　③人的身体　④自然现象　⑤时间　⑥生物进化　⑦宇宙　⑧气象　⑨地理　⑩数概念　⑪文艺作品　⑫日用品　⑬食品　⑭交通　⑮建筑　⑯工农业　⑰军队　⑱家庭　⑲体育　⑳周围人的活动　㉑物理化学现象
A. 提问过10种以下问题　　B. 提问过11—14种问题　　C. 提问过15种以上问题
3. 他(她)对有关自然界的事情是否追根究底地询问?
A. 很少　　　　　　　　B. 有时　　　　　　　　C. 经常
4. 他(她)对自然界的变化或未见过的事是否感兴趣(如向父母提问,或者仔细观察)?
A. 很少　　　　　　　　B. 有时　　　　　　　　C. 经常
5. 他(她)喜欢摆弄家里的各种物品以了解它们的特性吗?
A. 很少　　　　　　　　B. 有时　　　　　　　　C. 经常
6. 他(她)在听成人讲自己不知道的事情时很专心吗?
A. 很少　　　　　　　　B. 有时　　　　　　　　C. 经常
7. 他(她)玩一种玩具或进行一种感兴趣的活动时能持续15分钟吗?
A. 很少　　　　　　　　B. 有时　　　　　　　　C. 经常

(四) 测试法

幼儿科学教育评价中的测试法不同于学龄儿童的笔试法。**幼儿的测试法是根据图片所表示的内容及问题,通过思考,用符号或数字作为标记来回答各种问题的方式。** 测试法有三种具体的类型。

1. 是非测试

是非测试是指幼儿只要根据问题(图片、语言或两者结合),回答"是"与"否"的问题。通过幼儿看图,辅以简单的语言说明后,要求幼儿在问题后面的括号内用笔打"√"或"×"的符号。如图8-7,图片上画着一个水缸,里面盛着水,提问幼儿:"图片上有什么?""哪些东西是沉到水下的?"在下边相应的物体上打"√"或"×",表示"能"或"不能"。幼儿根据图画内容与提问,做出选择。

▲ 图8-7　是非测试

是非测试的方式使用也比较广泛。它的优点是设计时相对比较容易，评价也比较客观，因其以"是"或"否"的方式进行，在事后整理资料时也比较容易。但是是非测试使用起来也有其不足，主要是其测试的内容大多是指向幼儿的记忆水平，对于幼儿思维能力、探究能力等方面的发展不易评价。由于是非测试需要幼儿通过观察图片所示内容，回答相应的问题，所以在设计与使用是非测试时，所提的问题要明确；与之配合的语言也要简单清楚，使幼儿容易理解。

2. 选择测试

选择测试是指评价者提出问题，并针对问题列出几个答案，幼儿根据问题，在评价者列出的答案中，选择出一个或多个答案的方式。例如，同样是评价幼儿对沉与浮的了解，让幼儿观看印有木头、积木、铁钉和皮球等的图片（图8-8），并提问幼儿："图片上有什么东西？""在这些东西中，哪些能沉到水下呢？"让幼儿在右边的空格内打"√"或打"×"。

▲ 图8-8 选择测试

选择测试是测试法中的最佳类型，其优点是相比是非测试、匹配测试来说更有效和可靠。这种方式能评价幼儿对概念的理解，幼儿发现事物之间相互关系的能力，以及运用所获得的科学概念，去解释熟悉的或新发现的现象的能力。但是选择测试也有不足之处，因为在一个问题之下，要列出几个不同的但又相似的答案，所以在问题设计方面有一定难度，需要评价者精心设计。

又如，评价幼儿对人生活习性以及动物的特征的了解，可以让幼儿观看以下图片（图8-9），并提问："图片上有什么？""他们在干什么？""人的游泳和什么动物最像呢？"

▲ 图8-9　选择测试

选择测试的选择题，由问题和答案两部分组成，而答案中又有错误的答案和正确的答案两种。一般运用于幼儿的选择测试，由一个正确的答案和两个错误答案构成。少于或超过两个错误，都是不适宜的。与是非测试相同的是，选择测试的资料在事后的整理与分析方面，也相对比较容易。

3. 匹配测试

匹配测试是给出两组内容，让幼儿根据其个体间的联系或关系，用线条联系起来。个体间的联系与关系通常是物体、现象与其用途、功能、习性等方面的内容。例如，运用以下图片（图8-10），让幼儿进行匹配连线，以此评价幼儿对这些小动物食性的了解程度。

▲ 图8-10　匹配测试

幼儿观察以上图片后，如果能将猫与鱼、兔与萝卜、熊猫与竹子、猴与桃子连线，说明幼儿已对这些小动物的食性很了解了。

匹配测试题设计起来较简单，但它一般也只能用于比较低水平的目标测试，趋向于测试幼儿记忆的内容较多。在设计匹配测试题时有一点是必须注意的，两组内容之间的联系不能有交叉的情况出现，否则就无法进行了。如仍以以上例子说明（图8-11）。

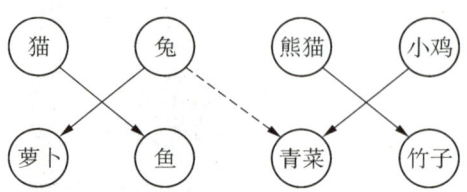

▲ 图8-11　应避免有交叉情况的匹配测试

以上的图示中，与上图相比，更换了一组，即将"猴—桃"一组，改换成"小鸡—青菜"。但是这样就发生一种情况，即图中的兔既可吃萝卜，也可吃青菜（虚线）。应该说，选择这两种都是不错的。所以在设计时，必须充分考虑，不使幼儿无从着手，左右为难。

匹配测试的方式可以用分数来记录幼儿答对的次数，事后的资料分析也与前两种测试法相像。

在运用以上三种测试法时，为了要了解幼儿的真实状态，还可以根据情况与需要增加进一步追问的问题，如问："磁铁能吸住铁吗？你怎么知道的呢？"

（五）作品分析法

（a）　　　　　　　　　　（b）

（c）　　　　　　　　　　（d）

▲ 图8-12　幼儿作品

作品分析法是根据幼儿的各种作品(图画、泥塑、所编故事、儿歌等)分析幼儿科学素养发展水平的一种方法。例如,通过对幼儿观察记录的分析,了解幼儿对科学现象的观察水平。如教师安排任务,从×月×日起,每晚观察月亮盈亏现象并做记录,然后将记录拿到幼儿园,以此分析幼儿观察的细致性等水平。同时还可了解幼儿坚持性、自制力等个性品质的发展情况。

作品分析法的优点在于资料较易收集。其缺点也很明显,即往往不能系统、完整地了解幼儿的科学素质发展水平,因此需要结合各种方式进行。

案例 8-4

蜗牛喜欢有光的地方吗?

幼儿:手电筒把箱子照得好亮,蜗牛对手电筒的光终于有反应了!

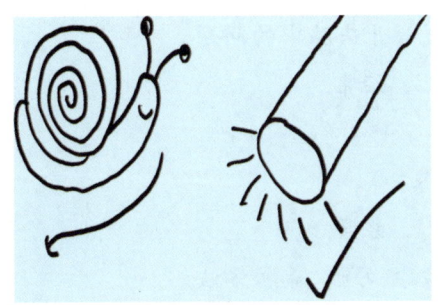

▲ 图8-13　蜗牛对光有反应

▲ 图8-14　蜗牛掉头走了

幼儿:在箱子里,蜗牛看见手电筒的光线却慢慢掉头逃走了。

分析:

这是幼儿对蜗牛探究的记录,第一张图是幼儿在将蜗牛放在纸箱中,探究蜗牛对手电筒光的反应。第二张图是幼儿发现蜗牛对手电筒的光线并不喜欢。从以上两张幼儿的作品,可以看出幼儿对蜗牛和强烈光线之间的关系的一种认知。

实践与应用

他们对科学好奇吗

幼儿对科学的情感态度调查表：

一、对身边的科学现象的关心

1. 有感知身边现象的愿望，经常被生活中的科学现象所吸引。

A．很少　　　　　B．有时　　　　　C．经常

2. 对身边的各种现象充满好奇，常问："是什么?""为什么?"

A．很少　　　　　B．有时　　　　　C．经常

二、对周围生活中的自然现象的观察

1. 喜欢观察生活中的自然现象。

A．很少　　　　　B．有时　　　　　C．经常

2. 对观察到的自然现象能大胆提问，希望解开头脑中的问题。

A．很少　　　　　B．有时　　　　　C．经常

三、被身边的科学现象所吸引

1. 能经常发现周围生活中有趣的科学现象。

A．很少　　　　　B．有时　　　　　C．经常

2. 喜欢知道常见的小动物、花草树木的名称、习性、养护方法。

A．很少　　　　　B．有时　　　　　C．经常

3. 能大胆、自信地把知道的和正在探究的科学知识和现象告诉同伴。

A．很少　　　　　B．有时　　　　　C．经常

四、对身边的科学现象的观察和积累

1. 乐意介绍幼儿园、家庭、社会生活中的玩具和现代生活用品。

A．很少　　　　　B．有时　　　　　C．经常

2. 喜欢生活中的新用品，乐意感知和使用。

A．很少　　　　　B．有时　　　　　C．经常

五、愿意对一些科学现象进行尝试

1. 积极感知各种科技活动，喜欢摆弄。

A．很少　　　　　B．有时　　　　　C．经常

2. 在游戏或操作活动中喜欢寻找不同的方法。

A．很少　　　　　B．有时　　　　　C．经常

3. 在反复尝试实践后再得出结论。

A．很少　　　　　B．有时　　　　　C．经常

分　析

　　秦老师新到大二班任班主任,她对班级孩子的情况虽然还很不了解,但是她发现大二班的孩子对自然事物与现象有比较浓厚的兴趣。于是她决定对班级的所有孩子做一个好奇心与兴趣情况的调查评价,使之在此基础上进行有的放矢的教育。因此,她设计了以上评价表,意图先向家长了解全班所有孩子的大致情况,然后根据情况再进行进一步的分析与了解。她根据《指南》"科学探究"的第一方面的目标,把她认为比较重要的内容进行了罗列,以期了解幼儿好奇心和兴趣的表现。

课后作业

作业 1

　　思考题。

　　请结合见实习内容,谈谈为什么要对幼儿科学教育进行评价,以及幼儿科学教育评价与幼儿科学教育之间的关系。

作业 2

　　观察法的应用。

　　(1) 到幼儿园观摩一节科学集体活动,或者运用相应的视频材料进行观察。

　　(2) 运用自然观察法将活动的全过程记录下来。

　　(3) 按照已经学习"评价内容与标准"的内容,对活动进行分析评价,并提出需要改进的方面。

作业 3

　　自定一个欲评价的幼儿科学教育内容,设计一份评价计划。例如,评价"幼儿亲自然情感"表现等。

资源链接

1. 施燕,韩春红,学前儿童行为观察(第二版),华东师范大学出版社,2020 年 3 月。

2. 吴放,美国幼儿科学教育的内容与评价标准,山东教育,2007 年第 Z3 期。

3. 夏莹,幼儿园科学集体活动中教师的评价行为研究,南京师范大学硕士论文,2017 年。

4. 陈延彬,幼儿园大班科学区活动评价有效性摭谈,中国农村教育,2019 年第 11 期。

幼儿科学教育与活动指导（第二版）

参考文献

1. 施燕. 幼儿园科学教育资源库[M]. 上海：华东师范大学出版社，2014，7.

2. [美]莎莉·穆莫. 早期 STEM 教学：科学、技术、工程与数学的整合活动[M]. 李正清，译. 南京：南京师范大学出版社，2017，10.

3. 上海市教育委员会教育技术装备中心. 去哪儿玩：幼儿园专用活动室优秀案例集[M]. 上海：少年儿童出版社，2019，6.

4. 上海市教育委员会教育技术装备中心. 玩不够：幼儿园科学玩教具配置和使用[M]. 上海：少年儿童出版社，2017，6.

5. [德]瓦西里奥斯·伊曼努埃尔·菲纳克思. 德国学前儿童技术教育[M]. 上海：华东师范大学出版社，2020，4.

6. 施燕. 幼儿教师基本功：爱上科学[M]. 上海：华东师范大学出版社，2019，7.

7. [美]戴维·A·温尼特等. 科学发现——幼儿的探究活动之二[M]. 刘占兰，易凌云，曾盼盼，译. 北京：北京师范大学出版社，2005，10.

8. [美]大卫·杰纳·马丁. 建构儿童的科学——探究过程导向的科学教育[M]. 杨彩霞，于开莲，洪秀敏，苏伟，译. 北京：北京师范大学出版社，2006，5.

9. [美]罗伯特·E·洛克威尔，伊丽莎白·A·舍伍德，罗伯特·A·威廉姆斯，戴维·A·温尼特. 科学发现——幼儿的探究活动之一[M]. 廖怡，彭霞光，曾盼盼，译. 北京：北京师范大学出版社，2005，9.

10. [美]英格里德·查鲁福，卡仁·沃斯. 与幼儿一起探索自然[M]. 张澜，熊庆华，译. 南京：南京师范大学出版社，2005，9.

11. [美]阿林·普拉特·普莱瑞. 幼儿园科学探究教学——科学、数学与技术的融合[M]. 霍力岩，彭勤露，吕思培，等，译. 北京：教育科学出版社，2009，4月.

12. 香港课程发展议会. 学前教育课程指引. 2006.

13. [美]Rosalind Charlesworth Karen K. Lind. 幼儿数学与科学教育（第四版）[M]. 李雅静，等，译. 北京：北京师范大学出版社，2011，2.

14. 诸佩利. 和儿童一起玩科学：基于自主探究的学前科学教育活动实践研究[M]. 上海：上海教育出版社，2019，9.

15. 温剑青. 发现 理解 支持——指向个性化教育支持的幼儿发展评价[M]. 上海：上海教育出版社，2019，6.

16. 施燕. 学前儿童科学教育（修订版）[M]. 上海：华东师范大学出版社，2006.10.

17. 施燕，韩春红. 学前儿童行为观察（第二版）[M]. 上海：华东师范大学出版社，2020，3.

18. 王微丽，霍力岩. 幼儿园科学区材料设计与评价[M]. 北京：中国轻工业出版社，2018，11.

19. 蔡志刚. 童心玩科学：基于主题核心经验的幼儿园科学区活动[M]. 上海：少年儿童出版社，2017，9.

20. 顾伟毅. 区角脑图：让幼儿园区角活动更有意义 操作篇（全 3 册）[M]. 上海：少年儿童出版社，2019，3.

21. [美]詹姆斯·E·博比克. 美国科学问答丛书：日常生活中的科学[M]. 郎淑华，译. 上海：上海科学技术文献出版社，2016，1.

22. 刘占兰. 有趣的幼儿科学小实验[M]. 北京：教育科学出版社，2011，2.